U0505831

新 视 界

始 于 未 知　去 往 浩 瀚

高质量发展与强国建设论丛

TOWARDS A SUPPLY CHAIN POWER 迈向供应链强国

打造全球领先的供应链体系
Building A Globally Leading Supply Chain System

魏际刚 ◎ 著

上海人民出版社　上海远东出版社

图书在版编目（CIP）数据

迈向供应链强国：打造全球领先的供应链体系 / 魏际刚著. —— 上海：上海远东出版社，2025. ——（高质量发展与强国建设论丛）. —— ISBN 978-7-5476-2124-0

Ⅰ. F259. 21

中国国家版本馆 CIP 数据核字第 202543QF28 号

出 品 人　曹　建
责任编辑　陈占宏
封面设计　朱　婷

高质量发展与强国建设论丛

迈向供应链强国：打造全球领先的供应链体系

魏际刚　著

出　　版　上海远东出版社
　　　　　（201101　上海市闵行区号景路 159 弄 C 座）
发　　行　上海人民出版社发行中心
印　　刷　上海锦佳印刷有限公司
开　　本　710×1000　　1/16
印　　张　16
插　　页　1
字　　数　245,000
版　　次　2025 年 4 月第 1 版
印　　次　2025 年 4 月第 1 次印刷
ISBN　978 - 7 - 5476 - 2124 - 0/F · 763
定　　价　88.00 元

序
系统应对全球供应链变局

当前,百年未有之大变局加速演进,全球供应链格局发生重大调整,其动力、功能、体系、结构、治理、成本发生深刻变化,对中国发展带来深远影响。要求我们主动识变、应变、领变,系统应对,加快推动供应链强国建设。

从时势看,中国供应链建设尚处在初级阶段。中国是全球第二大经济体、但还不是经济强国,在质量、效率、竞争力、创新、品牌、前沿技术等方面,尚需完成对发达经济体的"二次追赶"及其超越。

从位势看,中国是全球供应链枢纽,但产业面临着来自发达国家、发展中国家以及自身结构调整的"三重冲击",即西方发达国家对中国高端供应链的阻击、新兴经济体对中国产业的替代性追赶、中国自身结构优化产业升级延滞的挑战。特别是,供应链体系作为现代经济运行的底层架构,在系统设计、管理与应用创新、韧性能力、生态、数智化绿色化、应急供应链、国际供应链等诸多方面存在短板。

从态势看,当前地缘政治冲突、贸易摩擦、自然灾害、公共卫生危机频发,国家间竞争加剧,供应链安全风险增大,供应链安全问题凸显。供应链安全已经成为各国战略调整的重要考量,并由此引发全球分工逻辑的重大改变。供应链安全涉及多个方面,例如:重要原材料、零部件、中间产品、产成品供给明显不足或中断;核心技术受到他国封锁或限制;重要交通与物流通道受阻;支付受制于人或中断等。保障重点领域供应链安全,已成为优先战略任务。

从趋势看,"十五五"乃至更长一段时期,全球经济发展格局将发生重大调整，全球经济秩序进入重大变革期，全球科技创新将有重大突破，国际分工和产业布局面临重大变化，国际间的产业、科技、供应链、模式竞争更趋激烈。面对短期性问题与长期性问题叠加、国内因素与国外因素交织、不确定性增加等重大挑战，需找准痛点，制定切实可行的战略举措，加快建设供应链强国，进一步提升供应链竞争力，加快推进供应链现代化。这是一项重大战略抉择，是中国形成全球竞争新优势的有效途径，是穿透西方战略遏制、赢得战略主动的关键着力点。

强国必先强链，强链支撑强国。历史的车轮转动向前，要求我们把握国内外大势，在全球变革中找准中国供应链发展新方位，提升供应链战略水平，系统、前瞻地做好供应链战略顶层设计与统筹谋划。立足现代化强国建设全局，以"创新、开放、协调、共享、绿色"理念为指引，以畅通人流、商流、物流、资金流和信息流，促进内外循环为战略基点，以实现"高质量发展、高水平开放、高安全可控"为主要战略方向，统筹发展与安全、自立与开放、自强与包容、宏观与微观、国内与国际，紧扣保障国家安全、经济增长、发展方式转变、形成国内强大统一市场、有效应对突发重大风险等战略任务，充分利用国内外两种资源、两个市场，针对安全、效率、竞争力等核心问题，从全球、国家、区域、产业、企业不同层面加强供应链战略设计与系统规划。以重点产业、重点企业、重点城市、重点区域供应链为抓手，构建重点产业、民生产业、战时产业三大供应链体系。建立紧密的部门间、地区间、企业间、政企间合作关系。支持行业间、企业间、上中下游、大中小企业、实体经济与金融机构、实体经济与科研机构之间的共利共享共赢。

以强大供应链，为强国及人类命运共同体提供坚强支撑。力争到2035年，中国在全球供应链体系中具有强大影响力和领导力。国内外通道和资源产地安全体系牢固确立，形成强大的基础设施体系，关键原材料、零部件供应安全、可靠，具备强大的战略回旋空间。国内外物流服务能力强大，重点产业供应链具有弹性、韧性、敏捷性，形成有全球吸引力的供应链生态，中国企业对全球供应链体系的支撑、促进和引领作用得到充分彰显。中国供应链发展将强有力地保障全球供应链的安全、稳定、高效。

目 录

发展与安全篇

体制与政策篇

总体战略篇

中国要以实现"高安全可控、高质量发展、高水平国际合作"为战略目标,以推进供应链现代化为主线,加强供应链战略设计与系统谋划。

第 1 章
供应链强国战略的总体性设计

当前,百年未有之大变局加速演进,全球供应链格局发生重大调整,对中国发展带来多重挑战,要求我们系统应对,立足以中国式现代化推进中华民族伟大复兴全局,提升供应链战略水平,加快推进供应链强国建设。

一、供应链关乎国家的发展、安全与竞争力

供应链是一种关系,是相关市场主体基于利益连接而形成的分工合作关系;供应链是一种方式,是超越单一市场主体边界进行的市场资源配置方式和价值创造方式;供应链是一种能力,是相关要素资源整合、供需匹配和市场反应的能力;供应链是一种系统,是包含具体的元素并有着特定的目标的系统;供应链是一种生态,是由各种互相联系、协同合作的多元主体组成的产业生态;供应链是一种治理,是企业与产业发展的一种治理模式。

供应链涉及上中下游市场主体及相关要素,涵盖人流、商流、物流、资金流与信息流等,对"链"中的主体、要素、"流"进行优化,可以提高供应链的总体效率与安全水平,这不仅关乎企业竞争力、产业组织效能,关乎地区经济增长与国家竞争力,还关乎国计民生与国家安全。供应链的体系、结构、规模、范围、效率决定着企业、产业、地区、国家间的连接能力、通达能力、市场反应能力、资源整合能力、交流互鉴能力、创新能力及发展能力。推动供应链有效

发展不仅是企业、产业战略关注的焦点，也是国家发展战略的重要组成部分，对重塑利益格局、竞争格局和发展格局有重大影响。

供应链具有相互依赖性、多样性、演化性、动态性和开放性等特点。各行各业形成的供应链网络体系，是现代化产业体系和经济体系的基础。如图1.1所示。

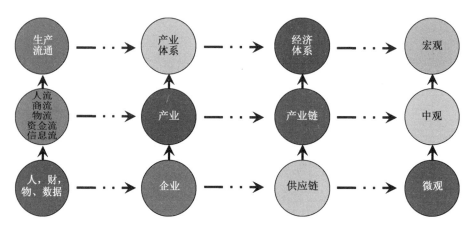

图 1.1 供应链是国民经济运行的基础

供应链的形成与发展深受国内外经济、社会、政治、科技、环境等影响。在不同的条件下，政府与企业会根据战略需要作出相应的选择。

当一国的供应链超越国家边界在全球范围进行人流、商流、物流、资金流、信息流的配置时，该国在全球范围内的贸易能力、分工能力、价值创造能力和国际竞争力就会进一步提升。如图1.2所示。

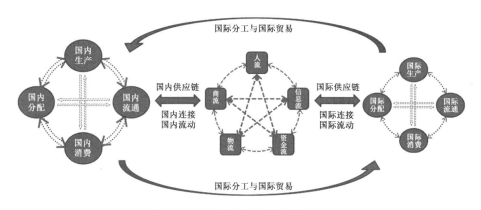

图 1.2 "五流"、供应链与国际分工

二、全球供应链新变局及对中国的多重挑战

受全球经济、政治、科技、社会、文化、军事、疾病、生态、自然灾害及气候变化等因素影响,全球供应链的动力、功能、体系、治理、成本呈现出一些重要的新变化。

一是,安全权重显著增加的动力之变。当前世界动荡加剧,局部战争频发,世界性自然灾害和卫生防疫事件多发,对供应链安全带来广泛而深远的影响,国家安全成为全球供应链变化的重要驱动力,确保供应链安全,应对各类外部因素对关键产品和物资供应的影响,保障本国或区域内经济安全、民生安全和国家安全,成为重要的国家利益。美国率先将全球供应链纳入国家安全战略,通过重大战略调整和制度性安排,试图重塑全球供应链,构建全面解决供应链安全的体系架构。欧盟、日本等国家改变单纯追求"效率优先",推进供应链多元化,保持效率性与应对能力的平衡。

二是,成为国家竞争与对抗工具的功能之变。一国在全球供应链体系中的地位很大程度上反映其在国际经济政治权力结构中的角色。供应链越来越被用作国际政治斗争的工具,演变成国家间博弈的新型场域。世界贸易组织(WTO)发布的《2023 年世界贸易报告》指出,贸易保护主义呈现增长态势,并导致全球化面临更多挑战。2023 年,全球各国共实施了约 3 000 项贸易限制措施,是 2019 年的 3 倍。美国奉行单边主义、霸权主义、冷战思维,以维护安全为名义行保护主义与战略遏制之实,违背市场经济原则和 WTO 规则,针对竞争对手构建供应链联盟,加剧国际间经贸、科技对抗,触发地缘政治冲突,国际物流通道中断、国际金融结算通道切断等风险发生的概率加大,全球供应链不确定性、不稳定性显著上升。极端条件下,甚至已经出现在国家对抗中将民用产品供应链"武器化"的非常规手段。

三是,多元化布局的体系之变。全球供应链正从过去主要基于自由贸易和经济利益的分工合作,转向综合考虑经济与非经济因素的资源要素配置与布局。全球供应链正走向分化,相同的生产和流通形成不同的平行供应链。

一些西方国家实施基于价值观的供应链组合路径,推动供应链阵营化、集团化、友岸化,而一些国家寻求国际政治经济平衡的供应链发展路径。

全球供应链体系因其不断增加的风险性而开始收缩,朝着区域供应链体系转变。以区域中心国家控制核心环节、周边国家支持生产为特征的区域循环体系可能取代传统体系。如以美国为中心的北美地区,以德国为中心的欧盟地区。区域自贸协定的签订进一步推动了全球供应链区域化。地缘冲突、自然灾害等突发事件冲击全球供应链断链现象频发,进一步使全球供应链解构重组。此外,许多国家直接以生产补贴、税收优惠、政府投资和政府采购等手段推动全球供应链重要环节和关键产品的本土化和近岸化。

四是,缺乏有效共识的治理之变。国际多极化加速演进,没有哪一个大国能够成为全球秩序的决定者。但美国仍基于本国利益优先重构其全球供应链体系,争夺全球供应链主导权,不能正视新兴经济体与发展中国家供应链力量的上升、全球供应链格局重塑的新趋势。以美国为代表由西方主导的传统全球治理平台缺乏公平性、广泛代表性和包容性,机制封闭化、规则碎片化。不同国家和地区对全球供应链治理的目标、使命、机制、规则存在较大分歧。

五是,壁垒增多的成本之变。动荡不安的现实世界形势,不断增加的安全壁垒、贸易壁垒、科技壁垒、绿色壁垒、标准壁垒也导致全球供应链成本显著增加。红海航运危机导致多家国际航运企业暂停红海航线或绕行,运距加长、时效变慢。例如,中国前往欧洲的海运货物绕行好望角后,平均运距会增加30%,时间会增加15—20天,运价因航行时间延长、船员及燃油成本、各种附加费和保险费等导致大幅上涨。

六是,从传统走向现代的结构之变。随着信息化、网络化、数字化、智能化技术的深度应用,供应链数智化程度不断提高,供应链管理水平和运作效率不断提升,供应链透明化、柔性化、敏捷化、短链化程度不断推进。订单、生产、运输、仓储、分拣、装卸、配送、客服等无人化正在实现。可持续理念融入供应链全过程和产品全生命周期,降低了能源消耗和环境污染,提高了资源利用效率,增强了社会责任。

上述全球供应链变局对中国发展带来的冲击与挑战已经突破了供应链

本身,对中国的国家安全、国际战略空间、产业竞争力均带来深远影响。

一是,暴露短板,凸显安全风险。在全球供应链格局调整的过程中,大国博弈因素起到关键助推作用,特别是中美战略竞合,加速了全球供应链格局调整。美国深化对华战略竞争,试图塑造美国"中心化"并"去中国化"的关键产业、关键环节供应链体系,其多数举措旨在扰乱中国产业布局,强力遏制中国高科技产业、基础性战略产业及未来产业升级步伐。尽管中国产业体系相对完整,但存在不少短板。在西方以"国家安全"和"供应链安全"为由对中国全面实施技术封锁、关键产品断供的条件下,中国高技术产业领域"断供"风险将不断加大。极端条件下,美西方阻断国际重要物流通道、金融支付通道,将严重威胁中国国家经济和金融安全。

二是,国际战略空间受到挤压。美西方国家通过"非市场化经济体"额外审查的排他性条款,或以"统一标准和技术规定"等间接方式设置排他性条件,或将中国定义为制度性竞争对手、加快转向"去风险"战略,以限制或孤立中国供应链体系,阻击中国产品"出海"。部分区域协定制定高标准规则提高准入门槛,或对敏感产品制定严格复杂的原产地规则,促使成员国更多使用区域内材料和中间产品,也将制约中国供应链体系发展。

三是,削弱产业竞争力。美国推动产业回流、"友岸""近岸"政策,通过"泛安全化"的行为扭曲全球供应链,企图实现美国优先的结构重塑,重新调整全球分工格局,使原有供应链空间布局发生变化。美国特朗普新政府进一步增加关税或将直接导致中国供应链成本上升,引发更多企业调整其全球供应链布局。在生产要素成本总体走高的形势下,供应链成本上升,将产生叠加效应,削弱中国供应链整体竞争力。

四是,流失部分能力,波及实体经济根基。尽管当前中国产业向外转移规模不大,符合国际产业转移的基本规律,但受贸易摩擦、跨国公司供应链布局调整等因素影响,部分制造业加速向外转移。越南、印度尼西亚、柬埔寨、印度等国利用国际经贸规则及廉价劳动力优势,纷纷加大吸引外资的力度,采取各类优惠政策与中国争夺跨国直接投资,加速处于观望状态的部分企业向这些国家转移的步伐。美欧等实施的"再工业化"战略,采取遏制中国高端制造业发展的措施,也可能使中国境内部分具有优势的高技术产业向发达国家"回流"。这种新的变化趋势，或将影响中国实体经济布局，破坏实体经济良性循环，进而对中国的就业、民生保障等领域产生波及性影响。

三、破局之道——加快推进供应链强国建设

面对全球供应链变局带来的系列挑战，加快建设供应链强国是一项重大的战略抉择，是中国形成全球竞争新优势的有效途径，也是穿透西方战略遏制，赢得战略主动的关键着力点。中国要以实现"高安全可控、高质量发展、高水平国际合作"为战略目标，以推进供应链现代化为主线，加强供应链战略设计与系统谋划。

所谓供应链强国，是指其重要、关键、核心供应链具有全球影响力、控制力、创新能力、可持续发展能力及韧性能力的国家。要实现供应链强国的发展目标，需要全面系统地进行顶层设计与统筹谋划。

国家供应链战略是国家基于提升竞争力，保障经济安全、重要基础设施与通道安全，保障关键产业、企业、原材料供应，保护核心人才与知识产权，应对突发重大风险等目标而对本国供应链发展作出的总体谋划与部署。

（一）加强风险防范，增强韧性能力和应急能力，全面提升供应链安全水平

一是，健全供应链安全风险防控机制。将供应链安全纳入国家总体安全，建设涵盖包括基础设施、技术设备、上下游商品与生产要素自由流动等"硬"安全，以及信息、数据等"软"安全的可控、多元供应链安全体系。利用数据和行业专业知识，从关键性、脆弱性、韧性等维度系统评估与前瞻供应链风险。全面梳理和掌握供应链体系、结构与能力状况，系统把握重点领域供应链主体、战略资源、关键要素与变化趋势等。厘清短板与薄弱环节，明确最大风险点，制定有效应对方案。

二是，优先加强关键领域和薄弱环节韧性建设。发挥举国体制优势，凝

聚和集成国家战略科技力量的社会资源,合力完成重要供应链关键核心技术攻关。建设国家战略腹地和关键产业备份。在全国范围内筛选一批重点行业,实施"备链"计划,增强供应链发展的战略纵深和回旋空间。推进国际物流通道替代方案建设,增强国际物流供应链韧性。构建具有主导权的供应链金融交易网络。保障供应链信息网络和数据安全。

三是,完善应急供应链体系。以第一时间响应为目标,健全应急供应链的分级响应和联防联控机制。加快完善国家储备体系,优化关键物资生产能力与区域布局,从供给、需求、设施设备、信息、政策等方面建立平时服务、急时应急、战时应战、军民一体的应急供应链服务体系。推动建立政府主导,企业、机构、军队等主体广泛参与、发挥各自优势的应急机制。利用大数据和可视化技术,建设应急供应链调度指挥平台,确保应急资源可找、可取、可用、可控,关键时刻拿得出、调得快、用得上。

(二) 完善体系、优化结构,全方位提升供应链竞争力,塑造产业竞争新优势

一是,构建涵盖国际、国家、区域、产业、企业等层面的多维立体供应链体系。国际层面,对全球供应链体系进行系统性设计,优化布局,增强对全球供应链的战略主导能力和国际话语权,打造全球生产、流通、创新体系,增强国际物流能力、重要矿产资源国际供应保障能力等;国家层面,统筹供应链硬实力与软实力建设,加强对重点产业链、重点地区、重点产业集聚区、重要战略通道等规划布局,提升重大基础设施、重要原材料、关键技术、核心部件的供应安全水平;区域层面,规划布局城市群、都市圈、中心城市、枢纽城市、重点产业集聚区的产业、科技、交通、物流、金融体系,形成产业合理分布、地区协同、城乡互动、平战结合的空间格局;产业层面,建设集现代农业、现代工业、现代服务业、战略性新兴产业、未来产业于一身的现代化产业体系,补齐重点、关键、核心行业供应链关键领域的短板,做强长板,构建自主可控、安全高效产业链,打造共生共赢供应链生态;企业层面,引导企业精准定位,加强能力建设,加强技术创新与管理优化,提升供应链的自适能力和韧性。

二是,畅通商流、物流、信息流和资金流,促进供应链一体化。商流方面,推动组织变革与模式创新,构建高效集约、线上线下融合的商流服务体系;物流方面,构筑统筹国际国内、东西南北、沿海和内地、城市与农村、社会化与自营有效衔接的物流服务网络,推进国际铁路、国际公路、国际海运、国际航空、国际管道、国际邮政和快递、国际仓储配送网络建设;资金流方面,提高金融服务供应链的能力与效率,匹配供应链上各类企业的资金需求,优化供应链金融组织形式、产品类型与经营模式;信息流方面,完善数据开放规则,推进供应链全链条数据共享和透明化,建设供应链"数据大脑",精准掌握市场需求和消费者行为,支持供应链上下游各环节间及到终端客户需求的信息对接。推动商流、物流、信息流、资金流一体化运作,实现生产、流通、消费良性互动,增强供需对接能力。

三是,提升基础能力、创新能力和质量水平。供应链现代化离不开夯实基础能力、提升创新能力和质量水平。夯实基础性研究、工艺、技术、软件、部件、架构、设施等基础能力。围绕发展新质生产力布局产业链,促进产业链、创新链、供应链协同,鼓励不同领域之间的融合创新。提升国家创新体系整体效能,掌握创新发展主动权。攻克长期困扰产品质量与功能提升的关键共性技术,使重点产品性能稳定性、质量可靠性、环境适应性、使用寿命等指标达到国际先进水平。密切跟踪、研究、采纳国际先进标准,积极参与和主导国际标准制定、修订,推动优势产业技术标准成为国际标准,推动标准国际互认。

四是,提升供应链智慧化、绿色化水平。数智化是供应链现代化的重要方向。推动物联网、大数据、云计算、人工智能、区块链、自动化技术的应用,发挥供应链平台的强大连接、多边撮合、精准匹配、个性服务作用,提高智能生产、智能物流、智能运维和智能风险防控水平,促进供应链的精准配置和动态管理,实现供应链全过程全场景可视、可控、可溯。

在供应链全链条导入绿色理念,统筹经济、环境和社会效益。在能源使用、生产制造、产品包装、交通运输、物流配送、废物排放等方面推进清洁化、减量化、资源化、循环化,减少环境污染和资源浪费。推动企业把核心价值观、经营责任与社会责任有机结合,打造可持续发展的供应链体系。

五是,培育共生共赢的供应链生态。推动优势企业以核心技术、创新能力、自主品牌、标准、网络为依托,提升对上下游资源的整合能力。充分发挥中小企业的配套作用,鼓励其向"专、精、特、新、深"发展。推动形成以链主企业为主导,中小企业相配套,高校科研机构与金融机构相协同,优势互补、合理布局、高效灵活的共生共赢的供应链生态。

六是,优化区域供应链布局。以国家重大区域战略为牵引,进一步深化区域供应链分工与协作。加快培育特色鲜明、专业化程度高、配套完善、优势明显的产业集群,构建组合式、协同化、敏捷型的区域供应链合作与创新网络。鼓励和引导东部产业优先选择国内产业转移,完善中西部地区政策与投资环境,使中西部地区成为承接产业转移的新高地。

(三)增进共识,深化合作,全力维护全球供应链安全、稳定、开放

一是,拓展供应链国际合作新空间。发达经济体基于自身利益实施不同目标指向的供应链战略,与中国构成了既有分工又有竞争的多元复杂的国家间供应链关系,既是一种挑战,也为中国推动构建人类命运共同体和全球供应链新秩序提供了战略操作空间。我们可以求同存异,充分发挥中国超大规模市场优势,实施高水平对外开放,打造国际一流营商环境,增强中国市场黏性,深挖中国与发达经济体之间的产业与市场互补性,稳住传统供应链合作,积极推动新领域供应链合作。中国根据发展新兴产业、未来产业需要,密切关注与跟踪发达经济体在数字经济、人工智能、新能源、新能源汽车、新材料、节能环保、生物、量子、海洋、高端装备等动向,加强战略对话与政策沟通。

面向广大发展中国家,紧紧围绕发展主题,深度链接,加强对重点区域和国家的投资,形成更具战略性、互补性、稳定性的供应链合作体系。例如,东盟方面,深化中国东盟全面战略伙伴关系,把握东盟加速成为全球制造基地的新趋势,以制造、交通运输、物流、矿产资源、数字经济、绿色产业为重点,推进标准制定、联合研发创新、互联互通,构建优势互补、共利共赢的区域供应链体系;金砖国家方面,充分发挥各自比较优势,以构建战略协同的重点供应链为目标,深化在数字经济、人工智能、新兴技术、智能制造、金融、交通运输、

物流、资源能源、科技创新、绿色低碳等方面的合作；非洲方面，针对非洲国家实现持续经济增长、推进农业现代化、加快工业化、弥补数字鸿沟、提升产业竞争力、可持续发展等需求，重点加强在基础设施、农业深加工、原材料工业、制造业、绿色能源、数字经济、交通运输、物流、产业园区建设等方面的投资合作；拉美方面，针对拉美国家产业结构优化与产业升级的需求，重点加强在农产品、矿产资源、基础设施、先进制造、数字化转型、绿色转型、生物等方面的供应链合作。

二是，推动形成全球供应链治理新机制。促进国际社会相向而行，推动形成开放包容、公平公正、有广泛代表性的全球供应链治理新机制。坚定维护多边贸易体制，支持联合国在全球供应链治理方面发挥主导作用，二十国集团（G20）发挥重要治理平台作用，区域全面经济伙伴关系协定（RCEP）在亚太供应链治理中发挥重要作用，推动金砖国家构建发展中大国间的供应链合作机制。

与 G20、"一带一路"沿线等国家或地区加强交流协商，发起提出全球供应链治理新倡议，内容包括：携手应对共同挑战，打造开放包容、安全韧性的全球供应链体系，畅通全球人流、商流、物流、资金流、数据流；把握新一轮科技革命与产业变革的机遇，强化创新能力建设，使全球供应链适应快速变化的世界；共同推进全球供应链数字化，建设绿色、低碳、可持续发展的供应链；不把供应链政治化、武器化，避免全球供应链碎片化。

实践与理论篇

　　中国特色供应链发展理论框架中,定位是供应链发展的逻辑起点,安全与效率是供应链发展的两大目标,数字智慧和绿色化是推动供应链发展两条重要路径,促进经济发展和创新活力是供应链发展的两大战略任务,增进国际合作、彰显社会责任是中国供应链发展的国际责任和社会责任,竞争力提升与强国是百年变局下为实现中华民族伟大复兴对供应链发展的战略要求与落脚点。

第 2 章
中国供应链发展阶段性特征^①

自中华人民共和国成立至今,中国供应链发展呈现明显的阶段性特征。本研究结合中国供应链发展的时代背景、供需状况、供应链管理方式,以及在世界供应链体系中的地位等多个维度,分析不同阶段供应链发展的主要特征,研判供应链发展趋势。

一、计划经济体制时期供应链特征(1949—1978 年)

从 1949 年到 1978 年,中国处于计划经济体制时期,国内商品供给不足;供应链管理主要呈现指令性、计划型特征;参与世界供应链体系程度不高。

(一)供应链发展面临商品供给严重不足的环境

中华人民共和国成立之初百废待举,中国工业在厂房残破、设备落后、产能低下的薄弱基础上艰难起步,原材料供给严重不足,制造业规模小,与发达国家在数量和质量上都存在很大差距。这一时期,中国经济总体上处于短缺的状态,商品供给严重不足。根据世界银行的统计(见表 2.1),1978 年中国

---

① 本部分与董艳华共同完成。

GDP 总量为 1 495.41 亿美元，人均 GDP 为 156.40 美元。而当年美国 GDP
总量为 2.35 万亿美元，相当于中国的 15.73 倍；日本 GDP 总量为 1.01 万亿
美元，相当于中国的 6.78 倍。从人均 GDP 来看，差距就更加明显。1978 年
美国人均 GDP1.06 万美元，是中国的 67.55 倍。这一年世界人均 GDP 是
2 021.61 美元，是中国的 13 倍。撒哈拉沙漠以南非洲国家的人均 GDP 为
490 美元，是中国的三倍还多。

表 2.1　1978 年世界主要国家国内生产总值(GDP)比较

	GDP 总量 (亿美元)	相当于 中国倍数	人均 GDP (美元)	相当于 中国倍数
美国	23 515.99	15.73	10 564.95	67.55
日本	10 136.12	6.78	8 820.69	56.40
德国	7 404.70	4.95	9 482.04	60.63
法国	5 067.08	3.39	9 264.78	59.24
英国	3 358.83	2.25	5 976.94	38.22
意大利	3 150.58	2.11	5 610.50	35.87
加拿大	2 186.33	1.46	9 123.69	58.34
巴西	2 002.79	1.34	1 739.72	11.12
西班牙	1 606.00	1.07	4 356.44	27.85
荷兰	1 558.60	1.04	11 179.39	71.48
中国	1 495.41	1.00	156.40	1.00
印度	1 373.00	0.92	205.69	1.32
澳大利亚	1 185.36	0.79	8 255.74	52.79
瑞典	1 044.42	0.70	12 620.52	80.69
墨西哥	1 025.00	0.69	1 589.27	10.16
比利时	1 012.47	0.68	10 289.77	65.79

资料来源：根据世界银行统计数据计算整理

（二）供应链管理呈现指令性、计划型特征

在计划经济体制下，中国建立了以城市为中心的物资储存与调拨体系，当时国家指令性计划的物资有 1 200 多种。所有企业都无权生产计划外产品并进行物资调运与产品交易，一方面资源短缺，一方面产品库存积压又十分严重。国家对生产资料和重要的生活资料（消费品）实行计划生产、计划分配和计划供应。计划部门管指标，物资部门管调拨，交通部门管送达。实行城市与农村、内贸与外贸、生活资料与生产资料分割管理。商业部负责生活资料，物资部负责生产资料，对外贸易部负责进出口贸易，中华全国供销合作总社负责农业生产资料和农副产品，货物的运输也是交通部、铁道部、邮电部、民航总局分别管理。所有物资分国家指令性与地方指令性，设一级物资储备站与二级物资储备站。

商业运作上，不管是工业还是服务业，都是国有企业"一统天下"，采取"大而全""小而全"模式，社会化程度低，每个企业都自己设库，建车队，凡能自己干的从不外购、不外包。在社会消费品零售总额、生产资料销售总额与农产品收购总额中，政府定价比例分别为 97%、100% 和 94.4%。运输与仓储价格也都是政府定价，价格是一种政府行为，价格与价值有一定背离。

（三）融入世界供应链体系程度低

这一时期，中国进出口数量很少。如表 2.2 所示，1950 年中国进出口总额只有 41.5 亿元，其中出口总额 20.2 亿元，进口总额 21.3 亿元；到 1978 年，中国进出口总额也只有 355.04 亿元，其中出口总额 167.65 亿元，进口总额 187.39 亿元。1978 年中国进出口总额只占国际市场份额（44 375 亿元）的 0.8%，对全球经济增长的贡献率仅为 2.4%，对全球经济增长的拉动度仅为 0.1%。

表 2.2　计划经济时期中国进出口状况　　　（单位：亿元）

	1950 年	1960 年	1970 年	1978 年	1950—1978 年总计
进出口总额	41.5	128.4	112.9	355.04	4 064.04
出口总额	20.2	63.3	56.8	167.65	2 068.75
进口总额	21.3	65.1	56.1	187.39	1 995.29

资料来源：根据中国国家统计局数据计算整理

二、改革开放至加入世贸组织前的供应链特征(1979— 2001 年)

1978 年 12 月,中国共产党十一届三中全会开启了改革开放的历史新时期。从 1979—2001 年,中国对经济管理体制和经营管理方法进行全面改革,积极发展同世界各国平等互利的经济合作。这一期间,中国商品日益丰富,与发达国家的差距逐渐缩小,逐步建立起市场化的供应链体系,并逐渐融入世界供应链体系。

(一) 供应链发展面临商品日益丰富、与发达国家差距逐渐缩小的环境

如表 2.3 所示,2001 年中国国内生产总值已突破 1 万亿美元,达到 13 393.96 亿美元,排名世界第 6 位,人均 GDP 为 1 053.11 美元,与发达国家的差距逐渐缩小。2001 年,美国 GDP 总量为 10.58 万亿美元,相当于中国的 7.9 倍(1978 年是 15.73 倍);人均 GDP 为 31 280.76 美元,相当于中国的 29.7 倍(1978 年是 67.55 倍)。2001 年,世界人均 GDP 为 5 427.39 美元,相当于中国的 5.15 倍(1978 年是 13 倍)。

表 2.3　2001 年世界主要国家国民生产总值(GDP)比较

	GDP 总量（亿美元）	相当于中国倍数	人均 GDP（美元）	相当于中国倍数
美国	105 819.30	7.90	31 280.76	29.70
日本	43 747.12	3.27	34 406.18	32.67

（续表）

	GDP 总量 （亿美元）	相当于 中国倍数	人均 GDP （美元）	相当于 中国倍数
德国	19 457.91	1.45	23 628.33	22.44
英国	16 439.08	1.23	27 806.45	26.40
法国	13 776.57	1.03	22 452.98	21.32
中国	13 393.96	1.00	1 053.11	1.00
意大利	11 680.23	0.87	20 500.95	19.47
墨西哥	7 567.06	0.56	7 544.57	7.16
加拿大	7 389.82	0.55	23 822.06	22.62
西班牙	6 278.30	0.47	15 369.00	14.59
巴西	5 599.84	0.42	3 160.25	3.00
韩国	5 476.58	0.41	11 561.25	10.98
印度	4 854.41	0.36	451.57	0.43
荷兰	4 315.87	0.32	26 896.55	25.54
澳大利亚	3 790.84	0.28	19 527.32	18.54
俄罗斯	3 066.02	0.23	2 100.35	1.99

资料来源：根据世界银行统计数据计算整理

（二）企业外部市场定价、企业内部集成一体的供应链体系逐步建立

1. 逐步建立主要由市场形成价格的机制

1978 年，在社会商品零售总额中，国家定价占 97%，市场形成价格仅占 3%。1978 年 12 月，党的十一届三中全会作出提高部分农副产品收购价格的决定，标志着中国的价格改革正式起步。先后放开了大部分农产品价格和多种工业消费品价格，对工业生产资料价格实行双轨制。为配合扩大对外开放的需要，改革进出口商品作价机制，使进出口商品价格与国际市场挂钩。针

对传统的国内市场价格脱离国际市场价格的做法,进出口商品价格管理体制也做了很大改革。1990年除少数几种商品外,占进口商品用汇总额90%左右的商品实行了代理作价,即根据进口价加应纳税金和进口代理手续费等作为国内口岸外贸交货价格。粮食、石油等少数大宗出口商品按照国家定价收购,多数出口商品则执行国家指导价与市场调节价,从而促进了对外贸易的大幅度增长。1993年11月,党的十四届三中全会通过的《中共中央关于建立社会主义市场经济体制若干问题的决定》进一步提出"建立主要由市场形成价格的机制",价格改革进入快车道,政府定价范围大幅缩减,到1994年工业生产资料价格"双轨制"基本取消;粮食、能源、交通运输、公共服务等领域价格进一步理顺;《中华人民共和国价格法》于1997年12月29日颁布并于次年5月1日实施,使价格工作进一步走上法治化轨道。2000年10月,党的十五届五中全会作出了"社会主义市场经济体制初步建立,市场机制在配置资源中日益明显地发挥基础性作用"的重大判断。至此,主要由市场形成价格的机制初步建立起来,市场决定价格的程度达到90%左右。

2. 借鉴国外经验,引入先进的供应链管理系统

1978年,中国企业的市场竞争意识尚不具备,人均劳动生产率仅为先进工业国家的几十分之一,产品交货周期长、库存资金占用大、设备利用率低等管理问题严重。为了改善这种落后状况,第一机械工业部旗下的企业开始引进ERP(企业资源计划)的前身MRP Ⅱ(制造资源计划)软件。1979年,MRP Ⅱ被大批引进,国家投资在长春一汽试点开发财务软件,同年沈阳鼓风机厂引进IBM的管理系统COPICS;1981年,沈阳第一机床厂从联邦德国工程师协会引进中国第一套企业应用MRP Ⅱ软件。接着,北京第一机床厂、第一汽车制造厂、广州标致汽车公司也先后购买了该系统。而此时MRP、MRP Ⅱ在中国港澳地区及西方发达工业国家已广泛应用多年。华为自1996起就引入了MRP Ⅱ系统,为公司供应链业务的运作提供服务。1995年到1997年期间,柯达、宝洁等外资企业开始建立ERP系统。1998年,联想和海尔启动了ERP系统建设。ERP是一种基于企业内部范围的管理。华为对其供应链做了系统而全面的分析和诊断,提出向集成供应链(ISC)转变的目标,建立以客

户为中心的集成供应链,增强供应链的灵活性和反应能力,缩短供应周期,提高供应链运作效率。从 1999 年到 2003 年,华为 ISC 项目基本完成,华为成功地整合了内部订单处理、采购、制造、交付等流程,华为供应链的响应能力、灵活性、客户服务能力都得到极大改善。企业信息系统的建设也受到国家政策的支持。1997 年,国务院在深圳召开第一次全国信息化工作会议,提出"统筹规划、国家主导、统一标准、联合建设、互联互通、资源共享"的中国信息化建设指导方针;1999 年 11 月,国家经贸委信息中心提出全面推进企业信息化倡议。

(三) 处于世界供应链体系非核心环节

随着对外开放进程的推进,中国与世界经济的联系日益密切,进出口贸易和利用外资的规模都大幅度增长。如表 2.4 所示,这一时期中国进出口货物贸易从 1978 年的 355 亿元上升到 2001 年的 42 183.6 亿元,增加了约 118 倍;进出口商品中初级产品和工业制成品的比重也发生了明显变化,1980 年出口商品中初级产品占 50.30%、工业制成品占 49.70%,到 2001 年初级产品只占 9.90%、工业制成品占 90.10%。而在进口产品中,1980 年初级产品占 34.77%,工业制成品占 65.23%,到 2001 年,初级产品占比为 18.78%,工业产品占比为 81.22%。

表 2.4　1979—2001 中国进出口状况　　　　　　　　　(单位:亿元)

	1980 年	1990 年	2001 年	1979—2001 年总计
进出口总额	570.04	5 560.12	42 183.62	286 663.71
出口总额	271.19	2 985.84	22 024.44	150 793.91
其中:初级产品占比	50.30%	25.59%	9.90%	
工业制成品占比	49.70%	74.41%	90.10%	
进口总额	298.84	2 574.28	20 159.18	135 869.79
其中:初级产品占比	34.77%	18.47%	18.78%	
工业制成品占比	65.23%	81.53%	81.22%	

资料来源:根据中国国家统计局数据计算整理

改革开放初期,中国吸收外资总量还比较少。20 世纪 90 年代,中央确定了积极合理有效利用外资的方针,吸收外资进入高速发展的新时期。从表 2.5 可以看出,1991—2000 年期间,中国共吸引外资 4 508.3 亿美元。尽管在 1979 年,国务院颁布的 15 项经济改革措施中明确"允许出国办企业",但这一时期对外直接投资规模很小,1991—2000 年 10 年间对外投资合计仅 236 亿美元,对外净直接投资为－4 272.3 亿美元。

表 2.5　1991—2000 年中国对外净直接投资变化情况　(单位：亿美元)

	对外直接投资	实际利用外资	对外净直接投资
1991 年	10.0	115.5	－105.5
1992 年	40.0	192.0	－152.0
1993 年	43.0	389.6	－346.6
1994 年	20.0	432.1	－412.1
1995 年	20.0	481.3	－461.3
1996 年	21.0	548.0	－527.0
1997 年	26.0	644.1	－618.1
1998 年	27.0	585.6	－558.6
1999 年	19.0	526.6	－507.6
2000 年	10.0	593.6	－583.6
合计	236.0	4 508.3	－4 272.3

资料来源：根据对外投资统计公报、中国国家统计局统计数据计算整理

这一时期,中国在全球供应链体系中规模不断增长,但总体上处于供应链的非核心环节。主要承接"三来一补"的加工贸易,涉及的多为劳动密集型产业,利用人口红利等比较优势融入全球供应链;同时,对外开放政策以"市场换资本""市场换技术"战略为主,引进的外资企业以满足国内初级消费,以及制造业的部分中间品的生产为主。

三、加入世贸组织后至中美贸易战之前的供应链特征(2002—2016 年)

2001 年中国加入 WTO 以后,中国迎来了经济发展更大的国际空间,经济迅速发展,经济结构优化,供应链管理实现多方面的本土化创新,中国成为亚洲板块的核心和全球供应链体系的关键节点。

(一) 供应链发展面临经济迅速发展、经济结构优化的环境

加入世贸组织 15 年的时间里,中国已经成为世界第二大经济体,与美国的差距日益缩小。如表 2.6 所示,2016 年中国的 GDP 总量为 11.23 万亿美元,占全球经济比重上升到 14.7%,中国对世界经济贡献首次达到 31.5%,超越美国成为对世界经济贡献最大的国家;人均 GDP 为 8 094.36 美元,在上中等收入国家中的位次不断提高。2016 年美国的 GDP 总量为 186 951.11 万亿美元,相当于中国的 1.66 倍;人均 GDP 为 57 866.74 美元,相当于中国的 7.15 倍。

表 2.6　2016 年世界主要国家国内生产总值(GDP)比较

	GDP 总量 (亿美元)	相当于 中国倍数	人均 GDP (美元)	相当于 中国倍数
美国	186 951.11	1.66	57 866.74	7.15
中国	112 332.77	1.00	8 094.36	1.00
日本	50 036.78	0.45	39 375.47	4.86
德国	34 698.53	0.31	42 136.12	5.21
英国	27 228.52	0.24	41 499.56	5.13
法国	24 729.64	0.22	37 062.53	4.58
印度	22 947.98	0.20	1 732.55	0.21
意大利	18 770.72	0.17	30 960.73	3.82

	GDP 总量 （亿美元）	相当于 中国倍数	人均 GDP （美元）	相当于 中国倍数
巴西	17 956.93	0.16	8 710.06	1.08
加拿大	15 279.95	0.14	42 315.60	5.23
韩国	15 001.12	0.13	29 288.87	3.62
俄罗斯	12 767.87	0.11	8 704.90	1.08
西班牙	12 329.13	0.11	26 523.35	3.28
澳大利亚	12 066.85	0.11	49 881.76	6.16
墨西哥	10 784.91	0.10	8 744.52	1.08
印度尼西亚	9 318.77	0.08	3 562.82	0.44

资料来源：根据世界银行统计数据计算整理

中国消费加快升级，消费、投资、出口三大需求结构中，消费对经济增长的贡献明显提升。自 2012 年最终消费对 GDP 的贡献率首次突破 50% 以来，消费对经济增长的贡献率持续增长，2016 年达到 64.6%。中国商品消费经历从有到好的转型，居民对消费品质提出更高要求，更加安全实用、更为舒适美观、更有品位格调的产品市场潜力巨大；旅游、文化、体育等服务消费需求迅速增长；农村消费升级潜力巨大。

如图 2.1 所示，中国第一产业增加值占 GDP 比例持续减少，第三产业增加值占 GDP 比例持续增加，第三产业增加值占国内生产总值比重超过第二产业。2016 年一、二、三产业的比重分别为 8.6%、39.8%、51.6%。高新产业增长迅速，大批传统落后产能遭到淘汰。

（二）供应链管理多方位创新

1. 制造企业布局全球供应链

随着中国加入 WTO 和越来越多的中国制造企业参与全球竞争，"走出

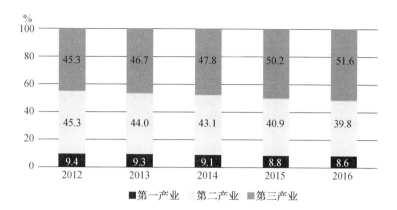

图 2.1　2012—2016 年三次产业增加值占国内生产总值比重

资料来源：2016 年国民经济和社会发展统计公报

去"的企业开始意识到供应链管理在竞争中的重要作用，并且从模仿国外先进企业的做法，到思考适应自身发展的供应链管理模式。华为、联想、海尔、格力等企业纷纷建立起独特的全球供应链体系。华为 2005 年海外销售收入首次超过国内市场，2010 年成为仅次于爱立信的全球第二大通信设备制造商。华为的成功离不开其建立起的集成、精益、敏捷的供应链管理体系，这一体系使华为能够进入多品种、定制化、高价值的通信设备行业，并取得竞争优势。联想完成对 IBM 公司 PC 业务的收购后，新联想的业务覆盖 100 多个国家和地区，需要在全球范围内进行原材料及产成品运输、进出口贸易，分拨及配送等。通过组织和流程重组，以及与上下游企业战略合作伙伴关系的建立，并充分考虑贸易环境、税收、客户需求分布、运作成本等因素，新联想成功解决了国际国内两大 IT 系统融合和企业内部价值链协同的问题，实现了全球供应链网络优化、效率提升和成本控制。海尔从 1998 年开始，就提出要注重供应链的管理，以优化供应链为中心，在全集团范围内对原业务流程进行了重新设计和再造，与国际化大公司全面接轨，强化了企业的市场应变能力，大大提升了海尔的市场快速反应能力和竞争能力，保证了企业的可持续发展。格力集团通过控股、收购、合作开发等模式，完成了包括港口码头、物流园区和高端 VMI 和跨境保税物流等在内的区域性完整物流产业链战略布局，大大提高企业供应链管理控制能力，增强了企业竞争力。

2. 供应链管理专业化公司大量涌现

随着市场开放和全球化进程的加快，越来越多的跨国公司开始在中国增加采购并构筑现代供应链体系，这推动了中国的生产企业进一步融入全球供应链体系，学习到世界一流的供应链管理思想，加快国内企业实施供应链管理的进程，促进中国东南沿海大型制造业和流通企业的供应链管理走向成熟。2002年，国内首家以"供应链"命名的从事供应链管理业务的专业公司在深圳成立。通过借鉴贸易型供应链管理服务商的先进经验，在深圳、上海、浙江、福建等地，中国传统的外贸公司、物流企业及出口加工企业，开始逐步引入第三方供应链管理。2004年，一大批公司分别由过去的进出口通关公司或进出口贸易公司更名为"供应链管理公司"，供应链管理行业异军突起。第三方物流企业服务模式及产业形态不断创新，积极引进先进技术，构建供应链一体化服务平台，对上下游企业进行深度整合，将物流、商流、资金流、信息流四流合一，提供供应链一体化的综合服务，向供应链管理企业转型。根据Armstrong & Associates, Inc. 统计，2015年中国第三方物流市场规模占社会物流总费用的比重约为10%，第三方物流总收入为1 628亿美元，位居世界第一，占亚太地区总收入的55.7%，占全球总收入的20.6%。

3. 互联网信息技术改变供应链模式

互联网信息技术迅猛发展，颠覆了传统供应链模式。首先，电子商务日趋成熟。从阿里巴巴、慧聪网、京东等综合型交易平台到满足消费者、企业专业需求的垂直平台，各大电商平台不断深耕业务，细分行业需求，沟通产业链上下游、生产者、消费者，实现产品制造和产品流通的衔接。中国电子商务销售额从2013年的5.67万亿元快速上升到2016年的10.73万亿元；采购额从2013年的3.47万亿元增长到2016年的6.33万亿元。其次，供应链进行大规模整合与平台化。新型的物流平台整合分布在不同行业、地域甚至时间段的多种资源和能力，打通从主干到支线，直至"最后一公里"的运输资源。深度分销平台通过构建快捷、高效的职工终端服务网络，实现城市平台共享与分销体系优化，帮助上游品牌商突破渠道管理的难题，并为下游零售商提供快捷的采购通道。最后,互联网供应链通过预先的需求引导、大数据分析,从而以销定产、免去中间存货环节,实现整个供应链链条上几乎零库存。例如,国内先进手机制造企业通过线上需求集约和预付来驱动后端的整个供应链,实现库存环节透明并且快速流动,整个交易过程扁平化,几乎实现零库存管理。

4. 供应链金融快速发展

供应链金融以供应链核心企业和配套企业的商业信用为基础,对供应链的某个环节或全链条提供定制化的金融服务,通过整合信息、资金、物流等资源,达到提高资金使用效率、为各方创造价值和降低风险的作用。2003 年,平安银行在业内率先提出"1 + N"模式,初步形成供应链金融理念。"1 + N"模式中,"1"就是供应链上的核心企业,"N"则是链条上的中小企业。以"1"的信誉和实际交易担保"N"的融资,不仅对银行带来的风险低,更有利于将原来仅仅针对一家大企业的金融服务上拓下延,实现产供销链条的稳固和流转顺畅。互联网技术和大数据技术使供应链金融进入 2.0 时代。供应链金融 2.0强调的是线上化,让核心企业的数据和银行完成对接,从而让银行随时能获取核心企业和产业链上下游企业的付款、仓储等各种真实的经营信息。这样,一方面,实现多方在线协同,提高作业效率,银行获取信息成本降低,响应速度更快;另一方面,搭建电商云服务平台,提供中小企业订单、运单、收单、融资、仓储等经营性行为的交易场景,同时引入物流、第三方信息等企业,搭建服务平台为企业提供配套服务。此外,它通过积累商流和物流信息,利用大数据突破金融市场以抵质押和担保贷款为主的传统方式,解决金融机构对财报信息不充分,信用积累和抵押、担保资源不充足的中小微企业难以进行有效的信用风险评价的关键问题,创建高效能、全风控、低成本的信用评价模式、风险控制模式和信贷管理模式。例如,国内第一家大数据信用服务机构金电联行采用非财报的"软信息",为中小微企业提供无抵押、无担保的纯信用贷款服务。

(三) 在全球供应链体系中的作用日益增强

加入世贸组织 15 年,中国进出口总额从 2002 年的约 5.14 万亿元,提高到 2016 年的约 24.34 万亿元,增长了约 3.74 倍(见表 2.7)。加入世贸组织后 15 年进出口总计是改革开放到加入世贸组织前 22 年进出口总计(2.87 万亿元)的约 9.29 倍。从 2012 年起,中国贸易总额超过美国,成为世界第一大贸易国。2016 年,中国进出口在全球贸易总量中占比 11.45%,中国出口和进口在全球贸易中占比分别为 13.15% 和 9.78%。从进出口商品中初级产品和工业制成品的构成看,出口商品中初级产品占比进一步减少,到 2016 年初级产品占比只占 5.01%;进口产品中,初级占比有所增加,2016 年初级产品占比为 27.78%。

表 2.7　2002—2016 年中国进出口状况　　　　　　　(单位：亿元)

	2002 年	2008 年	2012 年	2016 年	2002—2016 年总计
进出口总额	51 378.15	179 921.47	244 160.21	243 386.46	2 666 375.35
出口总额	26 947.87	100 394.94	129 359.25	138 419.29	1 448 860.79
其中：初级产品占比	8.77%	5.45%	4.91%	5.01%	
工业制成品占比	91.23%	94.55%	95.09%	94.99%	
进口总额	24 430.27	79 526.53	114 800.96	104 967.17	1 217 514.57
其中：初级产品占比	16.69%	32.00%	34.92%	27.78%	
工业制成品占比	83.31%	68.00%	65.08%	72.22%	

资料来源：根据中国国家统计局数据计算整理

在经济全球化的推动下,中国充分利用国际产业分工的大调整这一战略机遇,进一步与国际接轨。中国通过建立合资企业、跨国并购等方式推动资本注入与技术转移,产业结构升级,引资领域扩展到电信、科技、教育、商贸、旅游、交通等第三产业,技术外溢效应明显增强,房地产、重化工、装备制造以及电子信息技术等行业快速发展。中国日益完善的基础设施和产业配套提高了其成为世界制造基地的吸引力,越来越多的国际企业在中国集聚,中国在全球供应链中的地位和作用不断增强。中国的高新技术产业和战略新兴产业发展迅速,高铁、4G、5G 移动通信,电商等领域已处于"并跑""领跑"地位。

这一阶段,中国对外直接投资快速增长,中国对外投资流量从 2001 年的

69.0 亿美元增长至 2016 年的 1 961.5 亿美元(见表 2.8)。2014 年中国对外直接投资额首次超过利用外商直接投资,实现"出超元年"的历史性突破,成为资本净输出国。中国与东盟、智利、巴基斯坦签订了双边自贸协定,并推行境外经贸合作区建设。中国企业加快"走出去"步伐,中国制造、中国技术通过"一带一路"建设等方式走入更多国家和地区。

表 2.8　2002—2016 年中国对外净直接投资变化情况　(单位:亿美元)

	对外直接投资	实际利用外资	对外净直接投资
2002 年	27.0	550.1	− 523.1
2003 年	28.5	561.4	− 532.9
2004 年	55.0	640.7	− 585.7
2005 年	122.6	638.1	− 515.5
2006 年	211.6	698.8	− 487.2
2007 年	265.1	783.4	− 518.3
2008 年	559.1	952.5	− 393.5
2009 年	565.3	918.0	− 352.8
2010 年	688.1	1 088.2	− 400.1
2011 年	746.5	1 177.0	− 430.4
2012 年	878.0	1 132.9	− 254.9
2013 年	1 078.4	1 187.2	− 108.8
2014 年	1 231.2	1 197.1	34.1
2015 年	1 456.7	1 262.7	194.0
2016 年	1 961.5	1 260.0	701.5

资料来源:根据中国国家统计局数据计算整理

四、中国供应链发展的新特征(2017 年以来)

2017 年 12 月,美国政府公布的《国家安全战略报告》将中国定位为美国头号竞争对手,标志着美国对华政策的重大调整。中美贸易战、新冠疫情、俄乌冲突等一系列重大事件的发生加剧了国际政治经济环境的不确定性,全球供应链分工格局与国际贸易秩序面临重构。中国经济表现出强大韧性和对全球供应链的影响力,供应链安全被提升到国家战略层面,供应链管理呈现数字化、绿色化发展趋势,中国积极应对全球供应链重构。在中国式现代化道路上,中国着力推进现代化供应链强国建设。

(一) 中国经济强大韧性与供应链影响力

尽管受中美贸易战、新冠疫情等一系列重大事件影响,中国经济仍表现出很强韧性,2017—2021 年 5 年间中国国内生产总值从 12.31 万亿美元增长到 17.73 万亿美元,年平均实际增长率 5.98%。人均国内生产总值达到12 556 美元,稳居中等偏上收入国家行列,与高收入国家发展的差距继续缩小。中国主要工业产品产量稳居世界首位,微型计算机、手机、汽车、钢材产量继续保持世界第一。2020 年受新冠疫情冲击,全球经济负增长,GDP 实际增长率为 - 3.60%,美国、日本、德国等主要经济体 GDP 也都是负增长,只有中国仍然实现了 2.20% 的实际增长率(见表 2.9)。这 5 年,中国占全球 GDP比重年均为 16.65%(见表 2.10),2021 年对全球经济增长的贡献率为27.22%,已经超越美国对全球经济增长的贡献率 18.78% 约 8 个百分点(见表 2.11)。

表 2.9　2017—2021 主要经济体 GDP 实际增长率

	2017 年	2018 年	2019 年	2020 年	2021 年	平均值
世界	3.30%	3.00%	2.30%	- 3.60%	5.80%	2.16%
美国	2.30%	3.00%	2.20%	- 3.50%	5.70%	1.94%
中国	6.90%	6.70%	6.00%	2.20%	8.10%	5.98%
日本	2.20%	0.30%	0.30%	- 4.80%	1.60%	- 0.08%
德国	2.60%	1.30%	0.60%	- 4.90%	2.90%	0.50%

（续表）

	2017 年	2018 年	2019 年	2020 年	2021 年	平均值
英国	1.70%	1.30%	1.40%	− 9.80%	7.40%	0.40%
印度	6.80%	6.50%	4.00%	− 8.00%	8.90%	3.64%
法国	2.30%	1.80%	1.50%	− 8.10%	7.00%	0.90%
巴西	1.30%	1.80%	1.40%	− 4.10%	4.60%	1.00%
意大利	1.70%	0.90%	0.30%	− 8.90%	6.60%	0.12%
加拿大	3.00%	2.40%	1.90%	− 5.40%	4.60%	1.30%
韩国	3.20%	2.90%	2.00%	− 1.00%	4.00%	2.22%
俄罗斯	1.80%	2.80%	2.00%	− 3.00%	4.80%	1.68%
澳大利亚	2.30%	2.90%	2.20%	− 0.30%	1.50%	1.72%
西班牙	3.00%	2.40%	2.00%	− 10.80%	5.10%	0.34%
墨西哥	2.10%	2.20%	− 0.10%	− 8.20%	4.80%	0.16%
印度尼西亚	5.10%	5.20%	5.00%	− 2.10%	3.70%	3.38%

资料来源：根据公开资料整理

表 2.10　2017—2021 年主要经济体国内生产总值占世界比重

	2017 年	2018 年	2019 年	2020 年	2021 年	平均值
世界	100.00%	100.00%	100.00%	100.00%	100.00%	
美国	23.93%	23.75%	24.38%	24.61%	23.93%	24.12%
中国	15.12%	16.08%	16.29%	17.30%	18.45%	16.65%
日本	6.06%	5.83%	5.85%	5.94%	5.14%	5.76%
德国	4.53%	4.60%	4.44%	4.53%	4.39%	4.50%
英国	3.32%	3.36%	3.28%	3.25%	3.32%	3.30%
印度	3.26%	3.13%	3.23%	3.14%	3.30%	3.21%
法国	3.19%	3.23%	3.11%	3.10%	3.06%	3.14%
巴西	2.53%	2.22%	2.14%	1.71%	1.67%	2.05%
意大利	2.41%	2.42%	2.29%	2.23%	2.19%	2.31%

（续表）

	2017 年	2018 年	2019 年	2020 年	2021 年	平均值
加拿大	2.03%	2.00%	1.99%	1.94%	2.07%	2.00%
韩国	1.99%	2.00%	1.88%	1.93%	1.87%	1.94%
俄罗斯	1.93%	1.92%	1.93%	1.75%	1.85%	1.88%
澳大利亚	1.63%	1.65%	1.59%	1.56%	1.61%	1.61%
西班牙	1.61%	1.64%	1.59%	1.51%	1.48%	1.57%
墨西哥	1.42%	1.41%	1.45%	1.28%	1.35%	1.38%
印度尼西亚	1.25%	1.21%	1.28%	1.25%	1.23%	1.24%

资料来源：根据世界银行统计数据计算整理

表 2.11　2017—2021 主要经济体对全球经济增长的贡献率

	2017 年	2018 年	2019 年	2020 年	2021 年
世界	100.00%	100.00%	100.00%	100.00%	100.00%
美国	15.89%	20.91%	68.19%	17.44%	18.78%
中国	21.81%	31.63%	31.06%	− 14.85%	27.22%
日本	− 1.47%	2.14%	6.89%	3.03%	− 0.92%
德国	4.48%	5.72%	− 7.18%	1.53%	3.37%
英国	− 0.48%	4.03%	− 1.78%	4.43%	3.84%
印度	7.22%	1.03%	10.37%	5.97%	4.52%
法国	2.47%	3.91%	− 5.01%	3.59%	2.74%
巴西	5.42%	− 2.93%	− 3.52%	15.47%	1.43%
意大利	1.72%	2.60%	− 6.50%	4.32%	1.85%
加拿大	2.46%	1.52%	1.35%	3.52%	3.09%
韩国	2.51%	2.02%	− 5.92%	0.49%	1.44%
俄罗斯	6.02%	1.66%	2.89%	7.46%	2.57%
澳大利亚	2.43%	2.03%	− 2.95%	2.33%	1.92%
西班牙	1.61%	2.17%	− 2.25%	4.06%	1.28%

（续表）

	2017 年	2018 年	2019 年	2020 年	2021 年
墨西哥	1.63%	1.27%	3.79%	6.64%	1.84%
印度尼西亚	1.70%	0.53%	6.20%	2.20%	1.14%

资料来源：根据世界银行统计数据计算整理

同时，新冠疫情导致的经济变化展现出中国对全球供应链的强大影响力。2020 年 3 月，联合国贸易和发展会议（UNCF AD；2024 年 4 月 9 日，更名为"联合国贸易和发展"，UN Trade and Development）发布题为《2019 冠状病毒疫情对全球贸易的影响》的报告指出，作为世界上最大的出口国和全球生产网络的一个组成部分，中国已经成为汽车、手机、医疗设备等许多产品的原料和零部件的主要供应国和国外制造业公司中间输入品的主要供应国，其在全球经济中的重要性在不断上升。该报告指出全球约 20% 的制造业中间品贸易来自中国，如果中国中间品出口下降 2%，将导致 45 个主要经济体出口下降约 460 亿美元，占 2019 年全球出口总额的 0.27%，其中欧洲、美国、日本、韩国受影响最大。

（二）积极应对全球供应链重构

2017—2021 年 5 年期间，面对中美贸易战、新冠疫情等不利影响，中国积极应对，进出口和对外直接投资都呈现出明显的国别、区域变化，仍然实现了对外进出口贸易规模的持续增长。

如表 2.12 所示，中国进出口总额从 2017 年的约 27.81 万亿元增加到 2021 年的约 39.10 万亿元；出口商品中初级产品占比进一步下降，到 2021 年初级产品只占出口商品总额的 4.16%。2021 年，中国对外服务贸易总额达 8 212 亿美元，占世界比重升至 7.2%。

表 2.12　2017—2021 中国进出口总额及构成　（单位：亿元）

	2017 年	2018 年	2019 年	2020 年	2021 年
进出口总额	278 099.24	305 010.09	315 627.32	322 215.24	391 008.54
出口总额	153 309.43	164 127.81	172 373.63	179 278.83	217 347.6

（续表）

	2017 年	2018 年	2019 年	2020 年	2021 年
其中：初级产品占比	5.20%	5.43%	5.36%	4.46%	4.16%
工业制成品占比	94.80%	94.57%	94.64%	95.54%	95.84%
进口总额	124 789.81	140 880.32	143 253.69	142 936.4	173 660.94
其中：初级产品占比	31.44%	32.86%	35.12%	33.25%	36.36%
工业制成品占比	68.56%	67.14%	64.88%	66.75%	63.64%
进出口差额	28 519.62	23 247.49	29 119.94	36 342.43	43 686.66

资料来源：根据中国国家统计局数据计算整理

从表 2.13 可以看出在中美贸易战的影响下，中国从韩国、日本、美国的进口比重下降，而从中国台湾、巴西、俄罗斯等地的进口比重上升。

表 2.13　2017—2020 年中国与主要贸易伙伴进口比重变化情况

	2017 年	2018 年	2019 年	2020 年
韩国	9.63%	9.58%	8.35%	8.38%
日本	8.99%	8.46%	8.26%	8.45%
中国台湾	8.46%	8.32%	8.32%	9.70%
美国	8.35%	7.26%	5.91%	6.55%
德国	5.26%	4.98%	5.06%	5.09%
澳大利亚	5.15%	4.95%	5.84%	5.70%
马来西亚	2.95%	2.96%	3.46%	3.64%
巴西	3.19%	3.63%	3.85%	4.14%
瑞士	1.78%	1.80%	1.31%	0.84%
越南	2.73%	2.99%	3.08%	3.80%
俄罗斯	2.24%	2.77%	2.94%	2.79%
印度尼西亚	1.55%	1.60%	1.64%	1.81%
英国	1.21%	1.12%	1.15%	0.96%

（续表）

	2017 年	2018 年	2019 年	2020 年
智利	1.15%	1.25%	1.26%	1.45%
菲律宾	1.04%	0.97%	0.97%	0.94%
意大利	1.11%	0.99%	1.03%	1.08%
中国香港	0.40%	0.40%	0.44%	0.34%
阿曼	0.73%	0.88%	0.95%	0.76%
印度	0.89%	0.88%	0.87%	1.02%
伊拉克	0.75%	1.05%	1.15%	0.93%

资料来源：根据中国国家统计局数据计算整理

从表 2.14 可以看出，美国一直是中国第一出口目的国，2018 年中国对美国出口贸易总额占当年对外出口贸易总额的 19.24%。中国传统劳动密集型产业如玩具、工艺品、家具家纺等对美国市场依赖严重，对美出口形势的转变给这些行业带来了巨大的冲击。在中美贸易战持续白热化的情况下，出口美国占出口总额比重下降了约 2 个百分点。随着共建"一带一路"倡议扎实推进，中国与沿线国家和地区展开了密切的经济、文化沟通，为中国外贸企业的发展带来了重大的契机，为其发展提供交易平台。中国外贸企业因此减少了自身对于美国市场的依赖，实现市场的多元化。在"一带一路"建设框架内，中国外贸企业积极采取出口市场多元化策略。2017—2020 年期间，中国向新加坡、中国台湾、马来西亚等地的出口比重明显上升。

表 2.14　2017—2020 中国主要出口国家或地区占出口额比重变化情况

	2017 年	2018 年	2019 年	2020 年
美国	18.99%	19.24%	16.75%	17.44%
中国香港	12.34%	12.15%	11.17%	10.52%
日本	6.06%	5.91%	5.73%	5.51%
韩国	4.54%	4.37%	4.44%	4.34%

（续表）

	2017 年	2018 年	2019 年	2020 年
德国	3.14%	3.12%	3.19%	3.35%
越南	3.16%	3.37%	3.92%	4.39%
印度	3.01%	3.08%	2.99%	2.58%
荷兰	2.97%	2.93%	2.96%	3.05%
英国	2.51%	2.27%	2.50%	2.80%
新加坡	1.99%	1.97%	2.19%	2.22%
中国台湾	1.94%	1.96%	2.20%	2.32%
马来西亚	1.84%	1.82%	2.09%	2.17%
俄罗斯	1.89%	1.93%	1.99%	1.95%
澳大利亚	1.83%	1.90%	1.93%	2.06%
泰国	1.70%	1.72%	1.82%	1.95%
墨西哥	1.59%	1.77%	1.86%	1.73%
印度尼西亚	1.54%	1.74%	1.83%	1.58%
阿联酋	1.27%	1.19%	1.34%	1.25%
菲律宾	1.42%	1.41%	1.63%	1.62%
加拿大	1.39%	1.41%	1.48%	1.63%
意大利	1.29%	1.33%	1.34%	1.27%

资料来源：根据中国国家统计局数据计算整理

2017 年，中国对外直接投资 1 582.9 亿美元，较 2016 年下降 19.30%（见表 2.15），这是 2002 年中国政府对外公布这项数据以来的首次下降。主要原因在于：一方面，中国政府加大限制资本外流力度；另一方面，某些西方国家政府以国家安全为由推迟或阻止中国对其企业的收购。从表 16 中可以看出 2017 年中国对拉丁美洲、北美洲的直接投资占对外直接投资总额的比重均下降了，对北美洲的比重下降 6.27 个百分点，而对亚洲、非洲、大洋洲的比重均增加了。

表 2.15　2017—2020 年中国对外净直接投资变化情况　（单位：亿美元）

	对外直接投资	同比变化	实际利用外资	对外净直接投资
2017 年	1 582.9	− 19.30%	1 310.4	272.5
2018 年	1 430.4	− 9.63%	1 349.7	80.7
2019 年	1 369.1	− 4.29%	1 381.3	− 12.3
2020 年	1 537.1	12.27%	1 443.7	93.4

资料来源：根据中国国家统计局数据计算整理

表 2.16　2016—2020 年中国对外直接投资不同洲别地区占比

	2016 年	2017 年	2018 年	2019 年	2020 年
亚洲	66.41%	69.52%	73.76%	80.96%	73.09%
非洲	1.22%	2.59%	3.77%	1.98%	2.75%
欧洲	5.45%	11.66%	4.61%	7.68%	8.26%
拉丁美洲	13.88%	8.89%	10.21%	4.67%	10.84%
北美洲	10.38%	4.11%	6.10%	3.19%	4.13%
大洋洲	2.66%	3.23%	1.55%	1.52%	0.94%

资料来源：根据中国国家统计局数据计算整理

（三）供应链安全被提升到国家战略层面

中国供应链总体上大而不强，缺乏创新，仍然存在脆弱性。中国外贸呈现"大进大出"特点，生产产品的同时需要进口中间产品作为投入。面对新变局、新挑战，着力提升供应链安全稳定水平，形成自主可控、稳定畅通、安全可靠的供应链，是建设现代化产业体系和构建新发展格局的重要路径，也是增强中国产业国际竞争力、应对风险挑战和维护经济安全的必然要求。

"十四五"规划明确提出提升供应链现代化水平。坚持自主可控、安全高效，分行业做好供应链战略设计和精准施策，推动全产业链优化升级。党的二十大报告强调："增强维护国家安全能力。坚定维护国家政权安全、制度安全、意识形态安全，……确保粮食、能源资源、重要产业链供应链安全，维护我国公民、法人在海外合法权益，……筑牢国家安全人民防线。"党的二十届三中全会审议通过的《中共中央关于进一步全面深化改革、推进中国式现代化的决定》明确提出，"健全提升产业链供应链韧性和安全水平制度"，并作出了相应部署。

（四）供应链管理的数字化发展趋势

物联网（IoT）、大数据、人工智能等数字化技术的快速发展为供应链管理带来了革命性的变革。中国数字化供应链发展呈现出蓬勃发展的态势，根据相关统计测算，2023 年中国供应链数字化服务行业规模约为 3.6 万亿元，同比增长 11.0%。

2023 年，中国数字化物流服务规模达到 2.9 万亿元，同比增速 9.6%。其中航空制造、智能设备、新能源和半导体专用设备等高新技术制造领域的物流总额增速高于行业整体，成为行业需求增长新动能。2023 年中国供应链数字化资金流服务规模达到 3 454 亿元，同比增速 22.8%。供应链金融、产业支付、线下收单等不同场景的资金流服务均保持了较高水平增速。2023 年中国供应链数字化信息流服务规模达到 3 214 亿元，同比增速 12.6%。从产业层面来看，消费互联网领域发展相对成熟，整体规模增速仍处在高位；工业制造业领域，由于不同产业供应链结构差异极大、供应链参与者众多、供需结构复杂，信息流改造难度大且进程慢。但是值得关注的是，在新能源汽车、光伏、医药、高端制造等高速增长的工业制造业领域，其核心企业往往更具备业务增长的使命与业务价值调优的期望，因此在近年来爆发出对于信息化、数字化改造的强烈意愿。

总体来看，中国数字化供应链的发展不仅提升了供应链的管理效率和服务质量，还促进了各行业的创新发展。随着技术的不断进步和应用场景的拓展，数字化供应链将在未来发挥更加重要的作用。

（五）供应链的绿色化发展趋势

能源与气候的挑战加剧，也对供应链提出了新的要求。各国政府纷纷出台政策与法规,引导供应链向更加绿色、可持续的方向发展。例如,2021 年 3 月,欧盟议会通过"碳边境调节机制"(CBAM)将促使企业减少碳足迹,推动绿色供应链建设。在全球绿色发展进程持续深入的背景下,主要发达国家和全球产业链链主企业不断提高生产过程和产品的绿色要求,逐步建立更高标准的绿色供应体系。要继续保持中国在国际大循环中的优势地位,就需要提升产业体系的绿色化水平,加快供应链绿色化进程。

近年来,国家、地方陆续出台绿色供应链相关支持政策,如《关于积极推进供应链创新应用的指导意见》《"无废城市"建设试点工作方案》《关于加快建立健全绿色低碳循环发展经济体系的指导意见》《关于加快推动制造业绿色化发展的指导意见》等,均提出要积极构建绿色供应链,推动全产业链的绿色化改造。天津、上海、东莞、深圳等城市率先开展了绿色供应链管理创新和试点工作,结合地方产业特色探索了不同的绿色供应链示范管理模式,形成了政府引导、企业参与、协会支持的绿色供应链推进格局。在行业实践方面,汽车制造、房地产、电子电器、零售、家具、物流等行业的龙头企业,通过全产业链的绿色化改造,率先开展绿色供应链实践,推动中国企业供应链绿色化改造进程,在节能降碳方面取得一定成效。

以绿色供应链为抓手,对生产流通方式进行生态绿色化改造,将企业和产品的良好环境绩效转化为绿色价值,提高绿色产品与服务的供给,可以有效支撑供给侧结构性改革,助推中国在国际产业分工中的绿色崛起。

综合来看,中国供应链发展呈现明显的阶段性特征。在计划经济体制时期,中国供应链发展面临商品供给严重不足的总体环境,供应链管理以指令性、计划型为主,融入世界供应链体系程度低。改革开放后,中国打破高度集中的计划经济体制,逐步建立主要依靠市场形成价格的机制。中国企业借鉴国外先进企业的管理经验,使得 MRP、ERP 等供应链管理系统在中国企业中得到推广应用。中国在全球供应链体系中规模不断增长,但以"三来一补"的加工贸易为主,总体上处于全球供应链的非核心环节。加入世贸组织后,中国经济迅速发展,经济结构不断优化,成为世界第二大经济体,在全球供应链中的地位和作用不断增强。高新技术产业和战略新兴产业发展迅速,高铁、4G、5G 移动通信,电商等领域已处于"并跑""领跑"地位,中国制造企业积极布局全球供应链。第三方物流企业服务模式及产业形态不断创新，电子商务、深度分销平台、供应链金融等迅速发展。

在大国博弈、新冠疫情、地缘冲突等一系列国际政治经济变局中，中国经济表现出强大韧性，主要工业产品产量稳居世界首位，对全球经济增长的贡献率日益增强，对全球供应链展现出强大影响力。"一带一路"建设实质推进，中国积极调整贸易伙伴和投资地区，有效应对全球供应链重构。供应链韧性和安全水平提升到国家战略高度，数字化供应链蓬勃发展，绿色供应链有序推进，为供应链强国建设奠定了坚实基础。

第 3 章
中国特色供应链发展理论①

　　长期以来,以美国、欧盟、日本为代表的发达经济体基于供应链管理领域的商业实践与学术探索,对全球供应链理论的发展、应用起到了不可忽视的推动作用。与此同时,随着改革开放和中国式现代化深入推进,中国成功实现了经济的飞跃、发展的追赶并成为全球有影响力的供应链大国。近些年,面对百年变局,供应链竞争力与安全的重要性在中国已形成共识。基于中国供应链实践,学习借鉴国外供应链理念,顺应世界大势变化,中国正在走出一条具有中国特色的供应链发展道路,具备了构建一套具有中国特色的供应链发展理论体系的条件。

　　中国特色的供应链发展理论基于中国供应链发展实践和新时代中国的发展观世界观,统筹宏观中观微观、统筹发展与安全、统筹国内与国际,涵盖供应链定位、安全、效率、智慧发展、绿色发展、供应链与经济发展、供应链与创新、国际合作、社会责任、竞争力与强国建设等多个方面,如图 3.1 所示。

　　中国特色供应链发展理论框架中,定位是供应链发展的逻辑起点,安全与效率是供应链发展的两大目标,数字智慧和绿色化是推动供应链发展两条重要路径,促进经济发展和创新活力是供应链发展的两大战略任务,增进国际合作、彰显社会责任是中国供应链发展的国际责任和社会责任,竞争力提升与强国是百年变局下为实现中华民族伟大复兴对供应链发展的战略要求与落脚点。

---

① 本部分与温明月共同完成。

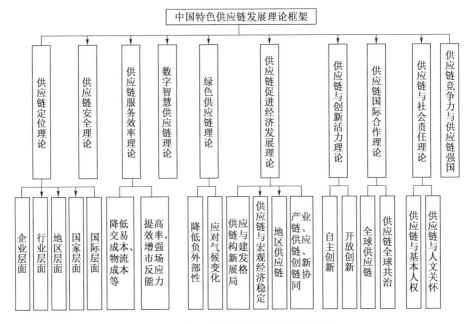

图 3.1　中国特色供应链发展理论框架

一、供应链定位理论

新历史时期,中国发展要统筹百年变局、战略全局与构建新发展格局,中国特色供应链的研究需要从更多维度、更高定位去理解主体在上下游市场、价值链、产业链中的角色和地位,明确是要整体升级,还是要上下游延伸控制,还是要全链条布局。理清供应链的角色定位以及内部逻辑关系,对于提升供应链韧性、提高供应链的效率和灵活性,意义重大。从整合资源的范围以及发展目标来看,中国特色的供应链理论可从企业、产业、地区、国家、国际五大层面进行分析。其中,企业供应链是供应链发展的微观原点,产业供应链和地区供应链是供应链发展的中观路径和空间路径,国家供应链是供应链发展的宏观趋势,全球供应链是供应链发展的国际拓展和延伸。

从企业层面定位看,企业供应链是企业维持正常运转的基础,也是企业间实现物质合作的链接,由上下游节点企业组成复杂网状结构,从原材料供应开始,经过生产、交换、分配和分销等过程流向最终用户。随着企业发展的广度和深度不断延伸,企业供应链涵盖的内容、环节和领域更加广泛。企业供应链模式的创新经历了以生产商为核心、以中间商为核心、以零售商为核心的不同阶段,目前已形成以平台为核心的放射型供应链。以用户需求为驱动,链内各企业主体合作愈发紧密,生产、销售、商品流通、售后服务等环节高效协同,形成数据资源交换、共享、协同、互利共赢的生态体系。

从企业边界看,企业供应链还可分为内部供应链和外部供应链,内部供应链是由企业内部生产和流通过程中所涉及的采购、仓储、加工、销售等部门形成的供需网络;外部供应链则是从企业外部出发,涵盖与企业相关的产品生产和流程过程中供应商、生产商、仓储/零售商以及最终消费者组成的供需网络。企业供应链的发展目标是通过打通企业内部供应链,实现内部研产销的协同化,进而快速响应市场变化满足客户需求。

从行业层面定位看,建设富含创新力、高附加值、安全的供应链是提升产业竞争力,保障国家经济平稳运行的关键任务。尽管中国拥有完整的工业体系,但产业发展依然存在着不平衡不充分,资源配置效率较低,综合协同能力不足,结构"雷同"等问题,供应链上的断点、弱点、痛点、堵点问题明显,链的整体效应不强,国际供应链发展滞后,供应链韧性亟待提升①。中国应当加强供应链战略规划和配套战略政策顶层设计,建设战略性产业、高科技产业、支柱产业、优势产业、基础产业、特色产业等重点行业供应链,形成富含创新力、高附加值、安全性高的供应链体系。

从地区层面定位看,地区供应链是指供应链各环节能够突破地区边界限制,根据不同地区的特点和优势进行布局和管理。在这个过程中,供应链能够突破地区资源、地理、交通等限制因素,有效推动人力资本(劳动力)、物质资本、技术资本、金融资本等各类生产要素在区域间流动、转移、集聚,进而促进产业在不同城市、省份、国家间的转移,形成地区供应链。地区供应链通过协作机制将地区的经济发展置于全国经济大环境中,推动人口、生产和生活要素在地区间流动和转移,实现资源优化配置,促进区域一体化发展。

---

① 魏际刚. 中国产业高质量发展的战略与路径[N]. 中国经济时报,2020-08-25(A04)。

从国家层面定位看，国家供应链战略是一国基于提升综合实力、产业竞争力，保障经济安全、重要基础设施与通道安全，保障关键产业、企业、原材料供应，保护核心人才与知识产权，应对突发重大风险等目标而对本国供应链发展作出的总体谋划与部署。世界主要发达经济体高度重视国家供应链发展战略，从战略高度推动供应链体系建设。对于中国而言，在地缘政治冲突和全球化变局的国际背景下，着力提升本国供应链韧性和安全水平，是实现高质量发展、增强本国产业竞争力、应对风险挑战和维护经济安全的必然要求。要谋划好国家对重点产业链、重点地区、重要战略通道等规划、布局，不断强化国家供应链战略意识，推进国家供应链顶层战略规划、治理模式创新和配套政策的系统性研究[1]，建成具有中国特色的供应链战略设计、组织与运作体系。

从国际层面定位看，全球供应链是以链主企业为主导，以提高全球要素、产能、市场和规则链接能力和效率为目标，通过国际贸易与投资将各国的生产、分配、交换、消费等环节连接在一起，形成国际产业分工体系。随着国际产业分工格局和供应链区域化、同盟化特征凸显[2]，多重因素正在重塑全球供应链的结构与形态，全球供应链格局进入深度调整阶段。把握全球供应链风险，大力推进现代化产业体系建设，加快发展新质生产力，推动中国供应链在国际大循环的价值链条中赢得核心竞争地位成为中国应对全球化变局，继续有条不紊地推动产业升级的关键。

二、供应链安全理论

供应链安全是指在全球产业分工中，一国供应链在受到外部冲击后仍能保持生产、分配、流通、消费各个环节畅通，维持产业链上下游各环节环环相扣，供应链前后端供给需求关联耦合、动态平衡的状态。建设可控、多元化的供应链安全体系，提升国家竞争力是保障中国供应链安全的重要措施。

---

① 魏际刚.从战略高度保障产业链供应链安全[N].学习时报，2022-05-27(01,06)。
② 刘云.全球供应链安全问题的理论及现实研究[J].亚太安全与海洋研究，2022(4)：29-49。

供应链安全意味着不断增强链内关键企业的抗风险韧性。从产业层面看，供应链安全意味着不断提升重要、关键、核心产业的竞争力；从国家层面看，供应链安全意味着要实现对重点领域核心技术和关键生产环节的自主可控。

供应链安全是保障国家安全的重要一环①。一国通过掌握核心技术来实现自主设计、自主生产，以有效防范产业链关键环节风险，在面对断链冲击时，还可凭借国内稳定运行的供应链提供相应的产品服务。

供应链安全存在内部、外部两方面的风险。供应链内部安全风险包括：供应链管控能力弱，纵向与横向资源整合力量不足，运营环节多、周转缓慢、效率低下等问题；缺乏充足的战略资源与资本，加之自主知识产权意识薄弱，市场拓展力度不足，产业集中度不够高等问题；一些重点供应链对外依存度过高，尤其是对高技术、高附加值产品的依赖，而国内市场的吸引力却在逐渐减弱等问题。

供应链外部安全因素主要源于部分国家采取不公平、不正当贸易、投资、技术、人才和信息管制措施②，在供应链领域滥用长臂管辖权，中断两国正常经济活动。此外，自然灾害和国际公共卫生事件的突发、局部战争和地缘政治的变动，对供应链安全也构成了重大威胁。受地缘政治冲突、突发公共卫生等事件带来的物流中断以及应急物资需要等影响，美国、欧盟、日本、印度等主要世界经济体已经开启了供应链安全预警机制建设，先后推出了本土版或双边、多边合作的供应链弹性计划，通过调整国家战略计划和政策来提升本国供应链韧性，以实现供应链本土化、区域化、集团化。与之相应，构建一套可控且多元化的供应链安全体系是保障中国产业链安全的重要措施。

三、供应链效率理论

供应链效率是对供应链整体优化协作效果及满足程度的目标描述。供

---

① 魏际刚,刘伟华.对保障重点产业供应链安全的战略思考[J].北京交通大学学报(社会科学版),2022(1):1-10.

② 丁俊发.构建供应链模式下的经济命运共同体[J].供应链管理,2020(1):11-17.

应链效率是供应链竞争力的主要表现形式。提升供应链效率是推动经济高质量发展的重要路径。

供应链效率分为企业内部和外部供应链效率两方面。企业内部供应链效率是对供应链内部单个企业运行状况的评价，企业在调动自身资源、能力的基础上优化库存和物流管理来实现内部成本最小化。企业内部供应链可分为采购、生产、分销三大阶段，库存以原材料、在制品、半成品、成品的形式贯穿供应链全环节。如果企业生产过量，造成产品库存堆积，进而导致超额存储成本；如果企业库存过小，就会产生不能及时满足生产需求的风险。企业通过加强供应链物流管理、库存管理，提高物流运输效率和资源的有效配置，可全面优化整个商品流通过程。

企业外部供应链效率是指从供应链的整体利益出发，通过分工协同、信息共享、全程优化、利益均沾、风险分担等措施，建立节点企业间的合作伙伴关系[1]，以提升供应链中各节点间的流转效率。如果企业间缺乏有效的互动联动机制，供应链问题反馈慢、处理时间过长会进一步增加企业间信息沟通成本。这样通过构建数字供应链，强化企业间的信息共享，加强企业合作，以覆盖全供应链环节的决策系统来提升决策的柔性和集成度，确保资金流、信息流、商品流在供应链内部畅通流转，减少供应链各环节间的迟延，更好地协调和降低供应链成本，消除"牛鞭效应"，有效提高供应链的整体效率[2]。

四、数字智慧供应链理论

随着数字产业化和产业数字化转型的持续推进，产业间边界不断消融，数字化不仅使得产业间联系更加快速、高效和紧密，同时也加速了供应链的重构，供应链与数字技术融合逐步深入，已发展至数字供应链新阶段。数字供应链是指通过数字化技术将供应链中的商品流、信息流、资金流和物流联

---

① 孙桂林.供应链效率优化研究[D].2008.

② 邓俊.物流管理发展对牛鞭效应的影响分析[J].中国市场,2007(23)：64-65.

系起来,并利用人工智能技术进行优化配置和决策赋能。数字供应链的建设有利于供应链上下游节点的有效对接,降低企业经营、交易成本,使得市场响应速度更快,促进供需精准匹配、高效协同,从而改变整个产业生态体系运行,给企业转型带来更多发展机遇。

智慧供应链是数字供应链发展的重要变革和升级方向。智慧供应链是指基于物联网、大数据和人工智能等技术,使整个供应链系统在数据采集、加工处理、计算分析方面均实现智能化,从而优化供应链流程与布局,实现高度协作与高效分工。从组成结构看,智慧供应链分为智慧化平台、数字化运营、自动化作业三部分。其中,智慧化平台主要是基于数字化、智能化技术进行信息采集、计算和决策分析;数字化运营平台则侧重于对供货量、供货价格、库存、入仓位置、用户喜好等进行量化分析并作出精准预测,为企业采购、仓储、运输等自动化作业提供指导①。通过打造智慧供应链,不仅有助于实现供应链的柔性管理、快速响应、无缝衔接和高效信息共享,还利于跨部门、跨环节、跨领域的协同运作,达到低成本、高效率运作,提升供应链效益的目标。此外,将医疗卫生、交通、市政等领域大数据与当前的智慧供应链平台进行融合,还有利于推动社会治理与公共服务的精细化、智能化、社会化发展,助力智慧化社会治理体系和协同高效的政府服务体系建设。

数字化、智能化作为新质生产力的重要工具,可以有效降低生产成本,提升发展效率和发展质量。围绕发展新质生产力布局产业链供应链,不断提升供应链效率和智慧化水平,深入推进数字经济创新发展,强化数字化赋能,为实现中国式现代化产业体系提供更强力的新动能,已成为重大时代命题。智慧供应链为新质生产力的发展提供了良好的平台支撑,新质生产力的快速发展不断带动智慧供应链的优化升级。智慧供应链和新质生产力的相互促进将为企业的发展带来新的机遇和挑战,促进企业不断创新和进步。只有充分发挥数字化供应链和新质生产力的优势,企业才能在竞争激烈的市场中取得优势,从而在产业链中占据更高端的位置,增强国际竞争力,吸引更多的投资和技术合作。

---

① 霍艳芳,王涵,齐二石. 打造智慧物流与供应链,助力智能制造——《智慧物流与智慧供应链》导读[J]. 中国机械工程,2020(23): 2891-2897。

五、绿色供应链理论

供应链绿色化发展是积极引领和参与全球气候治理，顺应全球绿色低碳发展大势的必然趋势。绿色供应链基于环境保护和资源节约的理念，以可持续发展为要义，通过对供应链各环节进行低碳、绿色设计，降低产品生命周期中各环节能耗和污染，形成从设计到原材料采购、生产、运输、储存、销售、使用和回收处理全过程绿色的完整上下游供应关系。相对于传统供应链的单向性，绿色供应链统筹经济利益和环境利益，以实现社会的可持续发展。推动绿色产业转型发展，建设绿色低碳社会，实现可持续发展已成为国际社会普遍共识，也是中国发展战略的重要内容。

绿色供应链有助于应对气候变化。供应链绿色化发展是顺应全球绿色低碳发展大势的必然要求，是积极引领和参与全球气候治理的重要举措。全球变暖、温室气体排放、$PM_{2.5}$、臭氧污染等，对全球气候变化产生了很大的不利影响。在此情形下，企业要以可持续发展为目标，把握全球绿色低碳转型机遇，通过构建绿色供应链，采用高效率的技术设备和绿色理念，推动能源技术、低碳技术创新，达到低消耗、低成本、低污染的目的，在推动经济发展和环境保护中展现责任担当，助力经济绿色发展。

绿色供应链还有助于降低负外部性。与其他环境管理方式相比，绿色供应链能够通过治污成本的合理分配和承担，以商业模式从微观层面推动发展和保护的平衡，以解决负外部性问题。供应链全链条绿色低碳发展已成为实现绿色低碳循环发展的重要途径之一。只有将绿色材料选用、绿色采购、绿色生产计划、绿色包装、绿色仓储、绿色运输、绿色分销和回收处理等[①]绿色供应链实施过程中涉及的问题集中统一考虑并解决，实现整体的效益最优，才能真正实现供应链绿色化。

---

① 邓琳娜. 我国企业实施绿色供应链管理的障碍因素分析[J]. 河南商业高等专科学校学报，2010,23(6)：69-73。

六、供应链促进经济发展理论

供应链是经济高速发展的纽带和桥梁,供应链平稳运行有助于宏观经济稳定与发展。供应链将各市场活动主体及其相关的商务环节融为一体,形成了支撑市场经济运行的基础关系。供应链能否平稳运行关乎经济发展格局和宏观经济总量目标的实现。新发展阶段,应加快供应链现代化建设步伐,推动创新链、产业链与供应链相互促进,相互融合。供应链与经济发展的关系如图 3.2 所示。

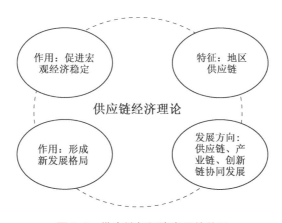

图 3.2　供应链与经济发展的关系

供应链是形成新发展格局的重要抓手,是畅通国内国际双循环的关键一环(见图 3.3)。构建新发展格局重点在于打通生产、流通、消费、服务等整个供应链环节,基于现代化物流体系,推动物质、资本、技术、劳动力等生产要素在国内各环节、各产业、各部门、各地区间循环畅通与高效配置。国内国际"双循环"格局以现代化供应链体系为载体,以现代化供应链物流体系为流通纽带,实现产业互联互通、供需稳定平衡和高效匹配,推动生产供给和需求实现更高水平的发展平衡①。

---

① 张建军,孙大尉,赵启兰.基于供应链视域构建"双循环"新发展格局的理论框架及实践路径[J].商业经济与管理,2021(8):5-15.

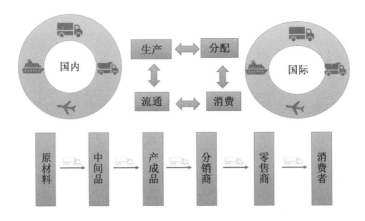

图 3.3　供应链促进构建新发展格局

供应链是社会经济循环运转的基础，是宏观经济运行的主要神经脉络。高质量的供应链体系，能够降低社会交易成本，使社会发展基础更加牢固。经济稳定发展的关键就在于不断增强供应链韧性。供应链上不仅有能够引导供应链发展的链主企业，还有更多提供中间环节商品的低社会成本高回报率的小微企业。只有供应链维持良好运转，才能为小微企业的发展创造良好的经济发展环境和可靠的市场生存基础，经济发展才会更具活力。提升供应链韧性有利于全社会经济主体运行质态的提升①。

地区供应链是地区间经济高度融合的具体表现。地区供应链上的经济主体依托各自良好的区位优势和市场优势，通过区域协调机制和政策支持，形成跨地区的产业合作，有效降低物流成本及不可控风险，推动区域协同发展。地区供应链的形成，有助于增强地区间协同效能，积极发挥各地区的资源优势，优化区域资源配置，实现产业空间合理分布、地区协同、城乡互动、东中西部合理分工、协同联动发展。

经济高质量发展要求产业链、供应链、创新链三链深度融合，协同发展。产业链、供应链、创新链协同发展指的是在供应链内的企业或机构根据需要进行技术创新、协调发展，创造出"含金量"更高的产品及服务，获得共赢的收益。产业链、创新链、供应链存在着紧密而又互相影响的关系。首先，创新链

---

① 陆岷峰.供应链经济背景下供应链金融发展现状、问题与策略研究——基于构建经济发展新格局的视角[J].金融理论与实践,2021(1)：19-26。

与产业链高度协同,存在着互相波及、互相影响的"经济溢出效应",产业链上任意一个企业创新产出、创新技术等变化均会波及其他相关的行业企业,从而引起产业链的变化。其次,创新链与供应链间相互融合、相互促进。供应链是创新链的关键载体,通过各环节凸显出创新链的价值;创新链是供应链的内在驱动力,通过技术更新来提升供应链现代化水平。此外,产业链与供应链的有机结合,不仅可以提高社会生产环节运转速度,还能优化资源配置,促进产业转型。这样,通过深度融合创新链与产业链供应链,实现产业链拉动供应链,以及创新链支撑产业链升级的良性循环,助推"三链联动"。

七、供应链与创新活力理论

创新活力已成为供应链竞争优势的主要来源,通过对供应链各环节进行空间、功能等方面重组重构,进行资源整合,优化企业内外流程,加强设计研发、制造、销售、售后服务管理的协同管理,进而提高供应链内各环节和跨供应链的沟通效率,有效降低供应链内企业的经营成本、交易成本,提高行业全要素生产率。供应链创新不仅有助于加快产业融合速度、深化社会分工体系,还有助于建立供应链上下游合作共赢的协同发展机制。

供应链创新发展战略目标在于实现创新型强国。创新型强国的建设,需要更好地统筹自主创新和开放创新的关系,坚持自主创新在中国现代化建设全局中的核心地位,以多元创新提升供应链竞争力,以技术创新和市场创新提升供应链现代化水平,打造自主可控的开放式创新体系(见图 3.4)。

供应链自主创新是国家安全和经济发展的基石。供应链自主创新指的是供应链上的企业内部自发式的原始技术创新、引进技术再创新,或者进行集成创新,在供应链内部进行研发、生产、销售。只有坚持走中国特色自主创新道路,打造具有技术优势、市场优势和国际竞争优势的本土企业,将产业发展的关键技术和原材料都处于国家自主可控和安全稳定状态;推动供应链核心技术的迭代更新,强调具有自主知识产权的技术进步,依靠自主创新补强产业链条的各个环节,构建完整的国内产业链条,在优化资源要素配置的基

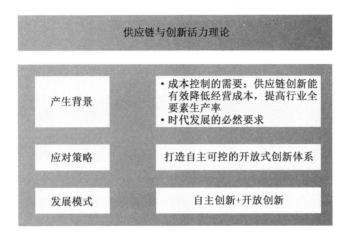

图 3.4　供应链与创新活力理论框架

础上,带动产业分工的深化升级,不断提升技术水平和生产效率,推进供应链现代化,助力建设创新型国家,才能实现经济向高质量发展阶段转变,从根本上保障国家经济安全、国防安全和其他安全(见图 3.5)。

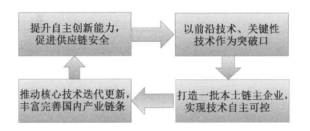

图 3.5　供应链自主创新路线图

开放创新是供应链价值创造的一种重要方式。供应链开放创新的内涵包括:(1)开放式创新并非单一供应链的孤立行为,而是企业、高校、科研机构、客户、供应商、政府等多个利益相关者共同参与的创新活动;(2)与自主创新相比,开放式创新源可来自供应链内部,也可来自外部,借助外部资源提升供应链的竞争力。供应链开放创新是新时代发展的必然要求,也是顺应新时代发展的一种必然选择。当前,技术与市场的发展推动创新资源的全球性分散与流动,企业创新环境发生重大的变化,供应链开放创新成为经济发展一种新的源泉。供应链开放创新,不仅是推动经济高质量发展的根本路径,而且是提升产业链供应链现代化水平、完成保产业链供应链稳定任务的重要抓手。

八、供应链国际合作理论

供应链国际合作不仅是现代经济的重要特征,也是经济全球化的必然结果。供应链国际合作主要是指全球供应链网络建设存在有效沟通协调机制,能不断提升全球供应链的协同效应,保障全球供应链的畅通运行。供应链国际合作是应对断链/缺链危机、维护经济安全的必然选择。

供应链国际合作包含维护全球供应链安全、开放、包容和推动供应链全球共治等内容。全球经济衰退、粮食短缺、地缘政治风险加剧是所有国家共同面临的挑战,只有各国政府通力合作,同舟共济,共同推进全球供应链改善,才能实现共建、共营、共享,更好地构建"人类命运共同体"。

保障全球供应链安全、稳定、开放。全球供应链是连接全球经济的血脉和基石,是全球生产资源、商品服务充分流动的产物。在经济全球化、技术不断进步、贸易分工精细化的背景下,跨国企业作为代表性的参与主体,通过一系列分散在世界各地的商贸活动将全球各地具有比较竞争优势的企业纳入到供应链体系中,对资源进行最优配置。随着贸易保护主义、大国博弈等因素叠加交织,全球供应链体系也有了新的特征。中国作为世界第二大经济体,应当坚定不移地维护产业链供应链的公共产品属性及其安全稳定,推进产业链供应链协同创新,加快产业链供应链智能化绿色化升级,推动产业链供应链开放合作,与各国一道,共同构筑安全稳定、畅通高效、开放包容、互利共赢的全球产业链供应链体系①。

供应链全球共治是应对经济形势复杂变化的重要保障,只有各国通力合作,共同推动全球供应链治理,才能共渡难关。全球供应链将各经济体的生产、消费、产业融合在一起,形成了"你中有我,我中有你"的局面,一荣俱荣,

---

① 2022 年 9 月 19 日,习近平在产业链供应链韧性与稳定国际论坛的贺信。

一损俱损，只有通力协作才能让各国走得更稳更远。全球供应链治理的改善，有利于促进企业优化资源配置，助力降低供应链运行成本；助推全球贸易投资恢复增长，带动世界经济加快复苏；推动全球生产网络有机联通，加速世界经济再全球化；创造就业和提升劳动者收入，增强减贫政策效果，改善各国人民福祉。

九、供应链社会责任理论

供应链社会责任是指供应链上所有企业需要对环境、企业员工、上下游环节企业、政府等承担的社会和道德性责任[①]，是对供应链上所有企业提出的道德约束和责任意识。除了供应链中每个企业都应当承当独立的企业社会责任外，供应链社会责任还应体现为链上企业对其上下游企业所承担的社会责任，如质量保障、信息披露、订单承诺、风险共担等伙伴权益保护责任，知识共享、文化传输、人才培训等持续合作保障责任以及针对上下游企业在员工权益、环境保护等社会责任的监管与改进责任等。随着中国在全球供应链格局中的地位日趋提升，中国企业对全球供应链影响力与日俱增。多维度提升中国供应链社会责任，提升中国企业在全球供应链国际话语权地位，成为中国产业结构调整、参与国际竞争所面临的主要任务之一。

供应链中人权保护强调供应链内部上下游所有企业都需尊重和保护人权，是维护国家供应链安全的一项重点内容。供应链中的人权保护不仅要求企业自身需要尊重和保护人权，而且要求其供应链中的企业也应当尊重和保护人权。由于供应链"牵一发而动全身"的网络特性，即便是企业的产品在生产过程中不存在侵犯人权的现象，也有可能因为供应关联而被各个利益方诟病，对整体供应链造成负面影响，甚至危害国家供应链安全。对于供应链上企业而言，它不仅要格外重视企业海外人权责任的承担，还要加快落实对供应链人权的保障，建立自我激励及声誉制度，切实维护供应链稳定。

---

① 陈远高.供应链社会责任的概念内涵与动力机制[J].技术经济与管理研究,2015(1)：75-78。

人文关怀是中国供应链人才战略的关键一环,是提升供应链软实力的一大抓手。其基本含义是指供应链中的企业应当尊重每位员工的主体地位和个性之间的差异,了解每个员工的需求,激发其工作潜能,调动工作的主动性和积极性,更好地实现个体自由发展和进步。现代企业间竞争就是供应链间的竞争,供应链竞争的本质就是人才的竞争。而大国间科技竞争、供应链竞争归根结底也是人才竞争。应坚持教育强国、科技强国、人才强国建设一体统筹推进,创新链、产业链、资金链、人才链一体部署实施,深化教育、科技、人才综合改革,为现代化建设提供强大动力[1]。

十、供应链竞争力与供应链强国理论

供应链竞争力是指供应链在市场竞争中所表现出的组织协同能力、运营能力和资源整合能力,能够在激烈的市场竞争中通过整合供应链内部资源形成的快速响应市场(潜在)需求、更高效地产生价值的能力。它是供应链外部资源与内部资源实力、素质的综合作用在市场竞争上所体现的力量。新一轮科技革命深入推进,科技创新正在不断打破地域、产业、技术边界[2],大国竞争逐渐演变为供应链竞争,提升供应链韧性和竞争力是应对国际产业外迁和推动产业优化升级的重要路径,也是经济发展和保障国家安全的必然选择。

中国供应链竞争力的提升需要发挥举国优势来建设供应链强国,要以提升供应链效率为目标,以强国战略为引领,从保障供应链安全、稳定、开放等角度来推动供应链强国建设。中国正在从供应链大国迈向供应链强国,提升供应链竞争力和打造供应链强国已成为中国战略发展目标之一。

供应链强国的建设,需要加快推进重点产业高质量发展行动,着力补齐短板、拉长长板、锻造新板,增强供应链韧性和竞争力;努力构建自主可控、安

---

① https://www.gov.cn/yaowen/liebiao/202403/content_6936334.htm.
② 中国社会科学院工业经济研究所课题组. 产业链链长的理论内涵及其功能实现[J]. 中国工业经济,2022(7):5-24。

全高效的供应链，不断巩固提升中国在全球供应链中的优势地位；促进产业全方位创新，特别是技术创新、模式创新，推进制造业与服务业融合发展，通过打造产业大生态，让供应链更有弹性，让产业生态更加强大。

发展与安全篇

　　立足现代化产业体系建设全局,以"创新、开放、协调、共享、绿色"理念为指引,以畅通商流、物流、资金流和信息流,促进内外循环为战略基点,以实现"高质量发展、高水平开放、高安全可控"为主攻方向,统筹发展与安全、自立与开放、自强与包容、宏观与微观、国内与国际,紧扣保障国家安全、经济增长、发展方式转变、形成国内强大统一市场、有效应对突发重大风险等战略任务,针对安全、效率、竞争力等核心问题,从全球、国家、区域、产业、企业不同层面加强供应链战略设计与系统规划。

第4章
中国供应链发展面临的大势

当前,世界百年未有之大变局加速演进,中华民族伟大复兴进入关键时期。全球供应链的重要性日益凸显;同时,国际格局深刻重构,新技术革命性进步,推动其动力、功能、体系、结构、治理、成本发生深刻变化。

未来一段时期,中国面临的形势与以往有很大变化。国际方面,全球格局将进行大变动大调整。特朗普政府实施"美国优先"战略将对全球秩序、竞争格局、供应链带来重大影响。相关机构预测,全球经济与贸易会有所放缓,全球供应链运行风险加大。国内方面,稳增长、调结构、促消费、惠民生要统筹推进,要求供应链贯通生产、流通、分配、消费的效率、竞争力、安全进一步提升。

一、世界进入深度动荡变革期

当前,国际政治经济关系呈现新变化。经济全球化曲折性放缓,全球化的形态与结构正发生重大变化,东西方推动的全球化相互交织。供应链安全需求显著增加。新一轮全球科技革命和产业变革深入拓展,制度性开放、地缘政治、科技伦理、国家绿色壁垒等影响着全球经济增长。今后一段时期,全球经济将处于低增长期,全球经济增长不确定性增加。

全球经济、科技、产业、资源竞争与博弈加剧,大国博弈激烈。发达国家保持科技领先、新兴国家加快追赶。无论是高科技产业还是中低端产业的竞争将更加激烈。各国对人才、技术、资金、资源、数据等竞争更加激烈。对高精尖技术、前沿技术的超前部署成为大国竞争战略的重要内容。美国视中国为对其全球经济主导权、高科技产业最具挑战的国家。欧、日对中国的产业与科技竞争力提升有防范与担忧。针对中国的贸易摩擦和投资限制呈明显增强势头。

全球治理体系加速变革，各国对利益分配与安全更加关注。各国期待重塑全球经贸新规则，以维护本国发展利益。全球气候变化推动着各国在节能减排方面采取更多行动。全球形势将重塑全球产业格局，而随着全球供应链战略性重构，全球产业进入新一轮转移。全球产业分工在效率与安全、经济与政治等多种因素下展开。

新兴经济体在全球经济中的比重将持续上升。未来 10 至 20 年，发展中国家仍有望保持较高的增长速度，部分亚洲和非洲国家将成全球经济的领跑者。全球经济多极化趋势更加明显。中国是全球经济增长的最大贡献者，是影响国际经济格局变化的重要因素。

工业 4.0 深入推进，世界进入大科学时代。科学探索不断向宏观拓展、向微观深入，交叉边缘学科和应用基础研究有望产生重大突破，催生新的重大科学思想和科学理论。全球技术变轨加速，前沿技术交叉融合与快速迭代正重塑工业体系并催生"引爆点"，创造出更丰富的未来场景和创新价值。新技术路线、体系架构和材料基础持续变革。数字技术加速迭代，高端装备、生物、新能源、新材料、绿色产业快速发展。数据成为重要生产要素，使产业发展的要素组合方式发生重大变化。新技术不断应用到传统产业，并与传统产业融合。

（一）全球经济发展面临下行压力

联合国《2024 年世界经济形势与展望》显示，日益加剧的地缘政治紧张局势可能会给世界经济带来新的短期风险。与此同时，在大多数主要经济体增长放缓、全球贸易低迷以及数十年来最为紧缩的金融条件下，许多发展中经济体的中期前景变得黯淡。2024 年世界银行一份报告认为,面对黯淡的增长前景,激发新一轮投资热潮可能是扭转局面的重要举措之一,因为投资可以促进经济增长、减少贫困,对新兴市场和发展中经济体应对气候变化和实现其他关键发展目标而言不可或缺。报告强调,在 2030 年前实现关键性全球发展目标,发展中经济体需要大幅增加投资,每年需要约 2.4 万亿美元。

2025 年 1 月,国际货币基金组织发布更新后的《世界经济展望》,认为全球增长分化与不确定,2025 年和 2026 年,全球经济增速预计均为 3.3%,低于 3.7% 的历史平均水平(2000 年至 2019 年)。

考虑到美国特朗普政府若对相关国家实施加征关税政策,将会导致全球经济增长速度下降、全球贸易增速下降。

(二)受区域一体化安排、保护主义、大国博弈等多重因素影响,全球供应链布局向着区域化、本土化、并行化演进

经济全球化趋势性放缓、区域经济一体化加速推进与供应链安全需求上升,使得跨国公司供应链布局加速向区域化、本土化发展。过去 30 年来,经济全球化和技术进步助推了跨国公司基于成本效率的全球供应链布局,推动了全球价值链的形成。近年来,随着经济全球化出现放缓迹象,全球供应链开始一定程度的回缩。与此同时,越来越多区域层面的贸易投资协定签署,加快了区域经济一体化的进程,贸易投资的区域化属性显著增强。一些国家已通过补贴方式支持关键产业链回归本土。跨国公司为了兼顾供应链安全,也更倾向于将产能重新布局到接近目标市场、且具有成本优势的区域,并实施近地采购的策略。预计未来,全球供应链将向着北美、欧洲、亚洲等若干重点区域生产和消费中心集中。以中国制造和中国市场为重要中心节点的亚洲生产网络是其中的重要一极。

保护主义和大国对高科技产业主导权的竞争正加速高科技产业链由全球化、一体化的布局日益走向本土化和并行化。美国重点通过政府强力补贴的方式吸引制造业特别是高科技产业回流,强化本土产业竞争优势。早在奥

巴马政府期间就提出促进美国制造业回流的战略主张；特朗普在第一次执政期间，通过发动对华贸易战、加征关税等手段促进制造业回流；拜登政府上台后在延续原有政策的基础上，通过立法以及与生产本地化捆绑的产业补贴措施吸引全球企业在美投资。例如，《通胀削减法案》对在美国购买北美生产的电动汽车给予最高 7 500 美元的税收减免，条件是车辆须在美国本土组装，或是在与美签署自由贸易协定的国家进行，且电动车电池原材料占比的 40% 以上须来自北美。美国《芯片和科学法案》投入约 550 亿美元用于补贴包括美国企业在内的全球芯片巨头在美投资设厂，并要求获补贴企业未来 10 年不能在华投资先进产能。值得关注的是，欧盟、日本和韩国也分别于近两年发布了《欧洲芯片法案》《日本半导体和数字产业战略》《韩国打造综合半导体强国》的战略，均提出以巨资支持半导体产业本地化的措施。其中欧盟将动员超过 430 亿欧元的公共和私人投资，在欧洲生产最先进、最节能的半导体，推动欧盟芯片产能由目前占全球的 10% 发展到 2030 年的 20%。预计未来围绕全球半导体产业链主导权的竞争将更为激烈。

地缘政治因素对全球贸易投资流向产生深远影响。美国将贸易、投资、技术合作政治化、工具化、武器化，一方面，借俄乌冲突推动欧盟与俄罗斯能源脱钩，未来全球能源版图可能分割为亚非和欧美两个板块；另一方面，加快推动供应链"去中国化"和"友岸外包"。2018 年以来，美国通过贸易战和大规模加征关税，使得在华对美出口较为集中的供应链被迫向东南亚及北美墨西哥等地转移；美国又通过发动科技战，实施对华先进半导体设备出口管制、人员限制、联合盟友的补贴排他措施等，迫使全球先进芯片产业链布局远离中国；与此同时，依托美、日、印、澳"四方安全对话"（QUAD）、"美欧贸易与技术委员会"（TTC）、"印太经济框架"（IPEF）等双边和多边平台积极构建可替代中国的供应链；通过所谓美式安全、民主国家的价值观标准排斥新疆棉、多晶硅、动力电池、5G 通信设备等中国具有竞争力的产品进入美国及其盟友的供应链和市场。尽管全面建立"友岸外包"的供应链并不现实，需付出高昂的代价，但在涉及关键原材料和未来科技主导权的关键产业链布局方面，美国已开始以国家安全理由和产业补贴方式进行强力干预。

（三）全球产业结构和布局进入新一轮加速调整重构

新一轮科技革命催生一批新技术、新产业、新业态、新模式,推动全球产业结构向着高端化、数字化、绿色化、服务化方向转型升级。

全球产业加速高端化。重大的技术变革是全球产业结构调整的首要驱动力,进入新世纪以来,一批颠覆性、融合性技术创新引发全球产业变革重塑,催生了新一代信息技术、新能源、新材料、生物医药等新兴高技术产业加速崛起。根据对联合国工业发展组织数据库中 154 个国家的数据测算,这些国家中高技术产业增加值占比的平均值从 2000 年的 21.8% 提高到了 2020 年的 25.0%,中高技术产业出口占比的平均值从 29.5% 提高到了 34.1%。在新技术的赋能下,原有行业面临全面升级。例如,百年汽车产业加速向电动化、智能化、网联化、无人化发展,产品形态、功能价值、供应链被全新定义;装备制造业也加速向智能装备产业演进。

数字化重塑全球产业经济形态和竞争格局。数字技术加快向各行业渗透,开始贯穿研发设计、生产制造、经营管理和服务全过程。根据中国信息通信研究院的测算,2021 年全球 47 个主要经济体第三、二、一产业数字经济增加值占行业增加值比重分别为 45.3%、24.3% 和 8.6%,数字化对全球产业经济的加速器作用进一步凸显。产业数字化转型对全球产业链分工合作与竞争格局带来深远影响,由于生产过程智能自动化程度大幅提高,传统的劳动力成本比较优势被弱化,发达国家可以凭借智能制造加速生产制造本地化和促进制造业回流。

绿色低碳成为全球产业链重构的新方向、国际竞争的新标签、进入领先企业供应链的新壁垒。在全球性能源紧缺、价格上涨以及 130 多个国家应对气候变化主动作出"碳中和"承诺的推动下,全球产业加快向绿色低碳转型,美国、欧盟等均已推出碳关税的实施方案,主要跨国公司也相继提出零碳供应链的时间表。绿色低碳的发展目标和倒逼机制将加速全球产业绿色低碳转型,而经过多年的准备,转型的产业技术基础和成本经济性如今也已具备。

服务型制造成为新的产业形态。随着先进制造业与现代服务业深度融合发展,研发、设计、知识产权信息运营管理等服务要素在制造业投入和产出的贡献日益增强;制造业产品和装备在新一代信息网络和智能化技术的助力下,进一步拓展远程诊断、在线运维、信息增值等服务,推动制造业价值链向服务领域延伸。据麦肯锡公司的测算,全球产成品贸易中有大约三分之一的价值应归功于服务业。

新一轮科技革命驱动的全球产业变革总体上使得发达国家对全球产业链高端环节的控制力影响力进一步加强,同时也为新兴经济体和发展中国家加快产业结构调整和转型升级打开了重要机会窗口。

（四）一些重大颠覆性技术正在创新突破,全球步入一个新兴产业孕育发展的关键时期

新兴技术不断涌现,战略性新兴产业发展潜力巨大。随着新一代信息技术、生物技术、新材料技术、新能源技术等新兴技术的不断涌现及与之相契合的产业化、市场化新路径、新渠道的发现,量子信息、合成生物学、基因编辑、脑科学、能源互联网等众多前瞻性、颠覆性技术创新快速扩散,战略性新兴产业将向多个方向快速发展,新的增长点不断涌现。信息、生物、能源、材料、先进制造等领域的技术突破和跨领域的交叉融合将创造新的经济增长点,发展潜力巨大。以 AI 和 5G 产业为例,据专家预测,2025 年,全球 AI 产业总体规模将增加到 1 500 亿美元,全球 5G 价值链创造的 GDP 将达到 1.5 万亿美元,同时它通过乘数效应可以带动全球新增 5.3 万亿美元的经济产出;到 2030 年,全球包括 AI 和 5G 在内的数字经济总体规模将达到 40 万亿美元。

世界各国对新兴产业发展主导权、控制权的争夺将更加激烈。由于战略性新兴产业事关未来各国产业国际竞争力的强弱和经济发展的潜力,世界各国特别是发达国家纷纷出台支持战略性新兴产业的战略举措。可以预见,为了夺取全球产业未来发展的制高点和主动权,各国之间围绕战略性新兴产业的重点领域、重点方向、政策支持的博弈和争夺将更加激烈。尤其是

美国,为了继续维持其在世界产业链治理中的主导权、继续占领全球产业国际竞争的制高点、获取高额垄断利润,对动摇和挑战其全球霸权地位的新兴大国,不惜采取军事上挑衅、政治上颠覆、经济上"脱钩"、技术上封锁、产业链上断供等多种手段进行全方位打压,而且这种打压措施很可能将越来越系统,打压力度将越来越大。而新兴大国也正在积极利用新一轮科技革命和产业变革带来的"弯道超车"机遇,大力发展新一代电子信息技术、高端装备、生物医药、数字经济等战略性新兴产业,并由寻求单项突破转向整体提升,摆脱全球价值链的"低端锁定"和"高端钳制"。其与发达国家在战略性新兴产业上的竞争将由错位竞争全面走向正面竞争。因此,未来一段时期内,世界各国特别是以美国为首的发达国家与以中国为主的新兴发展中大国,在 AI、5G、量子信息、航空航天等战略性新兴产业领域的国际竞争将十分激烈。

产业融合趋势增强,产业融合的广度和深度不断拓展。产业融合是新一轮科技革命和产业变革的一个重要特征,也是战略性新兴产业发展形成新动能、新业态、新模式的重要途径和重要方式。随着全球各国工业互联网、云计算等产业融合平台和载体的进一步完善,全球产业融合将继续向前推进,融合广度和深度将不断拓展。首先是各战略性新兴产业内部之间的融合将越来越多。如新材料产业链向下游应用延伸,上下游产业纵向融合、协同发展,推动新材料日趋低维化和复合化、结构功能一体化、功能材料智能化、材料与器件集成化、制备及应用绿色化发展。其次是战略性新兴产业之间的产业融合将越来越多。如信息技术、生物技术、新能源技术、新材料技术等的交叉融合,正在推动战略性新兴产业从单点技术和单一产品创新加速向多技术、多产业融合互动的系统化、集成化创新转变,集成多领域先进技术的新产品将不断涌现。再如新一代信息技术产业与新能源汽车产业融合正在不断催生出电动化、智能化、网联化新技术和新产品,使得智能网联汽车成为世界汽车产业发展的战略方向。最后是战略性新兴产业与传统产业的产业融合不断发展。如数字经济从技术范式、价值形态和生产组织三个方面与传统制造业、服务业实现深度融合,从而不断催生新的增长点。再如,机器人技术、信息技术、人工智能与传统医疗器械产业的融合催生手术机器人、人工智能支架等新产品，加速推动传统医疗器械向新一代医疗器械转型升级。

二、中国进入现代化强国建设关键期

中国式现代化在新时代的总体部署全面深入展开，坚持以人民为中心的发展思想，贯彻"创新、协调、绿色、开放、共享"的新发展理念，构建新发展格局、推动新型工业化和城镇化，推进高质量发展，成为中国新时期发展的主题、主线与时代特征。

未来更长一段时期，中国将面临比较优势转换、产业结构优化、由大变强等重大历史任务。这一时期，中国产业发展面临发达经济体与发展中追赶国家的双重挤压，面临美国的战略性遏制以及各类贸易摩擦。中国发展机遇与挑战并存，需统筹发展与安全。能否抓住新一轮科技革命的机遇，关乎国家未来发展。中国需加快建设现代化强国，加快构建现代化产业体系，提升在全球产业分工和全球价值链中的地位。相应地，中国需要攻坚克难，深入推进供给侧结构性改革，解决重大结构性问题。保持经济稳健增长，推动区域经济发展，加快乡村振兴与城市更新步伐，对产业需求、空间分布等提出新要求。

（一）中国经济保持着较强韧性

在国际形势动荡加剧、世界经济复苏乏力的背景下，中国经济表现出强劲韧性和巨大潜力。2024 年，中国国内生产总值超过 130 万亿元，增长 5.0%，增速居世界主要经济体前列。一个扎实推进经济高质量发展的中国，将为世界经济发展注入更多动力。2024 年 7 月，联合国贸易和发展（UN trade and Development）发布的《贸易和发展报告》指出，中国作为亚洲最大经济体，政府设定的全年 5% 左右增速目标展现了其对本国经济的信心。

（二）在新一轮科技革命和产业变革加速发展及中国经济社会发展进入全面实现现代化新阶段的背景下，科技含量高、市场潜力大、带动能力强、综合效益好的战略性新兴产业，已经成为中国培育经济增长新动能、构建国际竞争新优势、掌握发展主动权、实现从工业大国向工业强国迈进、打造中国制造"升级版"的重要抓手

创新发展进入新阶段，并跑、领跑的战略性新兴产业技术领域不断增多。过去很长一段时期内，中国战略性新兴产业主要采用引进、消化、吸收、再创新的发展路径，产业发展处于跟跑状态。如在国外成熟技术和产品的基础上，国内互联网产业较多开展应用模式创新，生物医药产业依靠仿制药来参与全球供应链。目前，随着国内技术水平稳步提高、国际国内技术代差快速缩小，一方面中国技术引进的可操作空间越来越小，另一方面发达国家也不可能把其先进技术转让给中国。在核心技术、关键技术要不来、讨不来、买不来的情况下，未来一段时期内，中国战略性新兴产业发展必须在创新驱动战略推动下，夯实技术创新基础，突破关键核心技术，提前布局前瞻性技术和颠覆性技术，在越来越多的产业领域实现与发达国家的并跑甚至超越与领跑。预计到2030 年，中国信息技术产业领域将建成具有较强核心竞争力的新一代信息技术综合发展体系，产业国际影响力进一步增强，物联网、通信设备、智能联网汽车（车联网）等部分领域将达到国际领先水平；生物医药领域将形成从科研到成药的全产业链能力，生物新药物和新疗法的技术基础将更加坚实，基因治疗、细胞治疗、免疫治疗等部分领域将进入世界先进水平；高端装备领域中，除高铁继续处于领跑地位外，集卫星遥感、通信广播和导航定位功能于一身的北斗导航系统将进入世界领先地位，大型运输机、大型客机等也将实现发展的新跨越。

新兴产业仍将较快增长，产业间增速将出现分化。2015—2019 年，中国规模以上工业战略性新兴产业增加值年均增长 9.7%，规模以上战略性新兴服务业年均增长 15.1%，均明显快于整个工业和经济的增长速度。同时，在战略性新兴产业内部，服务业增速明显快于工业。未来较长一段时期内，中国战略性新兴产业发展仍将保持较快增长，战略性新兴服务业增长仍将快于工业战略性新兴产业，但产业间增速将出现明显分化。从技术创新能力、技术成熟度、市场需求潜力等多个维度看，未来5—10年，集成电路和光电子等电子元器件制造业、5G和产业互联网等新兴信息服务业、与基因技术相关的原创新药与医疗服务、先进功能和结构材料、航空航天装备与工业机器人、新能源汽车和智能网联汽车及其上下游产业链、产业的数字化智能化改造升级领域等，将成为中国战略性新兴产业增长的引领产业。而一些技术不成熟、市场待培育、盈利主要依靠政策补贴支撑的战略性新兴产业，未来几年产业发展将步履维艰，产业增速将出现明显回落。

区域产业发展态势出现明显变化，但三大都市圈仍将占主导地位。近年来，全国各地都把发展战略性新兴产业作为培育地方新的增长动能、实现赶超进位和跨越式发展的重要抓手，纷纷出台产业发展规划、实施战略性新兴产业的重大项目和重大工程、出台重大支持政策。在这场竞争中，长三角、珠三角和环渤海地区已经占据了领先优势，成为战略性新兴产业发展的引领者，中国战略性新兴产业的区域布局呈现出明显的东部凸起、中西部凹陷的不合理格局。随着粤港澳大湾区建设、长江经济带发展、长江三角洲区域一体化、京津冀协同发展、成渝地区双城经济圈等国家发展战略的深入实施，中国战略性新兴产业发展东高西低、南快北慢的区域发展态势和格局有望逐渐改变，中西部地区战略性新兴产业的发展速度有望加快，发展水平与东部沿海三大都市圈的差距将逐步缩小，但中短期内三大都市圈的产业主导和领先地位仍将不可动摇。预计到2030年，中国战略性新兴产业将形成以长三角、环渤海、珠三角地区为核心，以中部、西部和东北地区为支撑，中西部地区快速发展的产业空间发展格局。

（三）中国产业高端化、数智化、绿色化转型步伐加快，承担起推动经济发展质量变革、效率变革、动力变革，提高全要素生产率的重任

新一代科技与产业变革为中国工业高端绿色转型提供了新机遇。当前，

新一代科技与产业革命正在全球范围蓬勃兴起，工业生产方式、分工方式和产业组织正在发生深刻的历史性变革。全球各地都在积极培育高新技术产业，以保持自身在国际竞争市场上的领先地位。新形势为中国高端制造业的发展提供新方向，同时为中国抢占产业发展制高点、实现区域崛起创造了一个重要战略机遇。在新的历史时期，中国应顺应新一轮科技和产业变革机遇，促进工业企业利用互联网、大数据、云计算、物联网、人工智能等新一代信息技术改造提升传统工业，加速推动工业高端绿色转型。特别是，工业企业以"中国制造 2025"和"互联网＋"行动计划为契机，以先进制造业为突破口，推动工业"高端化、智能化、集约化、绿色化"转型发展。

创新驱动发展为中国工业高端绿色转型提供了坚实的支撑。工业转型升级的根本出路在于创新，使创新成为驱动发展的主要动力。2006 年国务院发布了《国家中长期科学和技术发展规划纲要（2006—2020 年）》，开始明确国家创新体系建设的方向。2012 年党的十八大报告正式确立了创新驱动发展战略，自此中国步入创新发展的全新轨道。创新驱动发展战略实施以来，中国重大创新成果竞相涌现，科技体制改革取得实质性突破，创新主体活力和能力持续增强，国家创新体系效能大幅提升。《2020 年全球创新指数报告》显示，中国创新能力全球排名第 14 位，连续两年位居世界前 15 行列，意味着中国已经开始进入国际创新先进行列（马子斌，2021）。2019 年中国研发经费占国内生产总值的 2.23%，超过欧盟平均水平；研发人员数量稳居世界第一位，形成了世界上规模最庞大的科技人才队伍；发明专利授权量居世界首位，国际科技论文数量和国际科技论文被引次数均位居世界第二。上述创新优势，为工业高端绿色转型提供了新的动力源。

"碳达峰、碳中和"目标加速推动中国工业高端绿色转型步伐。碳排放和产业结构之间互相影响，互相作用，一方面产业结构升级能够减少碳排放、提升碳排放绩效；另一方面，碳排放政策对产业结构升级也有推动作用。中国作为"世界工厂"和制造业大国，工业产业既是传统用能大户，能源消费占总终端能源消费的三分之二，又是中国二氧化碳排放的主要领域，占全国总排放量的 80% 左右，工业碳减排是"碳达峰、碳中和"目标的重中之重（刘满平，2021）。工业产业中，钢铁、化工和石化、水泥和石灰以及电解铝等传统产业的能源密集、碳排放相对较高。因此,实现"碳达峰、碳中和"目标既要严格控制上述传统高耗能、重化行业新增产能,优化存量产能,推动其进行节能改造;同时,还要加快高技术产业、先进制造业、数字经济等新兴产业发展。"碳达峰、碳中和"目标作为硬约束,加速推动传统产业的低碳转型,大力发展新型绿色低碳经济,推进产业结构调整和升级,降低工业产业的能源消费和碳排放,逐步实现经济增长和碳排放的脱钩。

（四）新兴产业与未来产业加速布局,力争在战略制高点保持全球领先

数字经济方面,数据、芯片、软件等成为关键生产要素。移动互联网、物联网、大数据、新计算、人工智能、5G 和 6G、3D 打印、区块链、元宇宙、平台经济等将保持快速发展,数字技术与农业、制造业、商业、交通、物流、能源、金融、医疗卫生、教育、文化、娱乐、安全、政务、环境保护等深度融合,深度应用于生产、流通、消费各方面,与城市建设、乡村振兴紧密相关。网络安全、数据安全等问题变得突出。人工智能、虚拟现实、区块链等前沿技术正加速与制造、农业、生物、能源、金融等融合。新一代信息技术驱动社会形态加速向智慧社会升级演进,智慧社会服务有望破解发展不平衡问题。人工智能将释放巨大能量,催生新技术、新产品、新产业,"下一代信息通信技术＋人工智能"将开启重大产业周期。移动互联网与数字技术的快速发展驱动数字创意产业爆发式增长,人工智能、大数据、云计算、虚拟现实、超级感知等新一代科技革命不断将数字创意产业推升至全新的高度。

装备制造方面,制造自动化、数字化、智能化、网络化、集成化、服务化、定制化、精益化、绿色化趋势更加明显,机器人、自动驾驶等将会有大发展,3D打印大大促进了分布式制造。制造技术与数字技术、新材料技术、绿色技术进一步融合。以智能制造培育新动能,已经成为世界产业变革的一个重要方向。制造业同第一和第三产业的融合日益深化。

材料产业方面,关键材料产品日新月异,产业升级换代步伐加快。国际社会正在努力研发性能更好的碳纤维技术,如新型碳纳米管纤维和石墨烯纤

维技术。信息基础材料需求不断上升。能实现高效、高品质、节能环保和安全可靠生产的下一代制造装备的支撑材料是未来材料产业发展的急需。基于机器学习的智能化设计和制造的材料数字化与数字孪生,通过先进的增材制造技术以实现各种复杂结构的近净成型等需求是材料产业重要升级方向。上下游一体化趋势明显,产业链整合、融合发展模式方兴未艾。发达国家认识新材料的重要性时间早、起点高、有完善的技术和风险投资机制,已发展成一定数量实力雄厚的大型新材料跨国公司,在高技术含量、高附加值新材料产品中处于主导地位。

新材料行业在科技进步中具有举足轻重的作用。例如,高性能特殊钢和高温合金是高铁轮对和飞机发动机最好的选择,超高强铝合金是大飞机框架的关键结构材料,高强、高韧、耐腐蚀钛合金则是蛟龙号壳体及海洋工程不可或缺的材料,先进陶瓷基复合材料则为高超声速飞行器、高分辨对地观测卫星等新型航空航天器提供了关键技术支撑。

生物产业方面,生物技术加速演进。生命科学已成为前沿科学研究活跃领域,生物技术成为促进未来发展的有效力量。生物经济以生命科学和生物技术的发展进步为动力,以保护、开发、利用生物资源为基础,以广泛深度融合医药、健康、农业、林业、能源、环保、材料等产业为特征。生物产业重要的发展方向是基因编辑、合成生物学、微生物组工程及其在农业、工业、医药、健康、环境等领域的应用。

现代服务业方面,生产服务呈现数字化、品质化、个性化、标准化、平台化、绿色化、国际化、普惠化、跨界融合等趋势。服务业在国民经济中的比重将进一步提升。构建优质高效的现代服务业已成为现代化产业体系不可或缺的重要组成部分。

未来产业方面,未来信息通信、未来制造、未来交通、未来能源、未来生命科学、未来材料、未来服务等正在孕育之中。未来产业是代表未来科技和产业发展新方向且具有前瞻性和先导性的产业,市场潜力大、带动作用强,前瞻谋划未来产业已是大势所趋,世界主要国家和地区正纷纷加速研究与布局。中国也高度重视未来产业发展,"十四五"规划已提出明确目标。在类脑智能、量子信息、基因技术、未来网络、深海空天开发、氢能与储能等前沿科技和产业变革领域,组织实施未来产业孵化与加速计划,谋划布局一批未来产业。

军民融合方面,军民融合技术的应用范围将进一步扩大。以市场需求为导向,以营造良好的"军转民"产业化平台和政策体制环境为重点,以"高端化、智能化、融合化、服务化、绿色化"为主攻方向,加强军工技术成果吸纳,培育壮大区域"军转民"的市场主体,调动企业的积极性和主动性,推进军转民向高层次发展。以体制创新和技术创新为动力,以"技术同根、产品同源"为方向,重点推进区域优势产业领域的军民深度融合,加快传统产业升级改造,加速军工技术向现实生产力转化,构建以军民融合为特色的现代高端产业体系。

(五) 伴随着社会分工的日益深化,以及长期积累的优化提升服务业发展的坚实基础,中国服务业发展迎来新机遇

国际产业发展潮流和趋势为中国服务业提供有利发展环境。全球经济结构呈现出服务业主导的发展趋势,发达国家都经历了以服务业为主的经济结构转型和变革。在科技进步和经济全球化驱动下,服务业内涵更加丰富、分工更加细化、业态更加多样、模式不断创新,在产业升级中的作用更加突出。新一代信息、人工智能等技术不断突破和广泛应用,加速服务内容、业态和商业模式创新,推动服务网络化、智慧化、平台化,知识密集型服务业比重快速提升。同时,服务全球化成为经济全球化进入新阶段的鲜明特征,服务业成为国际产业投资热点,制造业跨国布局带动生产性服务业全球化发展,跨国公司在全球范围内整合各类要素,资本、技术和自然人跨境流动更加便利,带动全球服务投资贸易快速增长。此外,"一带一路"倡议、自由贸易试验区等,也大大拓展了中国服务经济发展空间。

产业转型升级需求为中国现代服务业发展提供了深厚的土壤。新时代经济高质量发展背景下,经济增长由要素驱动向创新驱动转变,产业转型升级步伐的加快,现代农业的发展、制造业的升级等对现代服务业提出了更多和更高的需求,成为现代服务业发展深厚的土壤。伴随着产业转型升级,中国服务业已成为推动经济发展的主引擎、拉动投资的主领域和利用外资的主

渠道,发展现代服务业的条件趋向成熟,科技研发、现代物流、新兴信息技术服务、金融服务、租赁和商务服务、科学研究和技术服务、健康服务等现代服务业加快发展,由此带动服务业质的提升。与此同时,中国制造业发达、产业体系健全,这也为科技研发、信息技术、节能环保等现代服务业的发展提供了广阔的空间。

新型城镇化和居民消费品质升级为服务业快速发展提供了有力的支撑。随着新型城镇化快速推进和居民收入水平的不断提高,城乡居民消费观念逐渐从物质型向服务型转变,服务业蕴藏着巨大的发展潜力。一方面,新型城镇化过程中人口集聚、生产生活方式的改变,加之收入水平和消费能力的提升,给商贸、餐饮、房地产、教育、文化体育、卫生保健等生活性服务业带来巨大的发展空间;产业集聚、社会分工的细化以及人口素质的提升,也为物流、金融、信息、中介、技术服务等生产性服务业发展带来巨大的机遇;另一方面,伴随着经济发展水平的不断提高,城乡居民收入水平将持续提高,中高收入人群比例不断提高,居民消费结构将随之升级,为休闲旅游、文化娱乐、健康养老、医疗服务等高层次、高品质的生活性服务业需求创造了条件,由此也辐射带动了物流、金融、信息等生产性服务业的发展。

制度改革进一步释放服务业发展潜力。近年来,服务业领域的改革初见成效。制约服务业发展最主要的因素是制度因素,而近几年围绕服务业的制度改革不断出台,比如"营改增"的试点和全面推广,这些改革举措释放了服务业的发展活力。未来改革仍大有空间也大有可为,比如,加快破除服务业领域的市场垄断和行政垄断,逐步放宽放开对外资的限制;推进服务价格机制改革,形成市场决定服务价格的新机制;加快服务业发展的政策调整,营造服务业良好的发展环境等。可以看出,服务业领域的制度改革继续深化,围绕服务业领域的改革仍有很长的路要走,国内对服务业的需求巨大,但服务业的供给仍然不足,特别是生产性服务业和部分消费性服务业,随着服务业领域改革举措的进一步实施,中国服务业的发展空间也将会进一步提升。

新冠疫情加速催生出一些服务新业态、新模式与新增长点。服务业作为推动中国经济增长的主引擎,在疫情中遭受重挫,但疫情也催生了新的商业模式和服务业态,为服务业带来了新的增长机遇。疫情防控限制措施会引发公众行为方式、消费习惯和健康需求等相应改变,加速服务业的消费方式改变和消费升级,网上购物、网络娱乐、非现场消费等新的服务模式将带动电商、网络电影、高清视频、在线游戏等更加流行;在线办公、在线教育、在线医疗等互联网服务产业将加速崛起,从而带动软件和信息技术服务业以及快递、外卖等行业进一步发展。同时,疫情促进了全社会对健康安全关注度大幅上升,对健康服务的需求显著增长,医疗、康养、健身、体育等大健康产业的重要性被更多人接受,该产业也将步入快速发展期。

（六）高标准市场体系建设要求加快建设统一开放、竞争有序大市场

经过改革开放 40 多年的发展,中国在统一开放、竞争有序的市场体系建设方面取得了重要进展,形成了多元化的市场竞争主体和多样化的市场竞争方式,市场竞争秩序不断规范,成为具有完全市场经济地位的国家。但同时要看到,中国市场体系建设还处于初级阶段,与中国转向高质量发展阶段、从全面建成小康之后迈向现代化强国、构建新发展格局所需要的"体系完整、结构优化、功能强大、统一开放、竞争有序、公平公正、高效运行、充满活力、富有韧性、规模持续拓展"的高标准市场体系还有相当大的差距。从战略全局深刻认识高标准市场体系的理论内涵与建设的重大意义,找到建设高标准市场体系的可行路径,推动市场强国建设,无疑是一项重大的战略性研究课题。

高标准市场体系的内涵是十分丰富的。一是高标准的市场基础制度。高标准制度是市场体系有效运行的基础。严格的产权保护,是激发各类市场主体活力的原始动力。实施全国统一的市场准入负面清单制度,破除各种市场准入隐形壁垒,是形成全国统一市场,发挥全国超大市场规模优势的前提条件。公平竞争是有效的市场运行机制,能够促进市场主体充分竞争、优胜劣汰,实现资源优化配置。二是高标准的要素市场化配置。建设要素市场体系,推动经营性土地要素市场化配置,推动劳动力要素有序流动,促进资本市场健康发展,培育与发展知识、技术和数据要素市场,各类生产要素得以高效流动与有效配置。三是高标准的市场环境和质量。产品和服务质量安全可

靠,消费者自由选择、放心消费。消费者权益得到保护,不存在各种"坑蒙拐骗"现象,消费者权益受侵害后的维权难度和维权成本很低,各类市场主体的获得感强。四是高标准的市场基础设施。具有体系完整、功能强大、结构优化、集约高效、经济适用、智能绿色、安全可靠、城乡一体、国内国际统筹发展的人员流、商流、物流、资金流、信息流基础设施。五是高标准的市场开放。国内外开放领域持续扩大,开放深度持续拓展。服务业市场准入扩大,外商投资准入负面清单简化。对标国际竞争规则,实现市场交易规则、交易方式、标准体系的国内外融通。六是高标准的市场结构。市场主体多元、有活力,大中小企业和谐共生,上游中游下游产业链协同发展,产业生态具有很强的韧性。消费者与客户成熟、对产品与服务的质量要求高。七是高标准的现代市场监管机制。形成权威高效、规则合理、审慎包容、动态优化、前瞻性强的现代市场监管体系,维护市场安全和稳定运行。

总之,未来一段时期是中国迈向产业强国的关键突破期,结构优化、产业升级顺利的话,中国整体实力将会有一个跃升,并迈过中等收入陷阱,国家竞争力、综合实力和安全保障程度更高。但同时要看到,中国面临的国际形势也将更加严峻,以美国为首的西方阵营将全力遏制、全面围堵、全方位打压中国产业的升级、中国迈向高收入社会、中国走向世界舞台中央。眼下可谓形势逼人,需要国人万众一心、只争朝夕、再创辉煌。

第5章
夯实现代化产业体系的供应链基础

建设现代化产业体系是一项关乎国家发展全局的重大战略决策,是实现经济高质量发展的重要战略任务,是加快构建以国内大循环为主体、国内国际双循环相互促进的新发展格局的重要基石,是应对全球经济、产业、投资、贸易、供应链格局深刻调整的关键举措。

一、加快建设现代化产业体系的紧要性

纵观全球产业发展大势,中国诸多重要产业已在规模上实现了对发达国家的追赶甚至超越,产业竞争力不断提升。一方面,中国已经建成了比较完整的产业体系。中国拥有世界上最丰富的各类工业链条,完善的工业体系提高了产品从开发到市场的速度和效率,有利于保持产业链和供应链的稳定性,有利于生产质优价廉的产品,进而提升产业国际竞争力。各类产业融入全球供应链,与世界经济连接紧密,在全球供应链体系中的影响力不断提升。另一方面,中国的产业竞争力不断增强。中国多年保持世界第一制造大国地位,高技术产业出口额快速增长,已位居世界第一。谷物总产量稳居世界首位,基础设施规模居世界前列。中国不仅在轻工、纺织等传统工业部门拥有较强的竞争力,在部分重大装备、消费类及高新技术类产品上也达到或接近发达国家水平,涌现了一批具有较强质量竞争力、品牌影响力和引领行业发

展的制造业企业。此外,创新与科技自立自强加快推进。中国已经进入创新型国家行列,研发人员总量稳居世界首位,全社会研发经费支出居世界第二位。基础研究能力、原始创新能力不断增强,国内发明专利授权量连续多年居世界首位。战略性新兴产业发展壮大,中高技术产业不断得以发展,数字经济、现代服务业发展迅速。

但也要看到,在质量、效率、竞争力、创新、品牌、前沿技术等方面,中国产业尚需完成对发达经济体的"二次追赶",并积极稳妥应对各类风险与挑战。当前,中国产业发展不平衡不充分问题仍然突出。一是结构不优,多数产业处于全球价值链低端,附加值不高。特别是设计、研发、精密加工、营销、品牌等价值链高端环节主要由发达国家跨国公司主导,利润主要来源于低附加值价值链环节。二是效率不高,多数产业总体生产率水平落后于发达经济体,资源配置效率不高,部分传统重化工业以及新兴产业投资效率持续下降。三是创新不足,科技创新能力不强,创新激励机制不健全,创新链不完整,基础研究和原始创新严重不足,科研成果转化率较低。四是根基不牢,一些尖端技术、核心零部件制造与发达国家存在差距,核心技术存在被"卡脖子"的风险。五是环保压力大,随着能源资源刚性需求持续上升,生态环境约束进一步加剧。六是供应链存在风险,如粮食、能源等重要供应链的可靠性、安全性需增强。

当前中国产业发展已进入爬坡过坎的关键时期。未来,全球经济发展格局将发生重大调整,全球经济秩序进入重大变革期,全球科技创新将有重大突破,国际分工和产业布局面临重大变化,国际间的产业、科技、供应链、模式竞争更趋激烈。面对短期性问题与长期性问题叠加、国内因素与国外因素交织、不确定性增加等重大挑战,中国需找准痛点,制定切实可行的措施,加快建设现代化产业体系。

二、建设现代化产业体系的重点任务

现代化产业体系是现代化国家的物质技术基础,集现代农业、现代工业、现代服务业、战略性新兴产业、未来产业于一身，它具有体系完整、结构优化、创新能力强、质量效益好、空间布局合理、治理高效、产业链上中下游协同、大中小企业共生、安全充分保障、绿色低碳、开放包容、供需匹配、持续动态演进等特征。它是对传统产业体系的全方位变革，符合产业发展的总体性、趋势性要求，具有鲜明时代特征。

建设现代产业体系，要以科技创新为引领，发展新质生产力发展，走新型工业化道路。把握全球科技革命和产业变革新趋势，推动产业、科技、金融、人力资源协同。加快重点领域原创性技术研发攻关，以颠覆性技术突破引领新质生产力发展。以技术突破支撑新产业新业态发展，促进高新技术应用。以科技创新转变根本驱动方式，促进全要素生产率提升。

现代化产业体系有其"四梁八柱"，需总体设计、系统推进。

建设现代化农业。保障粮食安全和重要农产品稳定供给，落实藏粮于地、藏粮于技战略。以农业关键核心技术攻关为引领，加快以种业为重点的农业科技创新，推进重大农业科技突破。大力发展智慧农业、生态循环农业和农业工厂等农业新业态。构建多元化食物供给体系，全环节完善现代农业经营体系。

建设现代化工业。保持制造业比重基本稳定，全方位推进制造业质量变革和价值链提升，全面提升产品质量水平，扩大中高端产品供给。推动基础研究、基础产品、基础技术、基础工艺、基础材料、基础软件等自主化发展，统筹关键技术研发、产品设计、专用材料开发、先进工艺开发应用、公共试验平台建设、批量生产、示范推广等领域的建设与发展。推进制造业数字化智能化，推进先进制造业与现代服务业融合发展，打造现代制造体系。

培育发展战略性新兴产业，超前部署未来产业。紧盯全球新兴产业的制高点，推进新一代信息网络、生物、高端装备制造、新能源、节能环保、新材料、新能源汽车、航空航天、海洋装备、低空经济等战略性新兴产业融合化、集群化、生态化、国际化、协同化发展。超前布局重大科技项目，推动新技术新产品新场景大规模应用。实施"人工智能＋"战略。超前部署量子科技、未来智能、未来制造、未来网络、未来显示、未来能源等未来产业。加强国家战略科技力量建设。

建设现代服务业。加快发展生产性服务业,推动生产性服务体系化、精细化、标准化、平台化、融合化发展。优化生活性服务业。推进生活服务业多样化、规范化、品质化发展。提升公共服务业普惠化水平,加强基本公共服务能力建设,扩大普惠性非基本公共服务供给。支持中小服务企业发展。重视农村服务业发展。

建设现代化基础设施体系。构建"系统完备、结构合理、安全可靠、便捷高效、智能绿色、互联互通、普惠民生、国际竞争力强"的基础设施体系,建设现代、立体、综合交通运输体系,建设新型能源基础设施体系,推进国家水网主骨架和大动脉、骨干输排水通道建设。推动传统基础设施数字化改造。强化信息基础设施和数据流通利用基础设施。形成全国一体化算力体系。构建充电基础设施体系。建设重大科技基础设施。

推进产业绿色化和绿色产业发展。统筹发展与绿色低碳转型,发展绿色制造、绿色交通、绿色建筑、绿色供应链等,加快产业结构优化升级,推进工业、交通、建筑等节能降碳,发展节能环保等绿色低碳产业,全面提高资源利用效率,积极推行清洁生产改造,提升绿色低碳技术、产品、服务供给能力。

增强供应链韧性。短板补链、优势延链、传统升链、新兴建链。推动各产业有序链接、高效畅通。推动上下游企业联动发展、协同发力。构建以核心企业主导、相关企业配套的供应链体系。优化生产力布局,推动重点产业在国内外有序转移。支持企业深度参与全球分工合作,促进内外产业深度融合。加强创新链和产业链精准对接,一体推动基础研究、重点研发、成果转化、技术创新、平台载体、人才保障、金融支撑实现有效贯通,构建有利于传统产业升级、新兴支柱产业集群发展、产业竞争力提升、市场主体合作共赢、供需良性互动的现代化产业发展生态。

三、以现代化产业体系引领供应链强国建设

供应链本质是关系与能力,是相关市场主体基于利益连接而形成的分工合作关系,是对相关要素进行资源整合、从而实现供需匹配和有效市场反应

的能力。供应链涉及上中下游市场主体及相关要素，涵盖商流、物流、资金流与信息流等，对"链"中的主体、要素、"流"进行优化，可以提高供应链的总体效率与安全水平。供应链不仅关乎企业竞争力、产业组织效能，也关乎经济增长与国家竞争力，还关乎国计民生与国家安全。新时代新征程，供应链强国建设是现代化强国的题中应有之义，必须加强顶层设计与系统谋划。

要立足现代化产业体系建设全局，以"创新、协调、绿色、开放、共享"理念为指引，以畅通商流、物流、资金流和信息流，促进内外循环为战略基点，以实现"高质量发展、高水平开放、高安全可控"为主攻方向，统筹发展与安全、自立与开放、自强与包容、宏观与微观、国内与国际，紧扣保障国家安全、经济增长、发展方式转变、形成国内强大统一市场、有效应对突发重大风险等战略任务，针对安全、效率、竞争力等核心问题，从全球、国家、地区、产业、企业不同层面加强供应链战略设计与系统规划。以重点产业、重点企业、重点城市、重点区域供应链为抓手，建立紧密的部门间、地区间、企业间合作关系。支持行业间、企业间、上中下游、大中小企业、实体经济与金融机构、实体经济与科研机构之间的共利共享共赢。

力争到 2030 年，重要、关键、核心供应链具有全球影响力，控制力、创新能力、可持续发展能力及韧性能力实现质的飞跃。国内外通道和资源产地安全体系得到有效确立与保障，形成强大的基础设施体系，关键原材料、核心零部件供应安全、可靠，战略回旋空间大。国内外物流服务能力强大，重点产业供应链具有较强韧性，形成良好的供应链产业生态体系。

第6章
确保重点产业供应链安全

本章所选择的重点产业基于四个维度：一是有较强国际竞争力；二是必不可少、国际依赖度高；三是对未来竞争有重要影响；四是关乎国计民生的支撑。据此，选择制造业、战略性新兴产业、战略矿产资源产业、重要农业、跨境电子商务、基础设施等作为分析对象。

一、重点产业国际供应链发展现状

制造业在全球有重要影响力。中国是全球制造业大国，截至 2024 年年底，中国制造业生产总值规模连续 14 位居世界第一，在全球制造业中占比约 30%，是名副其实的"世界工厂"。中国制造业拥有全球最完整的产业链条，业已建成了门类齐全、独立完整的制造业体系，拥有世界上最为丰富的制造产业链条，企业在全球供应链中的地位不断得到提升，是诸多制造业全球供应链的中心，并由此支撑中国成为有全球竞争力和世界影响力的经济大国。以装备制造业和高技术制造业为代表的高端产业加快发展。

战略性新兴产业发展迅速。新一代信息技术和生物产业保持了快速增长，成为国民经济支柱产业。一大批新兴数字行业快速兴起。互联网、移动互联网、大数据、物联网、云计算、人工智能、机器人等发展尤其显著。5G 进入大规模商用阶段。生物医药和生物育种技术成熟度高，许多品种已经规模化生产。在产业升级需求和技术创新的引领下，高端装备制造业平稳较快增长。航空装备、卫星及其应用、智能制造等不断提升。新能源产业快速增长，在装机量不断攀升的同时，产业化技术水平逐渐提高。新能源汽车由示范阶段进入快速普及阶段。随着上游原材料需求的快速增长，新材料产业实现较快发展。伴随着节能环保政策的推进落实，绿色低碳产业实现快速增长。

能源矿产消费全球第一。中国矿产资源总量禀赋大，居世界第三位。矿产资源总产量保持领先。中国是世界上大多数绿色革命关键矿产的最大生产国，已成为全球战略性矿产和清洁能源产品供应链的主要利益相关方。中国能源矿产消费、多种大宗固体矿产消费、战略新兴矿产消费全球第一。

跨境电子商务发展迅速。中国跨境电商的交易规模快速增长，成为中国外贸的重要动能。2024 年，中国的跨境电商进出口增长了 10.8%，更多优质的产品可以直达海外的消费者。

农业发展稳健。2024 年，粮食产量突破 0.7 万亿公斤。主要农产品供应增长稳定。农业结构和消费结构逐步发生着变化，加工食品、高营养和附加值产品、畜牧产业上游的饲料用粮和加工用粮，以及非中国传统食品的需求增长趋势明显。

基础设施发展取得重大成就。中国已成为基础设施大国，基础设施规模庞大、技术水平持续进步、综合效益不断显现，部分领域已有较强全球竞争力，整体水平实现跨越式提升，对国民经济的支撑保障能力显著增强。中国已建成全球最大的高速铁路网、高速公路网、邮政快递网和世界级港口群。现代信息通信体系全球领先。基础设施技术水平不断提升。部分基础设施领域发展水平跃居世界前列。

二、重点产业国际供应链存在的短板与风险

一是，制造业部分关键技术及零部件进口依赖性较高，存在"卡脖子"短板，高端制造业发展受制于人。尽管从工业体系齐全程度、工业产值两个方面，中国已经位于世界第一的位置，但是在很多领域中国并没有掌握核心能

力,难以成为全球供应链的核心。美国仍然是全球科技创新的中心,美、日、欧是高端制造的代表,中国仍处在从中低端迈向中高端的进程中。国内许多企业虽然嵌入全球供应链,但在很大程度上依附于跨国公司的资源配置。这种被动性和依附性,直接导致潜在的供应链安全问题。2019 年,中国工程院对 26 类制造业产业开展的产业链安全性评估结果显示,中国制造业产业链仅 60% 安全可控,其中,有 2 类产业对外依赖度高,占比 0.77%;8 类产业对外依赖度极高,占比 30.8%。中国工程院在调查分析中发现,中国与世界差距大的产业有 10 类,分别是:飞机、航空机载设备及系统、高档数控机床与基础制造装备、机器人、高技术船舶与海洋工程装备、节能汽车、高性能医疗器械、新材料、生物医药、食品。与世界差距巨大的产业 5 类,分别是:集成电路及专用设备、操作系统与工业软件、智能制造核心信息设备、航空发动机、农业装备。而这些差距大的行业也是制造业最尖端最关键的行业。此外,中国高新技术产业领域所需的高端生产设备、关键零部件和元器件、关键材料等大多依赖进口,核心和关键技术对外依存度也较高。例如,半导体材料和设备、核心电子元器件、高端芯片、基础软件、数据库管理系统等对外依赖度极高,如机器人制造所需的伺服马达、减速齿轮、控制系统等核心技术组件严重依赖进口;如集成电路产业的光刻机、通信装备产业的高端芯片、轨道交通装备产业的轴承和运行控制系统、电力装备产业的燃气轮机热部件,以及飞机、汽车等行业的设计和仿真软件等仍需进口。一旦这些制造业的上游产业发生波动,中国近 40% 的零部件和设备进口可能会受到更大影响,对中国制造业的供应链安全构成了严重威胁。

二是,制造业部分外迁带来竞争力下降风险。中国制造业总体上处于全球产业链、价值链的中低端,许多环节属于劳动密集性行业,对劳动力成本、价格波动敏感,替代性强。随着中国要素成本上升,传统制造业竞争力和比较优势的下降,国内制造业向东南亚和印度等地区转移趋势明显,削弱中国供应链的集聚水平,制造业面临着空心化风险。中国制造业有"未富先老"的趋势。这是因为,中国劳动力供给的减少、外出农民工转移速度的放缓,导致部分地区的劳动力短缺,进而提高了制造业成本,部分产业因此表现出明显的外移趋势。中国的一些劳动密集型的中低端产业如纺织业、家具等正在向东南亚地区转移,一些计算机、手机等技术密集型电子产业也在向印度转移。

此外，还需要警惕疫情导致全球供应链中断等风险造成的欧美国家采取的"再工业化"与"制造业回流"等措施，电子、机械、装备、化工这四个行业，出口比重大，中间产品多，不管是内停，还是外断，一旦供应链重组，风险极大。

三是，战略矿产资源高度依靠进口。2023年，中国能源贸易逆差超过4 500亿美元，原油与天然气对外依存度高，原油进口量5.64亿吨（45%来自俄罗斯、沙特和伊拉克），同比增加11%，占消费量的83%，出口量120万吨，贸易逆差达到3 369亿美元；天然气进口量15.92亿立方米（57%LNG来自澳大利亚和卡塔尔，85%PNG来自土库曼斯坦和俄罗斯），同比增加10%，占消费量的39%，出口量0.13亿立方米，贸易逆差达到613亿美元；煤炭进口量10.16艾焦耳（94%来自印尼、俄罗斯、马来西亚和澳大利亚），同比增加74%，占消费量的11%，出口量0.31艾焦耳，贸易逆差达到519亿美元。

中国上游原矿对外依存度高。2023年中国铁、铝、铜消费量分别为13.3亿吨、4 280万吨、1 634万吨，占全球总消费量的60%、61%、59%。进口量分别为11.8亿吨（65%来自澳大利亚）、1.4亿吨（70%来自几内亚、25%来自澳大利亚）、2 753万吨（31%来自智利、26%来自秘鲁），同比分别增加6.6%、12.7%、9.1%。中国金属材料的对外依赖主要体现在上游矿砂，铁矿石、铜矿石、锰矿石、铝土矿、铬矿、锌精矿、铅矿、镍矿对外依存度较高；下游的冶炼品中，精炼铜、电解铜箔、铬铁、碳酸锂、铂对外依存度较高。

中国部分矿产对外依存度高且进口来源单一。2023年中国锂、钴、稀土消费量分别为59.1万吨LCE（碳酸锂当量）、9万吨、26万吨，占全球总消费量的60%、45%、57%。中国锂离子电池设备市场规模达到1 370.5亿元，约占全球市场的73%。碳酸锂进口量为15.9万吨（87%来自智利），同比增长17%。钴矿进口量为1.9万吨〔99%来自刚果（金）〕，同比减少27%。镍矿进口量4 439万吨（86%来自菲律宾），同比增加11.5%。稀土进口量17.6万吨（近70%来自美国），同比增长44%，意味着美国正借助自身优势，崛起成为稀土出口大国。

四是，种子、大豆、棕榈油、橡胶和大豆对外依赖程度高。农业种子是国家安全之重器。随着全球种子商品化率的不断提升，目前国内种子市场上，根据中国海关总署的数据，2022年中国种子进口量达到7.5万吨，同比增长约10%。主要进口的种子种类包括蔬菜种子、花卉种子和部分粮食作物种子。进口来源国主要集中在荷兰、美国、日本、德国等农业技术发达国家。在全球市场上,中国大豆产品主要依赖从巴西、美国进口。疫情导致国际间物流运输的停摆,从而影响大豆的供应,在外国进口受限的情况下,很容易造成国内大豆价格的上涨,不利于农产品价格稳定和供应安全。

五是,跨境通关、跨境物流体系与电子支付等方面仍存在贸易摩擦、物流供给中断、支付制约等安全问题。跨境贸易、跨境电子商务在交易过程中的通关效率有待提高。通关报关等企业规模较小、业务简单,具备综合性的全球通关供应链服务企业仅有少数。跨境物流的短板直接制约跨境电商供应链的稳定。多数金融机构和实体企业开展国际业务,主要是依靠美元支付体系,但这套支付途径是否安全,值得担忧。中国必须为美元支付体系被切断的风险做好准备。

六是基础设施发展存在一些突出短板。中国基础设施总体上比较粗放,系统性、联通性、协同性还不强,综合程度较低,各类基础设施之间尚未形成统一规划、分工衔接与功能互补的良性关系。基础设施建设结构尚不合理,过剩与短缺并存,重硬件轻软件、重干轻支、重客轻货现象依然存在。空间布局尚不平衡,中西部地区、农村地区和边远地区基础设施的可获得性和服务均等化有待加强。一些重要基础设施的服务保障能力不足,精细化、系统性管理能力有待提升,国际竞争力也有待增强。

三、保障重点产业供应链安全的几点建议

全球变局既是机遇,也是挑战。我们需要保持高度的安全意识、风险意识与危机意识,坚持系统思维、战略思维,把保障安全高效的供应链作为一项重大战略任务抓紧落实。

(一) 健全重点产业供应链安全风险防控机制

全面梳理供应链体系、结构与能力,深入分析各领域供应链的主体、战略

资源、关键要素、变化趋势等重要因素。全面掌握跨国公司和本土企业在重要产业链供应链各环节所占份额等信息，绘制重要产业链供应链图谱，列出本国供应链优势、短板、弱项及被"卡脖子"清单。相关主管部门可会同来自产业、科技、工程、应急、管理等领域的行业代表、专家学者，构建供应链安全风险评估机制，动态监测供应链潜在安全风险，根据产业链供应链的依赖度、供给集中度、风险可控度等指标，划分风险优先级，特别是针对"卡脖子"领域的关键环节，建立系统完善的风险评估体系，及时发布风险预警报告，提出供应链安全发展建议。

构建供应链安全与韧性的动态审查机制。审查项目应涵盖重要供应链的关键环节和重点企业，评估其在面临突发事件冲击时的应对和恢复能力。审查内容应涵盖供应链多元化程度、关键原材料和零部件自给率、突发事件下的关键产业应对策略及其局限等。每年对重要供应链进行一次全面审查并发布审查报告。

（二）对重点产业供应链分类施策

针对重点产业链供应链短板，进行战略性系统设计与规划，着力完善和优化体系与结构，强化韧性与弹性建设。对关键薄弱环节可采取备链计划、多源供应等措施。对于民生类、应急防疫类物资要确保长期稳定运行；对于战略性物资，加强战略储备，防止国外供给中断导致的国内供应不足；对于"卡脖子"技术，加速开展国内供应商本土研发试制；推动形成高效联通的商流、物流、资金流、信息流通道、枢纽与服务网络；加强国际物流能力建设，特别是加强国际航空货运、国际海运、国际铁路、国际快递、海外仓等能力建设；推动构建具有主导权的金融交易网络；大力培育企业微观基础，建立重点企业名单，支持其成为"链主"企业；支持中小企业"专精特深"发展，做好相关配套。

（三）提升重点产业供应链竞争力与韧性

构建集高效农业、现代工业、战略性新兴产业、优质服务业、未来产业于一身的现代产业体系,形成产业的整体性效应和规模效应。全面改造提升传统产业,培育发展新兴产业,超前部署未来产业。推动现代服务业同先进制造业、现代农业深度融合。推动实体经济与数字经济深度融合。加强战略性矿产国内产业链供应链的稳链补链强链。深入推进新一轮找矿突破行动,以科技创新提升储量水平,以政策创新加快上产。

加强基础研究、基础工艺、基础技术、基础软件、基础零部件、基础架构等基础能力建设。强化重点领域基础研究,着力攻克影响基础零部件(元器件)产品性能和稳定性的关键及共性技术。

推动实施重大质量改进和技术改造项目,培育形成以技术、标准、品牌、服务为核心的质量新优势。支持重点领域质量攻关。针对重点行业,组织攻克一批长期困扰产品质量提升的关键共性质量技术,加强可靠性设计、试验与验证技术开发应用,使重点实物产品性能稳定性、质量可靠性、环境适应性、使用寿命等指标达到国际同类产品先进水平。

通过自主创新、关键供应商自给、实施供应链备链计划等方式,在 ICT、机器人和数字制造、航空航天、海洋工程和高技术船舶、轨道交通、新能源汽车、电力、农机、新材料、生物医药和医疗器材等优先加强供应链韧性建设。

打造农业闭环生态链系统,技术赋能助力供应链结构性平衡。即把农产品及其衍生品与互联网相结合,采用多项高新技术,孵化出一个产、供、销、存一体化的平台,从而提升农业生产的现代化、规模化、科技化水平,保障农产品有效供给和质量安全。

增强全球矿产资源供应链主导力,实现全链条可防可控。推进重要能源、战略性矿产资源全球治理和物资储备。积极与资源大国对接,参与国际资源的全球配置,增加国际资源的话语权和使用权,共建国际战略性资源供应链。积极搭建上游资源多主体多渠道供应、中间统一高效集输、下游销售市场充分竞争的国际战略资源市场体系,利用互联网等新兴技术实行全流程管理。

(四) 强化基础设施建设支撑保障

全面加强基础设施建设,构建现代化基础设施体系,增强基础设施服务国家重大战略、满足人民日益增长的美好生活需要的支撑保障能力。

立足全生命周期，统筹增量和存量、传统基础设施和新型基础设施建设，优化基础设施空间布局、功能配置、规模结构，创新规划、设计、建设、运营、维护、更新等环节；在适度超前方面，要布局有利于引领产业发展和维护国家安全的基础设施，同时把握好超前建设的度，实现互联互通、共建共享、协调联动。

统筹点线面网、城市农村、东中西、沿海内地、发达地区与落后地区、国内与国际等，既要避免重复建设导致经济结构失衡，又要精准补短板，聚焦关键领域和薄弱环节，着重提高基础设施的供给质量和效率，更好地发挥基础设施的协同效应。特别是要加强以运用新科技、满足新需求、促进新消费、创造新模式、形成新动能的新型基础设施建设。

分层分类加强基础设施建设。要充分发挥新一代信息技术的牵引作用，推动新型基础设施与传统基础设施融合发展，正确处理基础设施间替代、互补、协调、制约关系，强化资源共享、空间共用、互联互通。要注重效益，既要算经济账，又要算综合账，提高基础设施全生命周期综合效益。

加强新一代信息技术在基础设施领域的应用，加快形成适应智能经济和智能社会需要的基础设施体系；统筹协调各领域、各地区基础设施规划和建设。牢固树立底线思维，切实加强重大风险预测预警能力，有切实管用的应对预案及具体可操作的举措，提升基础设施保障国家战略安全、人民群众生命财产安全以及应对自然灾害等的能力。

（五）增强地区供应链协同效能

优化地区规划布局，深化地区分工与协作，加强市场一体化机制建设，充分发挥地区比较优势。避免重复建设、重复投资，形成产业空间合理分布、地区协同、城乡互动、东中西联动的格局。推动国内产业合理转移，增强地区产业集聚能力，打造产业生态体系。在发达地区布局世界级的产业集群与中国的"硅谷"。中西部地区布局重点特色高技术产业、资源型产业、劳动密集型产业等。培育特色鲜明、专业化程度高、配套完善、大中小企业分工协作、优势明显的产业集群。不断提升区域一体化运作能力,培育区域综合竞争力,把关键产业链供应链就地化落到实处,尽量做到本地配套,增强产业植根性。

(六) 深化供应链国际合作,积极参与全球供应链治理

全球供应链是一种新型的国际关系,也是一种新型的国际治理模式。面对全球供应链变局,中国应立足自身、放眼全球、分类施策,从全球、发达经济体、发展中国家分类推进供应链国际合作。促进国际社会相向行动,推动构建一个公平而有广泛代表性的全球供应链治理机制。创造适宜的重要国际场合,阐明全球供应链共同发展目标。与发达经济体求同存异、增加利益互惠度,扩大供应链国际合作范围。与发展中国家深度链接,形成更具战略性、互补性、稳定性的国际供应链合作体系。

第7章
打造强大制造业供应链体系

制造业是国民经济的主体,国家竞争力、综合实力和国家安全的重要保障,工业化和转型升级的主战场,新一轮科技革命和竞争的焦点,对贸易、研发、创新、就业及生产率有巨大贡献,同时也是服务业发展的前提和基础。制造业是实现经济增长、人民生活幸福、推动现代化、保障国家安全的主导力量,是中国作为世界性大国竞争力的根基所在。

中国 2010 年超过美国成为世界第一制造大国,并连续保持至今。中国制造业不仅为中国的繁荣富强作出巨大贡献,也为世界各国人民的生产生活带来重要支撑。世界 500 余种主要工业品中,中国有 220 余项产品产量居全球第一,成为名副其实的"世界工厂",中国产品遍布世界 230 多个国家和地区。同时要看到,中国虽然是制造大国、创新大国,但还不是供应链强国,尚存在诸多短板与薄弱环节。在百年变局加速演变背景下,需要加快制造强国建设,构建更具韧性和竞争力的制造业供应链体系。

一、制造业供应链存在一些突出问题

(一) 供应链安全问题

中国面临来自发达国家、发展中国家以及自身结构调整的"三重挑战",

即西方发达国家对中国高端产业与技术的阻击、新兴经济体对中国中低端产业的替代与追赶、中国国内产业结构优化升级延滞的挑战。受复杂严峻国际环境影响,中国某些重点行业、重点企业国际供应链断链风险加大,全球资源配置的难度增加。

（二）供应链发展粗放

一二三次产业、上中下游企业、大中小企业联动不足、协同性不强,产业生态体系构建滞后。供应链模式不够先进,供应链标准化建设不足。供应链运作成本较高,供应链效率较低。应急供应链体系尚未完全形成。

（三）缺少有影响力的链主企业

相较于世界领先的链主企业,中国企业仍存在技术与管理上的短板。核心技术自主创新能力相对薄弱,部分关键材料与高端制造设备依赖进口。国际竞争力与品牌影响力需进一步提升,尤其是在应对跨文化管理、知识产权保护和贸易壁垒等方面,很多企业经验尚浅,缺乏足够的话语权与影响力。

（四）供应链数智化有待提升

供应链与数字化智能化技术融合程度不高,供应链体系存在"信息孤岛"、数据分割,数字化基础设施有待提升,供应链横向集成、纵向集成、端到端集成程度较低,敏捷化、柔性化以及可视、可感、可控的能力有待加强。

（五）供应链绿色化有待推进

绿色供应链理念还不够深入,标准还不够完善。绿色供应链的社会效益与经济效益之间存在不同步性,企业在短期内难以将绿色发展的社会收益内部化,影响绿色供应链发展动力。

二、打造强大制造业供应链意义重大

供应链是以客户需求为导向,以提高产品质量、效率和竞争力为目标,以整合资源为手段,实现产品设计、采购、生产、销售、物流、售后服务、信息等全过程协同的组织形态。制造业供应链体系是各类相互作用、相互依赖的制造业供应链交互融合形成的有机整体,是支撑制造业发展的关键因素。

21世纪国家间、企业间的竞争本质上是供应链间的竞争。提升中国制造业竞争力,关键是要补齐短板、不断提升综合实力,形成新的竞争优势。相应地,构建强大、智慧、安全的制造业供应链体系,具有重大的现实意义。

首先,供应链是制造企业核心竞争力的重要来源。例如,通过卓越的全球供应链管理,整合全球优质上下游资源,全面提升了企业国际竞争力。

其次,稳健的供应链体系是保障国家制造业安全的基础。制造业复杂度高、链条长,易受到风险波及。制造业的供应链复杂度远高于其他产业,一般来说制造业供应链的采购、生产、销售、服务等业务环节较多,网状链条更长、更复杂。制造业供应链网络的复杂性使得其链条企业更容易受到断链风险的波及。由于中国制造面向的是全球市场,使得制造业供应链的链条进一步拉长,当市场需求发生变化时,从销售商传递到制造商,再传递到上游原材料厂商,供应链信息传递和运作周期变长,"长尾效应"更加突出,再加上地缘政治、贸易摩擦、外交冲突、自然灾害、技术封锁等各类因素,正在改变全球产业分工的逻辑,中国制造业供应链面临的不确定性和风险被进一步放大。

最后,供应链体系建设是推进制造业转型升级的有效途径。高效的供应链体系将促进制造业与服务业突破传统边界,实现上下游企业的有效整合、制造业与服务业的深度融合,催生新业态新模式新产品新服务。

三、制造业供应链体系建设的重要任务

（一）完善供应链体系、优化供应链结构

以重点制造企业供应链为抓手，国家有关主管部门认真梳理现有供应链体系、结构，要深入分析供应链的各类主体、战略资源、变革趋势等关键因素，针对供应链核心问题与重大缺陷，进行战略性的系统设计与规划，着力完善和优化供应链体系与结构。引导与推动制造企业从传统职能管理转向流程协同管理，从线式链式结构转向网状非线性式结构，从分立式关系转向深度融合式关系，从简单粗放管理转向精准用户驱动管理，从单一组织内部管理转向跨组织、跨平台、跨体系协同管理，从纵向一体化转向平台生态化。

（二）完善制造业"物流、商流、信息流、资金流"服务体系

以交通强国、物流强国、制造强国建设为引领，加快推进物流枢纽城市和物流枢纽体系建设，推进物流网络省际互通、市县互达、城乡兼顾，乡乡有网点、村村有物流。积极推进跨地区、跨国界的物流基础设施互联互通，形成内外结合，无缝衔接的物流服务体系，为制造业供应链创造时间与空间价值实现最大化。

加快促进以订单驱动的生产组织方式变革，完善电子商务、跨境交易平台等现代商贸流通服务体系建设，加快推动制造业与现代商贸流通融合发展，增强供需对接能力。围绕全球市场开拓，加快推进同其他经济体的双边或多边自贸协定，带动优势制造企业融入全球供应链体系。按照构建人类命运共同体理念，在相互尊重、彼此包容、互利共赢的基础上推动建立供应链运作国际新规则。

鼓励与支持各类制造企业信息系统建设和数据对接协同，实现供应链全

链条数据共享和流程可视。完善行业供应链数据开放规则，促进供应链各主体之间的信息交流和共享，着力构建强大的信息流服务体系。

研究供应链金融业务的性质和法律地位，对其组织形式、准入资格、经营模式、风险防范、监督管理和处罚措施等进行规范，提升金融服务制造业的能力。积极推进区块链技术在供应链金融中的应用，提高供应链金融效率。

（三）大力提升供应链智慧化水平

促进制造企业生产装备与工艺智能化。推动智能装备及其零部件生产向数字化、网络化、智能化转变。支持企业建设智能化立体仓库，鼓励企业引入仓储机器人、智能穿戴等仓储类智能设备。推动建立深度感知的智慧化仓储管理系统，实现智能盘点。加强智慧仓储管理系统与生产制造和终端零售的有效衔接。鼓励企业在分拣、包装、配送等环节采用先进适用的物流装备设施。

推进供应链全链条管理数字化。支持核心企业加强全链条数据管理，通过上下游无缝连接和智能计算技术，实现供应链透明管理。支持重点行业打造供应链数字创新中心，为行业提供监测分析、大数据管理、质量追溯、标准管理等公共服务。

推动供应链决策智慧化。推动一批能够参与全球竞争的跨行业跨领域工业互联网平台创新发展，建设一批面向特定行业的企业级工业互联网平台，建设以工业互联网平台为核心的数字化供应链服务体系。选择重点行业，依托新一代信息技术，开展连接性和承载能力更强的供应链云和大数据云建设，打造大数据信息平台和业务交易平台，以海量数据资源推动平台形成新的规模效应，构建平台服务供应链和生态链，促进企业与平台之间的系统对接。

（四）加强全球供应链战略规划设计与主导权

高度重视制造业供应链安全体系建设。从国家层面开展全球供应链安全战略研究，制定中国制造业的全球供应链安全战略，建设完善集信息安全、网络安全、态势感知、实时监测、通报预警、应急处置于一身的企业、行业和国家供应链综合防御体系,构建全球供应链风险预警评价指标体系与预警机制,建立健全关键产业的供应链安全性评估制度。

高度警惕少数发达国家利用自身资源、关键设施、核心技术及其他优势,削弱中国对供应链的主导权和控制权。全面总结国际化发展中的经验教训,在全国范围内筛选一批重点制造行业,对重点行业的龙头企业实施全球供应链的"备链"计划,形成重点行业供应链安全管理体系。

（五）加快培育一批全球和区域供应链链主企业

推动优势企业以核心技术、创新能力、自主知名品牌、标准制定、营销网络为依托,增强对供应链上下游资源的整合能力,加快成为全球供应链的"链主"企业。充分发挥中小制造企业在供应链体系中的配套作用,鼓励其"专、精、特、细"发展,形成供应链体系中隐形冠军,推动形成以"链主"企业为主导、中小企业相配套、高校科研机构与金融机构相协同的共生共赢的产业新生态。充分利用产业集群和区域产业创新体系,构建组合式、协同化、敏捷型的地区供应链合作与创新网络。

（六）加强供应链人才队伍建设

加强全球供应链管理人才的引进和培育。充分利用现有人才引进计划,引进、整合和培育一批具有战略性思维的供应链管理人才。加强供应链基础人才发展的统筹规划和分类指导,鼓励企业与高校、科研机构、行业协会等联合培养供应链领域专业人才。重视供应链战略与规划、采购、物流、运输、仓储、报关、信息、金融等相关专业人才队伍建设,推动高等学校供应链管理专业与学科建设。

四、促进产业链、创新链与供应链深度融合

产业链是上中下游产业之间因内在有机联系形成的一种特定关系。创

新链是创新活动不同环节、主体之间内在有机联系形成的一种特定关系。供应链是上中下游相关市场主体之间为满足最终用户需求而形成一种共同的价值创造与利益分配关系。

产业链现代化不仅是建设现代化产业体系的重要内容，也是构建新发展格局的重要基础。近些年，中国各类产业规模与竞争力均有较大提升，形成了不少优势产业链与特色产业链，创新链、供应链建设取得明显进展。但也要看到，中国各类产业链、创新链、供应链还存在突出的结构性问题，断点、弱点、痛点、堵点、盲点问题均很明显，产业链、创新链、供应链融合不足。

未来一段时期是中国产业竞争优势重塑、产业升级攻坚、生态环境深入治理的时期，也是提质增效、迈向价值链中高端的重要时期。促进产业链、创新链、供应链深度融合，是推动制造强国、创新强国、贸易强国建设的重大战略举措，有利于把握新一轮科技革命和产业变革的历史机遇，有效解决存在的突出问题、应对激烈竞争的挑战、推动产业高质量发展，有利于推动质量变革、效率变革与动力变革，有利于构建新发展格局。

中国产业链、创新链、供应链深度融合需要有哪些思路？必须要明确产业链、供应链、创新链融合的目标："链"目标、"力"目标、"业"目标、"化"目标。

"链"目标：补链、固链、强链、延链、融链。"力"目标：提升产业竞争力、供应链韧性能力、创新能力、可持续发展能力。"业"目标：产业质量效益提升，做大做强优势产业，推动传统产业升级，增强高新技术产业竞争力，培育发展战略性新兴产业，超前部署未来产业。"化"目标：制造业服务化、数字化、高端化、绿色化、国际化得以推进。

具体思路：清晰各类产业发展定位，遵循产业发展规律、资源和要素配置规律、创新发展规律，固本培元、扬长补短。坚持整体效能、注重互动发展、坚持系统思维。以产业链部署创新链供应链，以创新链布局产业链供应链，以供应链支撑创新链产业链，实现三链齐飞、协同共振。推陈出新，以新带旧，助力构建现代化产业体系与产业链现代化。

以产业链部署创新链供应链方面，需要坚持需求导向（市场需求、战略需求等，如关键核心技术攻关需求）、问题导向（质量、效率、"卡脖子"）、目标导向（如锻长板），分类（不同行业）分层（不同环节）设计。聚焦重点产业、关键产业、核心产业、特色产业,统筹优势科技力量,推动科技创新资源向产业创新集聚。加强产业基础能力建设,加快关键核心技术攻关,攻克"卡脖子""撒手锏"技术。

以创新链布局供应链产业链方面,需要以创新来把握新一轮科技革命与产业变革的机遇,解决发展中存在的瓶颈问题,加快开发新产品、新技术、新模式,培育新市场,拓展应用新场景。加快科技成果转化、产业化、商业化步伐。加强前沿技术和未来产业布局。深入挖掘新兴细分市场成长的机会。

以供应链支撑创新链产业链方面,需要打造完整、高效、低成本、灵活、韧性的供应链,使创新链各主体、各环节更具协同效应,使产业链更具连接性和抗风险性,提升创新链和产业链竞争力。

产业链、创新链和供应链深度融合,有利于构建产业链供应链开放创新生态系统。加强对技术标准和规范的制定和推广,为产业链供应链的发展提供统一的技术标准和规范的管理体系,降低企业技术壁垒,提高产业链供应链的效率和稳定性。企业积极参与开放创新生态系统建设,加速创新技术的转化和应用,推动产业链供应链的全面转型和升级,促进科技创新和产业链供应链的良性循环,实现资源的优化配置,提高产业链供应链的灵活性和适应性。

产业链、创新链和供应链深度融合,要发挥龙头企业的资源整合、要素集聚、供应链构建方面的带动作用。要发挥中小企业专精特新、产业配套的重要支撑作用;要着力打造从基础研究、应用研究、技术研发到产业化的系统高效创新全链条。加快构建产学研用深度融合的技术创新体系。加强国家实验室、国家重点实验室、技术研发中心、工程中心、中试实验平台、产业技术研究院、科技转化平台等建设。推动创新链条融入全球创新网络。

产业链、供应链和创新链深度融合,要与区域空间战略相耦合。推动区域协同发展,发挥区域产业分工和创新协同效能。如,京津冀地区可以实施"京津研发,河北转化"方式。

产业链、供应链和创新链深度融合是一项艰巨、复杂、长期的系统工程,既需要能力的提升,也需要有相应的体制机制与政策保障,需要做好各项政策配套:一是资金政策支持,如财政税收支持和金融支持,加大科技创新投入；二是人才政策，加强人才开发力度；三是科技政策，密切跟踪国际科技前沿与产业最新趋势；四是创新激励政策，激发创新活力，加强科技成果转化。

需要完善"四个机制"：一是跨部门政策协调机制，实现政策协同；二是形成产业与创新的互利共赢机制；三是形成市场与政府合力机制；四是形成区域产业发展协同机制。

五、促进制造业与物流业融合创新发展[①]

制造业与物流业深度融合创新发展，是指专业的物流企业或制造业的物流部门通过物流服务主动介入制造商的采购、生产、订单处理、销售、配送、逆向物流等环节，达到"你中有我，我中有你"的深度战略合作，并通过供应链创新实现物流运作全过程高效协同的组织形态。两业深度融合创新发展作为深化供给侧改革以及经济高质量发展的重要抓手，不仅是提升制造业核心竞争力和降本增效的重要手段，也是推动物流服务创新、促进物流业快速发展的重要途径。随着政策的不断深入，两业深度融合创新发展已取得积极成效。当前，两业深度融合创新发展仍存在不平衡不充分等关键堵点问题，未来应围绕产业集群、区域协调、政企沟通、基础设施、人才培育、标准体系等重点领域，加快推动两业深度融合创新发展提质降本增效。

（一）制造业与物流业深度融合创新发展存在不少问题

根据问卷调研数据及实证研究，制造业与物流业深度融合创新发展（以下简称"两业深度融合创新发展"）存在的主要问题如下：

一是发展不平衡不充分。受不同地区发展条件和资源禀赋的影响，中国两业深度融合创新发展水平存在较为明显的省份差异，空间分布呈现东部、中部、西部梯度递减的特征。与中西部地区相比，东部地区经济基础好，产业

---

① 本部分与刘伟华共同完成。

规模大,集群化程度高,拥有更市场化的物流服务体系,同时人才、资本等创新要素资源也更加集中。

二是区域资源协调缺乏效率。两业深度融合创新发展缺乏有效的区域协调机制,导致一定的资源挤压效应。特别是制造业的产出对生产要素资源的依赖更为突出和广泛,优质的要素资源会向两业深度融合创新发展更好的区域倾斜,进而造成区域间的要素市场竞争,并影响到周边地区的提质降本增效。如何进行有效的资源协调,避免资源挤压效应是未来亟须解决的重要问题。

三是政企互信机制贫乏。近年来,政府为两业融合创造了良好的政策环境,出台了系列政策不断推动制造业与物流业从两业联动向两业深度融合创新发展递进。但前期受新冠疫情的冲击影响,地方政府在疫情防控上投入了更多精力,在深入推动两业融合政策实施的努力上有待提升,基层对于两业融合政策落实不到位。

四是融合认知水平有待提升。由于中国物流业起步晚,融合理念在产业实践中尚未深入。当前,制造企业的现代物流观念仍然滞后,特别是新冠疫情冲击下部分制造企业的物流业务外包比例反而缩减。此外,大部分的两业融合实践也处于发展初期,经验积累不足,加之早先大量成本的投入,制造企业对两业融合的接受度也受到限制。

五是业务融合缺乏规范。两业深度融合创新发展仍在探索阶段,物流企业和制造企业在数据共享、平台对接、业务衔接、资金结算等业务融合方面缺乏统一的标准和规范,物流企业与制造企业在人力、物力等要素资源上需要承担较高的错配成本,运行效率受到制约,降本增效工作难以推进。

(二) 推动制造业与物流业深度融合创新发展的建议

对两业深度融合创新发展进行专用资产投入、流程优化再造、技术模式创新、组织协同共生,可提高制造系统与物流系统协同运作水平、加强制造业与物流业主体融合链接、推动产业运行效率提升。未来一段时期,可聚焦产业集群、区域协调、政企沟通、基础设施、人才培育、标准体系等重点领域,加快推动两业深度融合创新发展。

一是，加强产业集群建设，打造区域产业竞争力。充分发挥先进地区对周边地区的带动作用，加强区域内的制造业、物流业产业集群建设，形成具有特色的区域竞争力。一方面，以发展态势较好的东部省份为区域示范，充分发挥先进区域的辐射带动作用。对于中西部等发展较差的地区，可以集中资源优先发展基础较好的省份，以优先培育的先进省份为跳板吸引更多的投资和人才，为区域内的弱势省份提供强大的内生发展动力。另一方面，依托两业深度融合创新发展推动区域核心产业竞争力的形成，巩固先进地区的带动作用成效。引导专业化物流企业深度融入制造企业全产业链，推动绿色制造、智能制造的转型升级，形成具有竞争力的优势产业集群，助力运行环节降本增效，拓宽产业集群整体的盈利空间。

二是，深化区域协调发展，优化省份间资源配置。重点加强两业深度融合创新发展的区域协同机制建设，实施区域重大战略和区域协调发展战略，促进资源跨区域流动，打造两业深度融合创新发展区域生态。从深化区域间在产业发展战略层面的统筹机制、强化区域合作机制、优化区域间的资源配置和互助机制等环节出发，提升专业化分工和合作水平，协调区域间利益关系。由中央政府主导，完善发达地区和欠发达地区间的对口帮扶机制，引导发达地区向欠发达地区提供两业融合技术设备、发展模式、财政资金和项目建设等支持，提高区域生态系统的协调性和整体性，逐步实现资源共享、市场共享、成果共享，避免区域间两业深度融合创新发展的资源挤压效应。

三是，严抓政策实施成效，完善政企间沟通渠道。进一步明确各级地方政府的牵头实施部门。地方政府应结合当地产业发展的硬环境和软环境要素特点，充分挖掘自身优势，结合各地资源基础探索差异化的发展战略，抓好两业融合工作落实。各级地方牵头部门要建立与企业面对面恳谈与交流机制，进一步加强政企沟通、增进政企共识，创新解决方案，切实帮助企业解决两业融合工作中的实际问题，确保政府与物流企业、制造企业互信机制的有效提升。

四是，加强设备设施联通，提高一体化运行水平。着力推动设施联动发展和企业协同发展，提高专用资产和组织协同绩效。加大对工业园区和物流园区基础设施的投入规模,加强产业集群与物流中心设施的联动衔接。引导工业园区升级数字化的专用物流基础设施,加大工业互联网和智慧物流融合联通,提升物流供给与制造业物流需求的对接效率。引导物流企业与制造企业全面深化战略合作,开展技术协同创新,鼓励物流企业与制造企业协同建立管理部门,搭建制造业物流信息平台,开发专用生产和物流设备,利用智能技术深度赋能生产流通全环节,提高制造物流一体化运行水平,共同实现提质降本增效。

五是,创新人才培育模式,贯彻融合式发展理念。将融合发展理念深入到物流领域创新型人才培养中,以人才基础为切入点提高两业融合认知水平。鼓励高等院校在物流专业开设两业融合专题,引入两业融合相关教材和教学案例,同时鼓励研究生培养和国家重点项目围绕两业深度融合创新发展领域开题,重视科学问题的探索和符合国家战略需求的人才培养。面向业界加大政策宣传,支持行业协会等相关机构通过学习讲座、案例宣传、会议研讨、现场交流、业务培训等多种方式,加大对两业融合的宣传推广,激发企业管理者对于两业深度融合创新发展的关注和探索,吸引社会各界精英力量,共同推进两业深度融合创新发展。

六是,加快系列标准建设,建立统一的融合规范。面对设备设施联通、业务流程衔接、数据信息共享等关键环节,加快形成统一的两业融合规范。尽快研究制定物流业与制造业融合发展的系列国家标准、行业标准和团体标准,鼓励制造企业和物流企业加强运作流程标准、设施设备标准、服务规范标准的对接,提高制造业物流业的整体效率。尽快开展制造企业物流成本核算对标,推动企业物流成本标准的统一制定,助力两业提质降本增效。积极打造制造业物流平台,研发平台服务于两业深度融合的相关标准,促进制造业供应链上下游企业加强采购、生产、流通等环节信息实时采集、互联共享,实现物流资源共享和协同。

第8章
打造强大传统产业供应链
——以纺织产业为例①

纺织服装产业是国民经济基础产业、重要贸易顺差行业,近年来关于中国纺织服装产业加速外迁、被东南亚掏空的声音不绝于耳。但从实际调研情况看,纺织服装产业链呈末端转移、中端加强的态势,下游产业承接国对中国纱线、面料等纺织中间品的依赖度不断提高。同时也看到,纺织中间品制造仍面临近岸产业协作不紧密、外部政策压力加大、高附加值产品空缺等三方面攻防压力。应客观看待当前的风险与机遇,聚焦优势、精准发力,统筹推进向上升级、向西转移、向南连接,推动东南亚融入以中国为主的纺织服装产业链供应链,夯实中国纺织国际产业链供应链主导地位。

一、纺织中间品是纺织服装供应链的重要环节

纺织服装产业在中国外贸格局中具有基础性作用,根据中国纺织工业联合会公布数据,中国纺织服装产业 2023 年创造顺差 1.95 万亿元,占全国货物贸易顺差的 33.5%。全产业链包括原材料生产、纺织中间品制造、成衣制造、品牌营销四个主要环节,纺织中间品制造包括纤维、纱线、面料、印染、辅料生

产等。调研发现,产业外迁集中在末端制衣环节,中国在纺织中间品环节的规模、技术、资本优势明显,呈规模提升、优势加强的良好态势。

当前,成衣制造外迁反向促进东南亚、南亚国家对中国纺织中间品的依赖,纺织中间品制造作为中国纺织服装产业链优势点、支撑点的特征进一步凸显。企业普遍反映,受工资成本、税收政策等因素影响,中国成衣制造环节外迁趋势明显,但仍以简单缝制加工为主;与此同时,越南、柬埔寨、印度等承接国对中国纺织中间品的需求快速增长,海关数据显示,2013—2023 年,越南对中国纱线和面料的依赖度分别从 42.1%、39.5%攀升至 58.9%、64.2%,柬埔寨对中国的依赖度从 65.3%、56.8%攀升至 74.2%、61.4%。从全球范围看,中国服装出口全球占比在 2014 年达到 40.5%的高峰后逐年下降,2019 年降为 33.9%,虽然在新冠疫情期间短暂反弹,但下滑趋势并未改变;相比之下,中国纺织中间品出口全球占比从 2013 年的 33.9%逐年攀升至 2022 年的 46.7%,末端转移但中端加强的势头明显。

未来,纺织中间品制造在全产业链中具有对上稳内需、对下促升级、对外强牵制的关键作用。一是承接上游重工业供给,促进稳产稳链。纺织产业是石化产业、棉花和羊绒产业的重要下游,根据中国纺织工业联合会统计,2023 年全国化纤制造产值 1.13 万亿元,中国多个石化产业集群配套、集聚形成了纺织产业带。如宁波港与萧山、绍兴地区,在 200 公里范围内聚集了原油到面料的完整产业链,实现了高效集聚和最大增值。如果纺织产业也发生外迁,上游重工业将面临较大内需缺口,破坏国内大循环的动态平衡。二是推动下游转型升级,促进延链强链。近年来,服装消费需求从聚焦外观转向美观、舒适、功能并重,面料成为服装品牌的创新源头和竞争焦点。如 2022 年北京冬奥会期间,多家国内新材料企业与下游户外运动品牌达成合作,一批新型面料得到运动员上身展示,引领了服装时尚潮流。纺织中间品的创新发展,是中国服装产业提升品牌竞争力、产品附加值的根基。三是有效牵制下游承接国,促进引链控链。中国纺织中间品制造具备上下游产业体系完备、集群联动高效、技术和资本积累扎实、内需市场庞大四重优势,越南、印度等国短期内难以赶超。保持纺织中间品制造竞争力,可将产业外迁控制在成衣制造环节,使下游产业承接国与中国形成产业链深度嵌合而非取代的关系,形成以中国为主的国际纺织产业分工。

二、纺织中间品制造面临多重挑战

短期内，中国纺织中间品制造优势明显、无较大外迁风险，但随着国际产业格局的动态调整变化，仍面临近岸产业协作不紧密、外部政策压力加大、高附加值产品空缺三方面攻防压力。

（一）国内产业格局东强西弱，尚未与东南亚形成近岸产业链

近年来，各地区各部门大力推进纺织服装产业向中西部地区转移，但目前落地生根、形成规模的主要集中在制衣环节。2023年底，中纺联确认的193个纺织产业集群中，纺织中间品产业集群有102个，西部地区仅有5个，且全部分布在西北棉花、羊绒产区，西南地区尚未形成产业集群。企业反映，从长三角、环渤海、珠三角地区到东南亚各国的物流时效为海运10—15天、陆运5—7天，大大超过国内产业集群间的合理物流时效；西南地区到越南的陆运时效为1—2天，但货源有限，区位优势尚未有效发挥。因此，当前对东南亚的面辅料出口仍以大宗期货订单为主，尚未形成以小型现货订单为主的高效协作，跨境供应链网络的效率和弹性均有待提升。

（二）美西方恶意打压政策影响企业预期

美西方对我服装产品加征关税助推成衣制造外迁，其打压、袭扰手段从制成品逐步向产业链上游延伸。美国《维吾尔强迫劳动预防法案》规定只要有"合理"理由怀疑货物中原材料或零部件可能来自新疆，就可以扣留货物并启动调查程序。2022年6月—2023年6月，一年间美国累计扣留800余批纺织服装类货物，其中仅有45.5%进口自中国，进口自越南的货物占比达45%，另有约10%的货物进口自斯里兰卡、孟加拉国、印度尼西亚等国家，美国借

"新疆棉"的恶意炒作、打压已广泛波及国际供应链。受此影响,国内龙头企业着手在东南亚建设从棉花到成衣的"国内国际独立循环",部分跨境电商企业的融资、扩张计划也因"涉嫌"强迫劳动而受到不公平限制。

(三)少部分高附加值技术和产品尚待突破

相较于制衣环节,纤维、纱线、面料环节的技术附加值占比更高,德、日、韩仍保留部分高端产品,中国此方面仍有差距。从面上看,中国制衣企业平均利润率为 21%,高于韩国的 17%、越南的 15%,效率趋于极致;但在纤维环节利润率为 14%,低于日本的 25%、韩国的 19%;纱线环节利润率为 16%,低于日本的 25%;面料环节利润率为 21%,低于德国的 27%、日本的 26%、韩国的 25%(数据来源:中金研究院)。从具体案例看,加拿大品牌 LuluLemon 近年来凭借高弹、舒适的氨纶面料快速发展,成为全球第二大运动服饰品牌,61% 的面料来自中国台湾儒鸿公司,该企业 2023 年营收 9 068 亿元、营业利润 1 766 亿元,远超祖国大陆地区龙头企业(数据来源:企业年报)。

三、强化以我为主的纺织服装供应链

纺织服装业在未来一段时期仍将是重要的就业蓄水池和创汇引擎,建议聚焦纺织中间品环节,把推动产业向上升级、促进产业向西转移、预防产业过度外迁结合起来,夯实我供应链主导地位。

(一)推动东部产业集群突破高附加值产品

发挥好东部产业集群规模庞大、协同紧密、人才基础好的优势,聚焦关键技术的产业化应用,突破高附加值产品空白。工业和信息化部可指导中国纺织工业联合会等行业协会,围绕《纺织行业"十四五"发展纲要》确定的行业关键技术突破目标,进一步推动出台税收、财政支持措施,引导企业加快转型升级步伐。工业和信息化部、财政部可会同江苏、浙江、山东、福建、广东等地，围绕产业集群、园区设立一批高端纺织制造基地发展政府引导基金，与民间创投机构开展合作，将支持服务重心转向新型纺织材料研发制造。

（二）强化西南地区战略布局，打造近岸产业联合体

发挥好西南地区区位、要素成本等优势，促进中国纺织中间品制造保持规模优势、提升对东盟产业牵制力。国家发展改革委、工业和信息化部可会同有关部门在符合产业、能源、环保等政策前提下，鼓励龙头企业在西南地区建设化纤纺织全产业链一体化基地，引导企业参与跨国产业链供应链建设。广西、重庆、四川、贵州等地根据当前上游石化产业、下游制衣产业布局，结合西部陆海新通道建设规划，谋划布局一批纺织产业集群，做好前期规划和要素、政策储备，将南连东盟作为园区规划、招商引资的重要考量。

（三）强化中国企业对东南亚贸易、投资的服务保障

支持中国企业进一步主导产能和资源调配，打造以我为主的全球生产网络。商务部可组织各地方加大对中小企业参加各类境外展会的支持，推动企业和商务人员往来畅通，在广交会等重要展会中强化对纺织中间品制造企业的支持。海关总署可推动原产地规则实施和管理，探索与 RCEP 成员国认证电子联网，提升签证智能化水平。商务部、海关总署可进一步推进与 RCEP 成员国"经认证的经营者（AEO）"互认合作，推动有关国家切实落实好对认证企业的特别待遇和优惠措施。商务部、中国贸促会可会同中国纺织工业联合会等行业协会，共同推进境外经贸合作区建设，引导纺织服装企业抱团集中发展，共享当地优惠政策和产业基础设施。

（四）培育纺织中间品国际贸易、流通新业态新模式

发挥好跨境电商、跨境联运对中小企业出海扩渠道、降成本的促进作用。

可大力推广"产业带＋B2B 跨境电商"模式,组织推介 B2B 跨境电商平台深入纺织产业集群,开展中国纺织产品线上推介活动。可进一步复制推广跨境电商 B2B 监管试点,针对产业集群加强政策宣讲和业务指导;广西、云南等对东盟陆路口岸落实好手续简化、优先查验、快速验放等通关便利化措施。可加大与东盟的对接力度,推动中国加入东盟海关过境系统(ACTS),或为在东盟投资的内资物流企业注册认证提供绿色通道,尽快实现多国跨境联运,提升通达范围和效率。

第9章
打造强大战略性新兴产业供应链
——以新能源汽车为例①

供应链安全与韧性问题直接关系到新能源汽车产业的可持续发展和国际竞争格局。

中国新能源汽车在全球市场份额已达75%,出口量突破120万辆,呈现多元化布局趋势。然而,关键原材料高度依赖进口、核心技术尤其是芯片领域存在短板、地缘政治风险加剧等因素严重影响供应链安全。中国应重塑新能源汽车产业角色、多元化原材料布局、加速技术创新、构建多中心供应网。这样通过政府、行业协会和企业的协同努力,构建一个更安全、更具韧性的新能源汽车全球供应链体系。这不仅增强中国在全球新能源汽车产业中的竞争力,还将为应对未来可能的各种挑战奠定坚实基础。

一、新能源汽车供应链全球地位分析

(一)全球新能源汽车产业格局与中国的地位

近年来,中国新能源汽车产业呈现出高速增长态势,在全球市场中的地

---

① 本部分与王超共同完成。

位日益突出。根据中国汽车工业协会统计数据,2023 年中国新能源汽车产销量分别达 958.7 万辆和 949.5 万辆,同比分别增长 35.8%和 37.9%,销量渗透率达到 31.6%。中国新能源汽车销量已占全球市场的 60%以上,牢固确立了全球第一大新能源汽车市场的地位。值得注意的是,在国内生产的新能源汽车中,约 830 万辆在国内销售,占比超过 85%,凸显了中国市场的巨大消费潜力。同时,中国新能源汽车出口量也呈现强劲增长势头,2023 年突破 120 万辆,同比增长 77.6%,展现出强大的国际市场拓展能力,全球化布局正在加速推进。在新能源汽车主要品种中,纯电动、插电式混合动力和燃料电池汽车的产销量均呈现明显增长,进一步丰富了产品结构。

在产业链核心环节,中国企业已在电池技术和智能网联技术等领域占据领先地位。以动力电池为例,中国企业如宁德时代、比亚迪等已成为全球主要供应商,技术水平和产能规模均处于世界前列。在智能网联领域,华为、百度等科技巨头的加入,进一步增强了中国新能源汽车产业的技术优势。

(二) 2023 年中国新能源汽车出口贸易概况与市场分布

2023 年,中国新能源汽车出口呈现出多元化和全球化的市场布局,展现了强劲的增长势头和广阔的国际市场前景。中国新能源汽车出口市场可分为三类:成熟市场、新兴市场和潜力市场(见图 9.1)。

成熟市场以欧洲为主导,占据了中国新能源汽车出口的最大份额,达到 42%。从具体国家来看,比利时以 143 125 辆的进口量位居榜首,成为中国新能源汽车最大的单一出口目的地。英国(103 622 辆)紧随其后,位列第二。西班牙(71 874 辆)也进入了前五大出口国之列。欧洲市场对中国新能源汽车的高度认可反映了中国产品在技术、质量和性价比方面的显著竞争优势。欧洲严格的环保标准和电动化转型政策为中国新能源汽车提供了有利的市场环境。

新兴市场以东南亚为代表,其中泰国(102 493 辆)和菲律宾(78 071 辆)表现突出。亚洲市场(不包括中东)总体占比达 41%,仅次于欧洲,显示出巨大的增长潜力。这些国家正处于汽车电动化转型的初期阶段,对价格敏感度较

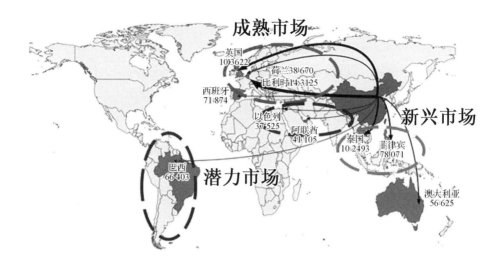

图 9.1　2023 中国新能源汽车出口的全球化布局

注：图中数值表示 2023 年中国向各国出口的新能源汽车数量（单位：辆）。

高，中国新能源汽车的性价比优势在这些市场得到了充分体现。

潜力市场主要包括南美洲和中东地区。南美洲以巴西为代表，2023 年中国向巴西出口了 66 430 辆新能源汽车，占总出口量的 5.5%，显示出该地区对中国产品的强劲需求。中东地区虽然在前十大出口国中未单独列出，但阿联酋以 41 105 辆的进口量进入了前十，表现突出。这两个地区虽然目前在中国新能源汽车出口中的占比相对较小，但增长潜力巨大。南美洲国家正在推动能源结构转型，而中东地区则在努力实现经济多元化，这些趋势都将为新能源汽车带来长期利好。随着这些地区的环保政策趋严和消费者环保意识的提升，中国新能源汽车有望在这些新兴市场获得更大的发展空间。

图 9.2 列出了 2023 年中国新能源汽车出口前十位的国家及其具体数据。从图中可以清晰地看出，欧洲国家占据了多个位置，而东南亚和南美洲的代表国家也跻身其中。

总体来看，中国新能源汽车出口呈现出全球化布局和市场多元化的特点。欧洲市场凭借其成熟的市场环境和有利的政策支持，成为中国新能源汽车最重要的海外市场。与此同时，以东南亚为代表的亚洲市场正在成为新的增长点。南美洲和中东地区作为新兴市场的快速崛起，进一步拓展了中国新

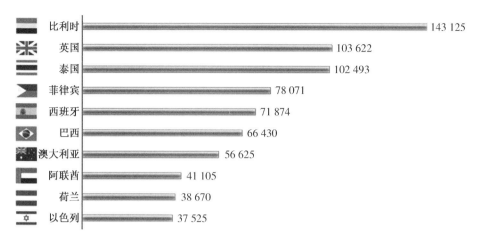

图 9.2 2023 年中国新能源汽车出口量前十国家(单位：辆)

能源汽车的国际市场版图。

多元化的市场布局不仅分散了单一市场风险,也为中国新能源汽车产业的持续增长提供了强劲动力。从数据可以看出,中国新能源汽车已在全球主要地区形成了市场影响力,为未来进一步拓展国际市场奠定了坚实基础。随着各国环保政策的趋严和消费者对新能源汽车接受度的提高,中国新能源汽车在全球市场的份额有望进一步扩大。这将有助于中国新能源汽车产业在国际竞争中巩固并提升其战略地位,同时为全球交通电动化进程作出更大贡献。

(三) 中国新能源汽车供应链的全球地位

中国在全球汽车零部件供应链中的地位正在快速提升。根据 Automotive News 的数据(见图 9.3),中国企业在全球汽车零部件行业的影响力正在显著增强。从企业数量来看,进入全球汽车零部件供应商百强榜的中国企业数量从 2019 年的 7 家增加到 2023 年的 15 家,增长超过一倍。从营收占比来看,中国企业在全球汽车零部件市场的份额呈现出显著的增长趋势。数据显示,中国企业的营收占全球汽车零部件市场的比例从 2019 年的 3% 迅速攀升至 2023 年的 11%,这充分体现了中国汽车零部件产业在短短几年内取得的巨大进步,同时也反映出中国供应链在全球市场中的影响力正在快速扩大。这种快速增长不仅显示了中国企业的技术创新能力和生产效率的提升,还凸显了中国在全球汽车供应链中日益重要的战略地位。

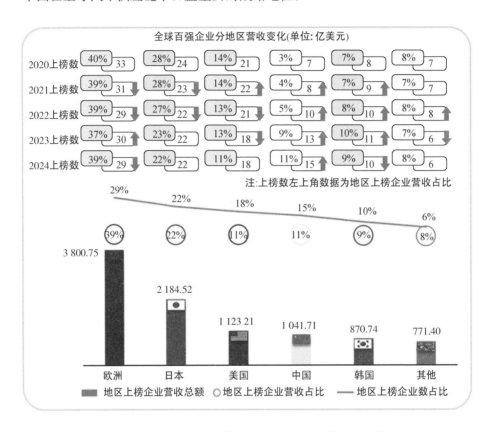

图9.3 全球汽车零部件供应商百强榜中国企业数量及营收占比变化(2019—2023)

二、新能源汽车供应链核心风险分析

(一)新能源汽车与传统燃油汽车供应链风险结构的主要区别

相较于传统燃油车,新能源汽车的供应链风险主要集中在三个方面:关键原材料供应、技术快速迭代，以及全球供应链依赖性。锂、钴、镍等关键原材料的供应紧张和价格波动，加剧了供应链的不确定性。深入理解这两类汽车在供应链结构上的区别，对把握新能源汽车供应链的核心风险至关重要。图 9.4 展示了新能源汽车与传统燃油汽车供应链结构的对比。从中可见，新能源汽车在原材料依赖、技术复杂度、供应链布局、市场需求和政策敏感度等方面均与传统燃油汽车有明显差异，凸显了新能源汽车供应链面临的特殊挑战。

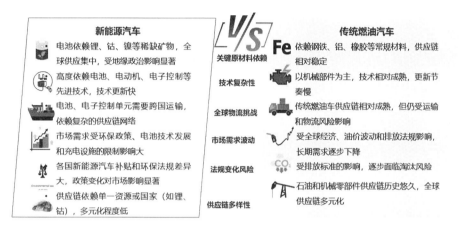

图 9.4　新能源汽车与传统燃油汽车的供应链在结构上存在显著差异

（二）关键原材料短缺风险

电池、电机、电控对关键原材料高度依赖进口，尤其是锂、钴、镍等矿产资源。中国对这些关键原材料的对外依存度极高，例如锂的对外依存度达 63%，钴达 98%，镍达 93%。这些原材料的供应高度集中于少数国家，如澳大利亚、智利和刚果(金)，导致供应链的安全性受到国际供需变化、地缘政治和政策影响。

（三）技术变革与适应性风险

新能源汽车产业正面临持续的技术变革，这对供应链提出了巨大挑战，尤其体现在芯片短缺和系统集成方面。"缺芯少魂"问题突出地反映在车规级芯片和车载操作系统的供应上。随着新能源汽车电动化和智能化需求的迅速增长,软件定义汽车(SDV)概念应运而生。然而,传统供应商在技术升级方面的滞后,使其难以适应这一快速变革。此外,软硬件协同问题也带来了新的挑战,特别是在整合电池管理系统与自动驾驶技术时尤为明显。

在芯片领域,汽车行业面临的挑战尤为突出。汽车芯片种类繁多,主要涵盖主控芯片、存储芯片、功率芯片、信号与接口芯片以及传感器芯片五大类。目前,中国在部分低端芯片领域已有所突破,但在高端芯片,特别是车规级芯片的制造能力上仍有明显短板。这一差距加剧了供应链风险,如美国限制高通、英伟达、英特尔、AMD 等公司向中国出口 SoC 芯片,直接影响了中国新能源汽车产业的发展进程。这种技术依赖和供应链脆弱性凸显了中国在关键技术领域自主创新的紧迫性。图 9.5 显示了汽车芯片的主要类别、应用领域、重要性及中国在各类芯片上的制造能力和不足。从图中可以看出,尽管中国在某些芯片领域已有进展,但在多数关键芯片技术上与世界先进水平仍有显著差距。

(四)地缘政治与政策风险

新能源汽车产业的全球化布局使得供应链安全不仅受制于原材料和技术供给,也深受地缘政治格局和国际政策环境的影响。在当前复杂多变的国际形势下,地缘政治的不确定性对中国新能源汽车供应链构成了不小挑战。

全球范围内的政治博弈和政策调整,正在深刻影响中国企业的原材料获取、国际投资合作以及全球供应链管理。例如,欧美国家通过制定新的政策法规和建立国际联盟,试图重塑全球新能源汽车供应链格局。欧美国家积极推动本土供应链建设,通过加强外资审查,提高环境、社会和公司治理(ESG)标准,以及组建"可持续关键矿产联盟"等举措,意图减少对中国产品的依赖,并限制中国企业获取关键资源的机会。在南美地区,智利政府推行的锂资源国有化政策,以及筹划中的"锂业欧佩克"组织,将影响企业采购成本。

芯片种类	应用领域	重要性	全球市场占比	中国制造能力	中国不足和差距
MCU（微控制器）	底盘、动力系统、车内控制、车身	核心控制芯片，负责多系统协调	约30%，主要由欧美公司垄断，如NXP、瑞萨电子	部分中国企业可生产，但高端MCU（如车规控制MCU）依赖进口，国内市场自给率不足10%	高端MCU（如车身和动力系统MCU）研发落后于国外，技术工艺效力落后，尤其是28nm以下制程工艺
DRAM（动态随机存取存储器）	车内	存储芯片，关键数据存储	约15%，三星和SK海力士主导市场	国产DRAM生产能力薄弱，长江存储在发展中，市场份额不足5%	高性能DRAM生产线不足，核心技术被韩国企业垄断
NAND/eMMC	车内	存储芯片，负责长时间数据存储	约10%，三星和美光是主要供应	低端NAND可自产，高端NAND主要依赖进口，市场占有率约为3%	先进NAND闪存芯片生产技术（如3D NAND）掌握不足，无法生产高层数产品
COMS（图像传感器）	ADAS（驾驶辅助）、座舱	用于摄像头等视觉系统	约10%，索尼、三星、安森美半导体为主	部分COMS图像传感器可自产，但高端产品（如车载CMOS）仍依赖进口	高端COMS传感器在技术和市场上做索尼、三星垄断，国产化率极低
LED	车身、车灯系统	照明系统核心器件	约5%，中国占据优势	LED为中国优势领域，全球最大生产国，市场占有率超过50%	无明显不足，中国在LED生产中具有全球竞争力
传感器	底盘、动力、ADAS	负责数据采集，用于各种车载系统	约7%，博世、德州仪器等占主导	部分传感器可自产，但核心传感器（如ADAS传感器）依赖进口	核心ADAS传感器生产能力不足，博世等国际公司占据主导
ASIC（专用集成电路）	底盘、安全系统	专用集成电路，优化特定功能	约5%，西方公司主导，如英伟尔、意法半导体	高端ASIC芯片完全依赖进口，特别是复杂的安全系统芯片	高端ASIC芯片（如安全系统）研发能力有限，需引进国外公司
CIS（图像传感器）	ADAS、车身系统	用于视觉数据处理，关键部件	约6%，索尼、安森美半导体在高端市场领先	部分CIS图像传感器已实现国产，但高端市场仍被索尼等排外国企主导，国内市场自给率约20%	高端CIS芯片技术落后，进口实现高端图像处理需求
功率半导体	动力、底盘	核心能源管理、电动汽车尤其重要	约8%，英飞凌、安森美主导高端市场	功率半导体具备一定生产能力，SiC等高端产品依赖进口，市场自给率约30%	高端功率半导体（如SiC和GaN）的生产技术与设备依赖进口，功率转换效率落后
ASSP（专用标准产品）	底盘	为特定功能优化的标准芯片	约4%，德州仪器等企业提供解决方案	高端ASSP完全依赖进口，特别是复杂底层控制功能的产品	高端ASSP研发能力薄弱，依赖国外企业，国产化程度低

图 9.5　汽车芯片主要类别及中国制造能力分析

注：作者绘制

115

三、新能源汽车供应链战略思路

（一）重塑中国在全球新能源汽车产业格局中的角色

中国在全球新能源汽车产业格局中的角色正经历质变，从最初的制造大国，正逐步向技术创新中心和产业标准制定者转型。这一转变不仅体现在生产规模上，更体现在技术研发、市场引领和产业生态构建等方面。

中国市场正成为全球新技术、新车型的首发地与验证场。这不仅吸引了国际汽车巨头在华加大投资和研发力度，也为本土企业提供了宝贵的创新实践机会。通过实施"策源地"战略，中国在全球新能源汽车产业链中的影响力将持续上升，进一步引领行业创新与发展。

（二）做好关键原材料供应链风险的战略应对

面对锂、钴、镍等关键原材料供应链的风险，中国需要采取多维度的战略应对措施。在技术替代与材料创新方面，未来5—10年，资源国的垄断对供应链压力将日益加剧。中国企业应加速锂替代材料的研究，如锂空气电池、钠离子电池等新型电池技术的产业化进程，以减少对单一资源的依赖。推动高效提炼技术的发展，缩短提炼周期，提升原材料的可持续供应能力。

在全球"采矿—提炼—回收"一体化布局方面，中国企业应通过直接收购海外矿山资源，加速构建从采矿到提炼再到废旧电池回收的全球闭环供应链。这样通过投资和国际合作，建立完整的锂、镍、钴循环利用体系，确保资源再生，降低对初级矿产的依赖。

在战略储备制度建设方面，中国应将新能源汽车产业关键原材料纳入国家战略资源储备体系，建立长期的战略原材料储备机制。这样通过国家层面的政策支持来缓解全球供应波动，确保关键原材料长期供应安全。

（三）加强技术变革与适应性风险的应对

为应对技术变革带来的供应链挑战,中国企业需要采取多元化策略。在前沿技术布局方面,应提前布局固态电池、氢燃料电池等新技术,实现从锂电池向新型能源电池的平稳过渡。通过"分阶段替代策略"逐步引入和推广新一代电池技术,减少技术变革带来的供应链断裂风险。

在供应链数字化与智能化转型方面,应构建具有"自我调节、自我优化"能力的供应链网络。利用区块链、人工智能、大数据等技术,提高供应链的透明度和自动化水平,增强面对突发事件的实时动态调整能力。

在从组件供应向系统集成转型方面,零部件供应商应向系统集成供应商转型。中国企业通过与技术伙伴的深度合作,提供包括电池管理系统（BMS）、整车控制器（VCU）、动力总成等一体化解决方案,形成具备国际竞争力的软硬件协同供应链。

（四）做好地缘政治与政策风险的应对

针对日益复杂的国际地缘政治环境,中国企业需要采取多方位策略。一是,构建多中心全球供应链体系。积极布局全球多中心供应链网络,尤其在东南亚、南美、非洲等区域,建立不依赖于单一国家或地区的供应体系。中国企业通过投资当地企业或与政府合作,在战略要地建立关键材料加工和生产基地,降低对单一市场的依赖。

二是,推进区域化供应链协同与联盟。依托"一带一路"倡议,构建区域性供应链联盟。发展跨国电动汽车产业合作区,增强中国企业与这些国家供应链合作能力。同时,中国企业与资源国建立长期战略合作伙伴关系,确保供应链的长期稳定性。

三是,建立全球政策与风险防范机制。构建全球化的风险防范体系,包括对出口市场依赖性的分析、政策变化应急预案等。加强数据安全、隐私保护等领域的合规性管理,降低因国际数据安全问题引发的市场准入风险。

（五）推进跨界融合与供应链生态的战略转型

新能源汽车供应链正从传统生产和物流模式向跨行业的生态系统演进。中国企业应把握趋势，实现战略转型。在构建供应链生态方面，中国企业应打破传统汽车供应链的界限，与能源（如光伏、储能）、ICT 行业（如 5G、物联网）深度融合，共同打造新能源汽车与智能电网、智慧城市的综合解决方案。

在供应链金融创新方面，探索区块链金融、供应链融资和绿色金融等创新模式，提升供应链韧性和资金流动性。中国企业结合国际资本市场，构建"资金＋技术"双重驱动的全球化供应链布局。

在绿色供应链建设方面，从整个供应链的角度实现碳中和。中国企业通过碳排放追踪、绿色供应链建设等手段，确保供应链符合全球环保和碳中和要求，提升国际市场竞争力。

四、全方位增强新能源汽车供应链韧性

在全球新能源汽车产业格局快速变化的背景下，中国需要采取一系列战略性举措，以巩固和提升在全球供应链中的地位。关键策略应聚焦于三个核心方面：自主创新与全球资源整合、供应链韧性与灵活性提升，以及供应链现代化与数字化转型。

一是，自主创新是保持竞争力的关键。中国新能源汽车产业必须在核心技术领域，特别是电池技术和芯片等关键环节实现突破。同时，该产业通过全球资源布局，确保供应链的韧性与安全性。这包括推动锂、钴、镍等关键原材料的多元化布局，通过全球矿山收购、长期供应协议和战略合作，确保资源安全，并推动替代材料的研发，降低对单一原材料的依赖。

二是，面对复杂的全球供应链环境和地缘政治风险，加强多元化供应链布局至关重要。该产业通过区域化和全球化相结合的方式，提升供应链的灵活性与抗风险能力。应加速建立全球范围内的资源闭环供应链，涵盖从资源开采、提炼到废旧电池回收的全过程。同时,加强对东南亚、非洲等战略地区的布局,推动供应链本地化,以确保在不同市场条件下具备调整和适应能力,减少单一市场风险。

三是,供应链的数字化与智能化转型是提升整体竞争力的关键。该产业通过广泛应用人工智能、大数据、区块链和物联网等技术,实现供应链的全流程数字化管理。这不仅能增强供应链透明度和响应速度,还能确保对全球供应链风险的及时预警和有效管理,提升对突发事件的响应能力。

构建安全、有韧性的中国新能源汽车供应链需要政府、行业协会和产业界的协同努力,具体表现在以下方面。

政府应发挥战略引导作用,建立国家级供应链风险预警系统,协调不同企业和行业的信息流,实时监控关键原材料市场的波动和地缘政治风险。政府通过制定国家层面的政策支持,包括税收激励、国际合作协议、技术研发资金支持等措施,助力战略储备体系构建和技术突破,确保供应链的长期稳定与韧性。

行业协会应在推动供应链透明化与可追溯性建设方面发挥关键作用。协会引导行业内广泛应用先进技术,加强供应链透明度与可追溯性。制定行业标准,确保统一的供应链管理和追踪方式,提高整个行业的安全性与信任度。此外,行业协会还应充当跨领域协调者,促进新能源汽车行业与其他高科技产业的合作,推动供应链跨行业融合,提升整个行业的协同创新能力。

产业界需要积极响应国家战略,主动参与全球资源布局,推进技术创新,并积极采纳数字化转型策略,以提升自身在全球供应链中的竞争力和适应能力。

通过以上战略举措,中国新能源汽车产业有望构建一个更安全、更具韧性的供应链体系,这不仅增强中国在全球新能源汽车产业中的竞争力,还将为应对未来可能出现的各种挑战奠定坚实基础。

第 10 章
打造高效流通供应链体系

流通体系是现代化产业体系的重要组成部分。流通水平很大程度决定着国民经济大循环、国内国际双循环的速度与质量。在全球连接与流动受阻放缓的形势下，加快构建高效顺畅的流通体系，有利于商流、物流、资金流、信息流的优化配置，促进供应链一体化运作，改善国民经济循环效率。

一、流通效率有待进一步提升

经过改革开放40多年发展，中国已经成为流通大国，在全球流通格局中占据重要地位。2024年，社会消费品零售总额48.8万亿元，全国网上零售额15.52万亿元，其中实物商品网上零售额13.08万亿元，社会物流总额超过360万亿元，均位居世界前列。流通方式、结构、流向、形态等都发生了根本性变化，形成了"多主体、多渠道、多业态、多模式"的格局。但要看到，流通发展仍然明显滞后于工业化、数字化、市场化、城市化、全球化进程，粗放式发展特征明显，存在不少断点、堵点、盲点与痛点，在一定程度上制约着生产与消费，影响到经济运行效率，使流通在国民经济大循环中桥梁纽带作用难以充分发挥。

流通体系不够完善。流通网络布局不够合理，农村流通体系发展滞后，农产品产销对接不畅。工业流通体系不够发达。城乡流通体系相对分割。

应急物资储备体系尚不健全。跨国流通体系缺乏主导力。

流通结构不够合理。传统流通模式比重高,环节多、主体多,规模化、组织化程度不高,集约化、精细化、个性化不足。流通与工业农业联动不足,供应链一体化水平低。农产品批发市场功能单一。大宗商品流通数字化水平不高。流通大数据平台尚未建立。传统流通发展缺乏活力,线上与线下交易发展不平衡。冷链物流、航空物流、医药物流、应急物流短板明显。

流通效率较低。2024 年社会物流总费用占 GDP 为 14.1%,高出发达国家一倍。物流成本高成为制约制造业由大变强、解决"三农"问题的瓶颈。大宗商品库存偏高,资金占压严重,规模以上工业企业存货率约为 10%,远高于西方发达国家 5% 的水平。工业流动资本周转次数只有 2.5 次,远低于日本和德国 9—10 次的水平。国际大宗商品采购价格、销售价格缺乏话语权。

市场不够规范成熟。统一开放、竞争有序、安全高效、城乡一体的现代市场体系尚未形成。国内国际、线上线下、期货现货市场之间相对割裂,区域城乡市场发展不均衡。市场主体小、散、弱,缺乏龙头带动作用,缺乏有较强影响力的大型本地流通企业,缺少具有较强资源整合能力和影响力的大宗商品流通平台。市场秩序比较混乱,过度竞争,缺乏合作、开放、共享。招标采购不规范,"劣币驱逐良币"。标准化程度低,缺乏标准分级。诚信缺失,假冒伪劣屡禁不止。大型数字化平台利用垄断力量损害中小商家利益。

二、国内外多重趋势将重塑流通的未来

全球竞争要求流通在保障供应链安全中发挥重要作用。全球格局重大变化,大国竞争加剧,国家间、地区间、企业间竞争已演变成供应链竞争。经济能否持续发展的重要条件是供应链能否安全高效,资源和产品能否有效流动。我国发展将面临外部不确定性与挑战,这就要求流通在多元采购、战略储备、平衡价格、保障供应、开拓市场等方面发挥更强的连接、纽带、渗透作用。

生产与消费方式变革要求流通与生产、消费高效连接。随着人们生活水平提高,消费行为从原来单纯追求温饱型或数量型,向追求消费价值多元化、个性化转变,生产从大规模制造向精益制造、准时制造和个性化制造发展,要求流通必须着眼于制造与消费模式的最终需求,提高响应能力和效率。生产与交换、生产与流通相互融合,使现代流通延伸到生产每个环节,生产过程成为流通过程。特别是线上消费、个性化消费等对流通方式提出更具个性、更高时效、更好体验的要求,并驱动着生产方式变革。

区域与城乡一体化要求流通共享化。京津冀协同发展、长三角一体化发展、粤港澳大湾区建设、长江经济带发展等区域经济一体化要求地区流通基础设施互联互通。城市群、都市圈、城市带、大中小城市协同、乡村振兴等要求流通体现出更多共享性,如信息共享、物流共享、运输共享等。同城化和城乡一体化将加速流通体系共享化进程。

数字化加速流通效率变革。数字技术、智能技术将重构商流、物流、信息流、资金流体系,对流通组织方式、资源配置方式、服务功能带来深刻影响,促进流通数字化、智能化步伐,数字化连接能力、流动能力大大增强。

三、建设现代化流通体系

推动流通高质量发展要遵循流通发展规律,以促进产销对接、供需匹配为出发点,以建设流通强国为目标,以完善体系、合理布局、优化结构、增强功能、提高效率为主线,统筹城乡、地区、国内外流通网络发展,统筹传统模式升级与新兴模式培育发展,覆盖盲点、连接断点、疏通堵点、消除痛点,促进流通与生产、消费连接,形成灵活多样的产销模式,打通微循环、小循环、中循环、大循环,建设国内大市场,增强国际连接力、渗透力、影响力、控制力、竞争力,保障供应链安全,推动产业与消费升级,构建规范有序、合作共赢的经济生态,为国内大循环、国内国际双循环提供强大纽带与支撑。

从国家战略和维护经济安全高度重视流通发展。在全社会树立"流通是生产力"的观念。进一步明确流通在国民经济中的基础性、先导性地位,改变重生产轻流通的状况。统筹生产、流通、消费发展,制定现代流通发展中长期战略与规划,加强顶层设计为流通发展指明方向。加强流通理论研究与学科建设。

完善流通体系,优化流通结构。构建"国际网络—国内骨干网络—国内支线网络—国内末端网络"有机结合的现代大流通网络。统筹规划全国流通网络建设,推动区域、城乡协调发展,推动流通网络互联互通。加强流通枢纽城市建设,优化基础设施和服务网点布局。完善县、乡、村三级农村流通服务体系。加大对流通企业境外投资的支持,统筹规划境外流通网络建设,推动国内流通渠道向境外延伸,打造全球供应链体系。

加快流通创新,为生产生活创造更大价值。围绕生产与消费需求,充分发挥流通对工业、农业、商贸等在信息服务、产品策划、深度开发、拓宽市场等方面作用。做强做优流通主体,提升流通服务功能,推动流通与制造、消费融合发展。加快新业态发展,激发数字流通活力。推进"互联网＋流通""智能＋流通"发展。推动城乡统一大市场建设,搞活生产资料和生活资料流通。加大新基建在流通中的应用,建设流通大数据中心,利用大数据加强市场分析与拓展。

加快现代物流发展,提高物流效率。建设适应农业现代化、制造业升级、商贸变革、电子商务发展需要的社会化物流体系。构建干线、支线、末端物流体系。促进物流资源互联互通。推进第三方物流,提高物流专业化水平。加强冷链物流建设,促进农产品冷链物流发展。抓好城市配送体系建设,解决"最后一公里"货车进城难问题。加快构建现代化综合交通运输体系,推动货运物流化、供应链化。构建海陆空一体的国际交通运输体系,布局全球物流网络。

发挥优势企业作用,打造高效供应链,提升供应链现代化水平。倡导供应链理念,支持优势流通企业、物流企业与生产企业面向最终用户,形成互利共赢的战略合作关系,实施供应链一体化运作。根据不同产业发展要求以及常态、应急状态分业分类制定供应链发展战略。加快数字技术与供应链的融合,积极推进供应链的创新与应用。

深化流通体制改革,规范流通秩序。构建国家、行业、团体、地方和企业等相互配套、补充的流通标准体系,推广商品与服务标准分级。推动流通信用体系建设,加强信用信息采集与互联互通,完善信用评估体系。加强政府在质量、服务、竞争行为、垄断、失信、招标采购等方面监管。加快修订《中华人民共和国反垄断法》，防范大型数字化平台利用数据、流量、技术等优势损害中小企业利益。

四、建立高效数据跨境流通机制[①]

实体经济与数字经济的深度融合，关键在于数据的高效利用与共享。现时期，经济全球化深入发展，数据的自由流动促进了科技创新和知识共享，加速了新技术、新产品、新业态的发展，数据已成为新的生产要素。建立高效便利的数据跨境流通机制，将为供应链数据资源优化配置和创新应用提供坚实保障。

高效便利的数据跨境流通机制，是指一套旨在促进数据在不同国家和地区之间安全、迅速、无障碍流动的政策、法规和技术架构。这一机制的内涵是法律法规兼容、安全与隐私保护兼具、标准化流程、监管协调、透明与可追溯。具体而言，就是确保不同国家的数据保护法律和标准能够相互兼容或互认，减少法律障碍，为数据跨境流动提供法律基础；数据跨境过程中，实施严格的数据加密、匿名化处理、访问控制等技术手段，以及建立健全风险评估和应急响应机制，保障个人隐私和数据安全；制定统一的数据跨境流动标准合同、安全认证规范等，简化跨境数据传输的审批流程，提高效率；建立多边或多部门间的监管协调机制，确保监管的一致性和高效性，避免重复监管和过度监管；提高数据跨境流动的透明度，确保数据流动的每一步都可以被追踪和审计，增强信任。

高效便利的数据跨境流通机制具有高效性、便利性、灵活性、可持续性、开放合作等特征。高效性，就是通过简化手续、优化流程和采用先进的信息技术，减少数据传输的时间和成本，加快数据流动速度；便利性，就是为数据主体和数据使用者提供简单易行的操作界面和清晰的指导原则，降低跨境数

---

① 本部分与李苍舒共同完成。

据交易的复杂度;灵活性,就是机制能适应不同行业、不同规模企业的需求,以及技术快速变化的环境,灵活调整策略和规范;可持续性,就是建立长期稳定的制度框架,支持数据跨境流动的持续健康发展,同时考虑环境保护和社会责任;开放合作,就是鼓励国际合作,参与国际规则制定,建立公平竞争的环境,反对数据保护主义,促进全球数字贸易的繁荣。高效便利的数据跨境流通机制不仅能够促进经济的全球化发展,还能确保数据流动的安全与合规,为数字时代的国际合作奠定坚实基础。

(一) 完善数实融合法律体系,建立数据分类分级管理制度

一是完善法律法规,促进数字经济与实体经济深度融合,确保数据在两大经济形态间安全高效流通与价值最大化。推进国内数据保护标准与国际规则相衔接,明确数据跨境流动的基本原则、条件、程序和法律责任,为企业提供清晰的指引。随着数据价值的提升,国家、机构、个人隐私保护和数据安全问题日益凸显,各国纷纷出台相关法律法规,如欧盟的《通用数据保护条例》(GDPR)、日本的《个人信息保护法》(APPI)、加拿大的《个人信息保护和电子文档法》(PIPEDA)以及澳大利亚的《隐私法》(APP)。在此基础上,中国应结合国情,吸收国际最佳实践,在法律法规中明确数据保护的基本原则,为数据处理活动设定总纲;清晰界定个人信息、敏感信息、重要数据等核心概念,明确数据处理者的权利与义务,制定包括数据主体的权利、数据泄露的报告机制、跨境数据转移的条件等;设立专门的数据监管机构,监督法律法规执行。

二是针对不同类别和级别的数据设定不同的跨境流动规则和保护措施。基于数据的敏感程度、价值、对国家安全和公共利益的影响等因素,可将数据分为不同的类别和级别,如公开数据、内部数据、敏感数据、机密数据等。因此,企业或组织内部可成立数据管理小组或数据安全委员会,负责数据分类分级的规划与执行;进行全面的数据资产盘点,识别数据源、存储位置、使用情况等,为分类分级提供基础;依据标准对数据进行标记和分类,确定每一类数据的保护级别;根据不同级别数据特点,制定相应保护策略,如加密存储、访问控制、定期审计等,确保高等级数据得到更强保护;定期进行数据保护内

部审计和外部第三方审计，检查分类分级制度的执行情况，及时发现并纠正问题。

（二）强化数实融合安全与保护技术，构建数据跨境流动服务平台

一是推广使用加密技术、匿名化处理、去标识化等技术手段，提升数实融合发展过程中数据跨境安全性。建立数据泄露应急响应机制，及时处理安全事件，对跨境传输的数据实施端到端的加密。在不损害数据使用价值的前提下，对敏感个人信息进行匿名化处理，降低数据泄露风险。实施严格的访问控制机制，采用多因素认证技术，增强账户安全性。特别是金融领域等高价值数据在跨境流动中易泄露和被窃取，要对数据从创建到销毁的每个阶段实施安全管理，及时发现异常访问或潜在威胁，定期进行安全审计，评估系统安全状况并改进防护措施。

二是设计统一的数据接口和服务标准，方便不同国家和地区的企业和组织接入，降低对接成本，提高兼容性和互操作性。比如开发合规性检测工具，自动评估数据跨境传输的合规性，包括检查是否符合目的地国家的法律要求、是否已获得必要的同意等，减少人工审核负担。与部分国家共同建立数据保护标准互认机制，明确数据在跨境存储和处理时的规则，减少重复认证，简化跨境数据流动程序。构建专用的、高度安全的数据传输通道，支持数据传输的完整性和不可否认性。共同参与国际数据保护协议的制定，提高数据流动的国际兼容性。

（三）加速数实经济全球化融合，建立健全数据流动多双边框架

一是推动国际合作与数据保护标准互认，深化数字经济与实体经济在全球范围内的融合，共同释放数据要素潜力。主动参与联合国、世界贸易组织（WTO）、国际电信联盟（ITU）等国际组织的数据保护与数据治理讨论，贡献

中国方案和实践经验；建立多层次多渠道国际合作机制，与主要经济体和国际伙伴建立双边或多边对话平台，如中欧数据保护对话、APEC 跨境隐私规则系统（CBPR）等，增进共识，协调立场；推动标准制定与互认，参与数据安全、隐私保护、数据分类、跨境数据流动等领域的国际标准制定工作；与各国政府和国际组织协商，签订数据保护标准互认协议，减少重复认证，简化数据跨境流动合规程序。

二是探索建立跨区域数据安全港协议，为特定行业数据流动提供安全便利的渠道。针对金融、医疗、科研等对数据安全要求较高行业的数据流动需求，识别国内外数据保护法规差异与冲突，以调整国内法规或签订谅解备忘录等方式提高数据保护政策的透明度，及时公布并解释本国数据保护法规的变化，增强国际社会对中国数据治理政策的理解和信任。

（四）加强数实融合能力建设，开展数据跨境流动项目试点

一是在特定区域或行业中开展数据跨境流动的试点项目，积累有益经验并逐步推广。根据国家战略和发展需求，选择自由贸易区、高新技术产业园区或行业等作为试点对象，设定清晰的试点目标，明确试点任务，如测试数据跨境传输的新技术、新标准或新模式，建立数据保护机制、优化数据分类分级管理、探索数据跨境流动的监管方式等；制定涵盖技术路线、管理流程、法律合规、安全保障、评估指标等多个方面的试点实施方案，确保试点工作的系统性和可行性；以加入 RCEP 等大型区域贸易协定为契机，建立政府、企业、研究机构和国际合作伙伴多方参与的协调机制，总结成功经验和存在的问题，形成可复制、可推广的模式和标准。

二是增强公众对数据保护法律法规、技术标准、国际规则的理解和执行能力，提升监管效能。为涉外企业提供数据保护合规培训，包括数据分类、跨境传输合规流程、风险评估与管理等，帮助企业建立健全数据保护体系；通过媒体、社交平台、公共讲座等多种渠道，普及数据保护知识，提升公众的数据安全意识和隐私保护能力。

（五）建立数实融合效果评估机制，强化专业人才培育与交流

一是建立基于数据流动安全性、合规性、经济效益等多个维度的数实融合评价体系。通过监管平台、企业报告、用户反馈等多种渠道，定期收集数据跨境流动相关数据和信息，运用数据分析技术深度挖掘跨境流动特征；组织行业专家、企业代表、消费者团体、监管机构等共同参与评估，通过研讨会、听证会等形式，广泛收集意见和建议；基于收集的数据和反馈结果，总结机制实施成效、存在的问题、面临的挑战及潜在风险，及时调整数据跨境流动的政策、法规、技术标准和管理措施，对于新出现的技术、市场变化或国际规则，迅速作出响应。

二是根据数据跨境流通最新特征和发展趋势，培养相关领域人才合规意识和专业技能。推动跨境数据流通理论学术研究与实践相结合；根据数据跨境流动机制的最新要求和行业发展动态，定制培训课程体系，覆盖法律法规、技术应用、风险管理、合规操作等内容；针对不同角色和需求，分层次实施培训；为技术人员提供数据加密、安全审计技术的培训；为业务操作人员提供跨境数据处理的实操指南，利用线上平台和线下研讨会、工作坊相结合的方式，提供灵活多样的学习机会，便于跨地域人才交流，为数据跨境流动的健康发展提供坚实的人才支撑。

第 11 章
构建强大物流供应链体系

为从根本上解决全社会物流成本偏高、效率偏低、国际物流能力不强等问题,需对物流业发展进行战略性、全局性、总体性设计,找到一种系统解决方案,使物流资源得以有机整合和合理配置,实现物流的时间、空间、经济和社会等价值最大化。这就需要从国家发展全局出发,以全球视角,对内构建一个着眼于国民经济总效率和总效益的强大国家物流系统,对外打造连接世界的全球物流体系,从而为打造全球领先供应链体系奠定强大物流基础。

一、有效降低全社会物流成本

物流是流通的重要组成部分,物流成本与物流效率对流通成本与流通效率有着重大影响。有关机构研究表明,在发达国家,物流成本平均占产品最终成本的 10%—15%,而中国制造企业的物流成本有时高达生产成本 30%—40%。物流成本偏高成为制约制造业由大变强、解决"三农"问题的瓶颈。

物流成本偏高,原因是多方面的。一是体系方面的原因。主要是综合交通运输体系、物流服务体系、流通体系、供应链体系、物流信息服务体系、物流标准体系、应急物流体系等不完善。二是产业层面的原因。产业结构、工业结构与能源结构的阶段性特征客观上决定了单位 GDP 的物流费用支出较大。三是企业和要素层面的原因。许多生产流通企业"大而全""小而全",第三方物流企业水平不高,专业化、精细化、系统化服务水平低,尤其缺乏一揽子服务能力。四是体制和政策层面的因素。物流市场体制尚不完善,统一开放、公平竞争、规范有序的物流市场体系尚未形成,市场分割、垄断行为、诚信缺失等问题突出。地区间行政分割,缺乏统筹规划,尚不能形成发展合力,物流、快递、配送车辆等要素难以高效流动。五是自然地理因素。自然地理环境影响物流活动的空间范围,也影响到物流活动的成本。西部地区是物流业的薄弱地区,西部地质地貌复杂多变,某些地区地广人稀,物流发展难度不小。复杂的地理环境将增加物流基础设施的资金、人力、物资的投入,对建设技术要求较高。加之西部地区物流量普遍小于东部,项目经济效益较低,进一步加大了西部地区物流成本。

降低物流成本是构建新发展格局的必然要求。降低物流成本是一项系统工程,需要以物流高质量发展为根本途径。推动物流业高质量发展的总体思路是:物流业应服务于经济社会发展全局,统筹国际国内,统筹城乡,紧紧把握新科技革命和产业变革的时代机遇,以"完善体系、优化网络,调整结构、整合资源,联动发展、运作一体,节能环保、惠及民生"为着力点,以更好的体制机制和政策为保障,构筑起中国面向未来的物流和供应链服务体系。相应地,物流业发展可从"七大方面"着力。

一是推进网络化。根据经济社会发展要求,完善和优化物流基础设施网络、组织网络、运营网络和信息网络,构筑统筹国际国内、东部中部西部、沿海内地、城市农村、省市县乡、社会化与自营的不同层级、不同功能的有效衔接的现代物流服务体系。

二是推进精细化。满足不断分层化、分散化和细化的市场,紧扣用户体验、产业升级和消费升级需求,使物流服务精准定位、精细管理、精确评价,以求精益求精、止于至善。

三是推进数智化。把握新科技革命和新产业革命的重大机遇,抢占物流业未来发展的制高点。应用自动化、信息化、数字化、智能化技术,实现物流资源的全方位连接和安全、高效、灵敏、实时、可控、人性的智能物流服务。

四是与产业、地区联动融合。着眼于物流业服务生产、流通和消费的内在要求,加强物流资源和供应链整合,提升物流服务和供应链管理能力,推动物流业与各次产业、地区经济协同和互动发展,充分发挥物流业在国民经济中的桥梁、纽带、助推器、总调度作用。

五是推进国际化。把握全球化和国际格局变化的新特点,本着"利他共生,共创共享,互利共赢"的原则,深化国际合作,打造全球物流和供应链体系,主动参与国际分工,提升中国在全球价值链中的地位,提升全球连接、全球服务、全球解决方案的能力。

六是推进可持续发展。立足生态文明、环境友好、资源节约和资源安全理念,实现土地、能源、资源的集约和节约,减少污染,降低排放,最大限度减少物流活动的负面影响。

七是推进创新。通过理念、制度、服务、商业模式、组织、流程、管理、品牌、渠道和技术等方面的创新,使物流业创造更多价值以满足经济社会发展的需要。

二、打造强大国家物流系统

所谓"国家物流系统",就是从国家总体、长远和可持续发展的角度出发,从"全国一盘棋"的角度,着眼于国民经济总效率和总效益,根据物流业自身发展规律,结合物流活动与辐射的时空范围,通过市场力量、科技力量和政府力量的有机结合,按照物流活动各环节之间的内在联系和内在逻辑,合理布局和配置物流资源,形成一个涵盖交通运输、仓储、包装、装卸搬运、流通加工、邮政、快递、配送、信息等在内的跨行业、跨地区、多层次、全方位连接的综合物流系统。

国家物流系统根据国家物流基础设施条件,将公路、铁路、航空、水路及管道输送等多种运输方式与物流节点有机衔接,将各自分散和未曾连接的物流服务和业务联系起来,打破"孤岛"效应,实现全方位互联互通,提供"适时、适地、适人、适物、适性"的高质量物流服务,为用户创造价值,为企业创造盈利能力,为社会节约资源,为国家创造竞争优势。国家物流系统将运输、仓储、装卸搬运、包装、流通加工、邮政、快递、配送及信息处理等物流基本活动有机集成，在物流战略、物流规划、物流政策、物流标准、物流设施网络、物流组织管理等不同层面实现大规模社会化协同。国家物流系统能够针对各种规模的企业和个人的个性化需求，提供强大高效的物流服务，实现物流市场的供需平衡、大规模定制化服务和自身的动态优化。

（一）国家物流系统的构成

国家物流系统是国家经济、社会、环境综合系统的一个重要组成部分。国家经济社会的发展水平和层次决定着国家物流的发展水平和层次，一个强大、智能、绿色的国家物流系统是推动现代化强国建设的强大力量。

从物流活动的角度来看，国家物流系统是由交通运输、仓储、装卸搬运、包装、流通加工、邮政、快递、配送、信息等所有物流子系统构成的综合物流系统，如图 11.1 所示。国家物流系统在国家层面上将目前各自独立、分割的所有物流产业子系统囊括其中，依靠体制机制、政策规章、法律法规、信息技术等将这些各自分散的小系统通过链、平台、群等进行无缝衔接，实现资源整合的协同效应。随着物流业的发展，物流系统的边界不断外延和模糊，应根据其层次与物流经济、社会、生态的综合大环境系统的相互关系确定。

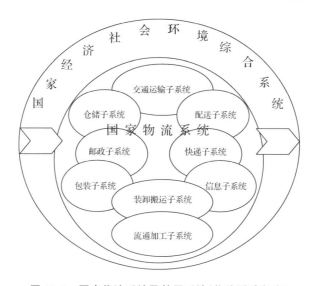

图 11.1　国家物流系统及其子系统（物流活动角度）

从物流系统运营的层面来看,国家物流系统是由物流基础设施、物流信息、作为物流服务提供主体的物流企业,以及与物流产品有关的经济政策共同构成的统一体。国家物流系统可以进一步细分为物流基础设施网络子系统、物流信息子系统、物流运营子系统和物流政策子系统,如表 11.1 所示。

表 11.1　国家物流系统构成要素(系统运营层面)

子系统	要素	要素明细	具体内容
基础设施网络子系统	基础设施	交通基础设施	干线网络、支线网络、配送网络、末端网络
		专业基础设施	物流枢纽、物流园区、仓储中心、分拨中心、配送中心、乡村网点、社区网点、绿色清洁物流设施
信息子系统	信息	通信设施设备现代信息技术现代智能技术	智能化信息平台、信息采集终端、用户信息服务、互联网、移动互联网、物联网、大数据、云计算、区块链、人工智能、GPS、北斗导航、信息监控与海关、市场监管、税务、金融、保险等部门电子信息交换系统的连接
运营子系统	企业主体	各类物流企业	各种不同类型和不同规模的物流服务企业
政策子系统	政策法规	与物流服务相关的国际政策、国家政策、区域政策和地方政策	经济政策、产业政策、交通运输法规、邮政快递法规、环保政策、自贸协议、物流战略与规划、物流标准、行业规章等

在物流基础设施子系统中,交通基础设施和专业基础设施构成国家物流系统的实物流动硬件网络系统,如图 11.2 所示。这个系统中的铁路、公路、航道、航空线和管道构成网络的链接环节,在不同的物流节点形成干线网络、支线网络、配送网络和末端网络,是实物流动的重要通道;物流枢纽、物流园区、仓储中心、分拨中心、配送中心、乡村网点、社区网点、车站、港口等构成网络中的节点,对货物进行运输集成、分拨、包装、储存、配送,甚至流通中加工等增值作业。绿色清洁物流设施包括节能仓储设施、低排放和低能耗运输工具、绿色包装设计、回收再造设备等,是从环保角度发展绿色物流、构建低环境负荷循环物流体系的重要组成部分。

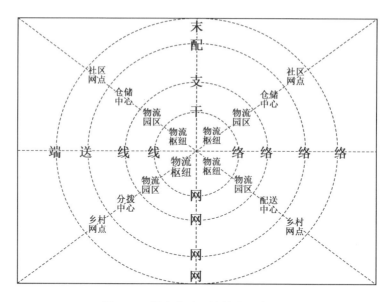

图 11.2　国家物流系统基础设施网络

　　物流信息子系统则构成与物流相伴随的信息流的通道,是国家物流系统不可或缺的重要元素。依靠现代信息技术、现代智能技术、通信设施设备,物流信息子系统收集处理各物流活动主体、各环节及物流资源的信息,通过构建信息枢纽和智能化信息平台,运用大数据、云计算、互联网与移动互联网、物联网、区块链、人工智能、GPS、北斗导航等实现对物流信息的实时采集、分析、处理和监控,为用户提供及时准确的信息服务,有效地保障物流各个环节服务的专业对接,优化物流资源配置和运行控制。

　　物流运营子系统由各类物流企业、辅助企业及利益相关主体有机构成,实施优化后的物流服务。各类物流企业是提供物流产品与服务的经营主体,各类物流企业协同相关企业和辅助企业通过与客户的信息共享和数据交换,为各次产业提供强大高效的物流服务,为满足不同客户的个性化需求提供大规模的定制化服务。

　　与物流产品与服务相关的经济政策、产业政策、交通法规、环保政策、自贸协议、物流规划、物流标准、行业规章等构成国家物流系统的宏观环境。各有关政府部门和协会、银行等机构在不同层面上为国家物流系统的高效运行和社会化的协同运作提供有力保障。如图 11.3 所示。

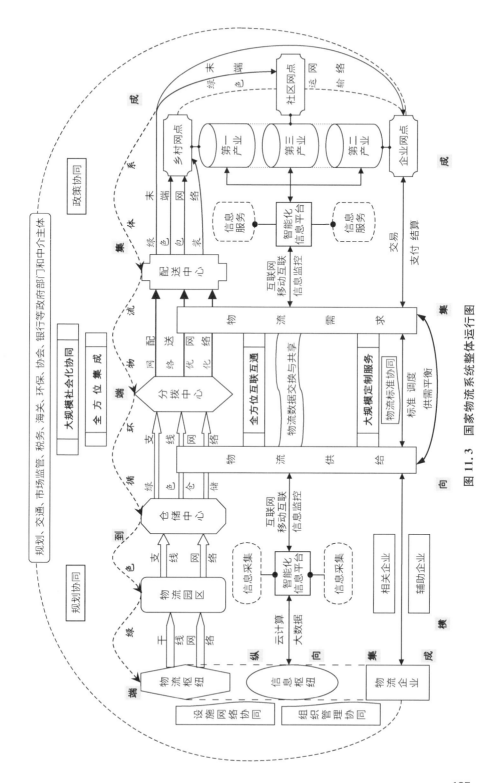

图 11.3　国家物流系统整体运行图

（二）国家物流系统的功能

从系统的观点来看，国家物流系统是一个由众多子系统、主体、要素等组成的复杂的、开放的巨系统，其系统内各子系统、主体需通过互联互通和相互协同，才能实现整体效益的最大化。国家物流系统连接生产、流通、消费，参与系统内外两大经济循环并服务于生产市场和消费市场，其基本框架包含物流供应主体和需求主体以及物流设施网络、物流信息网络和物流组织网络。国家物流系统的发展强调国家物流产业经济、物流生产运作、物流资源环境、物流基础设施、物流组织管理和物流技术等方面发展的联通性、协同性、可持续性，强调横向、纵向、端到端的全方位集成化，强调对"多样化、个性化、定制化"物流需求的满足。因此，"联通、协同、集成、定制"是国家物流系统的基本功能和发展趋势。从国家层面全盘考虑和统筹国家物流系统的协同发展，健全国家物流协调互动机制，构建国家物流协同体系具有十分重要的现实意义。

一是，全方位互联互通。实现多主体间的全方位互联互通是构建国家物流系统的基础。根据主体间的关联分析，可以将国家物流系统的联通分为外部层面联通和内部层面联通。国家物流系统的外部联通是国家物流系统整体与外部经济、社会、环境主体之间的联通，包括与国家经济系统的互联互通，与国家社会系统的互联互通和与国家环境系统的互联互通。国家物流系统外部层面的联通表现在国家物流系统主体与外部主体存在物质、信息、资金、价值、业务、能源等各种形式的有机衔接和交互。根据主体层级关系，可将国家物流系统的内部联通分为决策层面、管理层面和操作层面三个层次。

国家物流系统决策层面的联通是指全国各地区的政府部门、行业、龙头物流企业等规划、决策主体在物流系统整体规划、物流发展政策、物流标准制定等方面的联合统一。决策层面的联通体现出一种长远的、可持续发展的理念，关系到国家物流系统发展的方向和方式。

国家物流系统管理层面的联通是指全国各地区的政府部门、中介企业、物流供给企业、物流需求企业等主体在物流基础设施网络、物流组织网络、物流信息网络之间的互联互通。这些联通既相互独立又相互作用，是国家物流系统高效运作的保障平台。

　　国家物流系统操作层面的联通是指全国各地区的物流主体在物资流通各个业务功能环节的有机衔接,包括物流设施衔接、物流设备衔接、物流作业方式衔接、物流技术衔接、物流流程衔接等内容,是国家物流系统有序运作的基础。如图 11.4 所示。

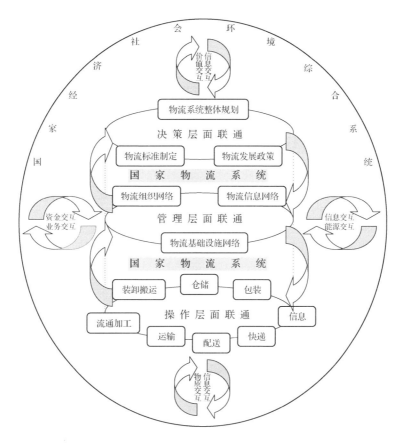

图 11.4　全方位互联互通

　　二是,大规模社会化协同。系统协同包括要素协同、组元协同、子系统协同等,但这些协同更多地通过具有"活"性的主体之间的协同来体现。主体协同是系统中诸多主体相互协调、合作或同步的联合作用和集体行为,是系统整体性、相关性的内在表现。国家物流系统是一个复杂的、动态的、自组织的多主体系统,其通过主体在功能、环节、信息、技术等方面互相配合产生协同作用和合作效应，使系统在宏观上和整体上表现为具有特定的结构或功能。国家物流系统的大规模社会化协同具体是指国家物流系统中的供给主体、需求主体、行业协会及其关联的政府管理部门和银行保险等中介主体在物流运作过程中通过合作、协调、同步，在物流规划、物流政策、物流标准、组织管理、设施网络等方面实现协同。国家物流系统的有效运转必须依赖于多主体的协同，才能实现国家物流系统的总效益最大化。

系统内主体之间通过物质、能量、信息交换等方式相互作用，使整个系统所产生整体效应就可以理解为协同效应，该效应是系统微观主体层次所不可能具备的。根据国家物流系统多主体在不同层面协同的效果来看，其协同效应可分为外部层面协同效应和内部层面协同效应。外部层面协同效应是指国家物流系统内部主体与外部经济、社会、环境主体协同所产生的效应，其主要表现为社会效应、经济效应和环境效应，这也是国家物流系统辐射效应的体现。内部层面协同效应是基于国家物流系统内部主体之间，在物流资源整合和信息共享基础之上，所产生的专业经济效应、规模经济效应、范围经济效应、知识创新效应以及技术扩散效应等的综合体现。如图 11.5 所示。

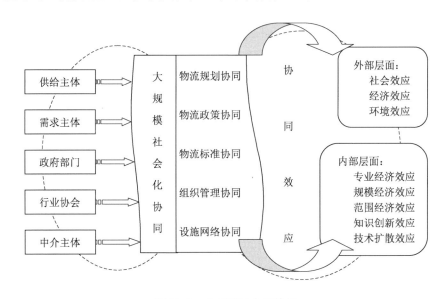

图 11.5 大规模社会化协同

三是，全方位集成。集成是国家物流系统基本功能的核心。国家物流系统建设要求实现包括纵向、横向、端到端在内的全方位高度集成。通过将随处可置的传感器、嵌入式终端系统、智能控制系统、通信设施设备等利用信息物理系统形成智能网络，实现虚拟系统与实体系统的结合，从而使人与人、物与物、服务与服务、人与物、人与服务、物与服务之间能够高度联结。

纵向集成主要针对企业内部的集成，即解决"信息孤岛"问题，通过信息网络与物理设备之间连接，在企业内部实现所有环节信息的无缝链接。纵向集成是实现智能化的基础，是企业内部跨部门的物流运营服务全过程信息的集成，包括物流供需、服务营销、组织运作、供应链管理、客户关系管理、研发设计、资金管理、人力资源管理、物流跟踪等方面在内的信息集成。

横向集成主要针对企业之间的集成，通过价值链和信息网络实现企业之间的资源整合和无缝合作，为客户提供实时高效的物流服务。横向集成是在纵向集成基础上的延展，从企业内部信息集成转向企业间信息集成，从企业内部协同体系转向包括供应商、经销商、服务提供商、用户等在内的企业间协同网络，从企业内部的供应链管理转向企业间的供应链协调。横向集成能够形成智能的虚拟企业网络，有效推动企业间经营管理、生产控制、业务与财务全流程的无缝衔接和综合集成，实现不同企业间的信息共享和业务协同。

端到端集成主要针对贯穿整个价值链的工程化数字集成，是在物联网所有终端数字化的前提下围绕整个价值链上的管理和服务实现不同企业之间的整合。端到端集成能够实现物联网中人与人、人与物、人与系统、人与设备之间的集成，是实现大规模个性化定制服务的基础。通过连接物联网中所有可以连接的同构和异构终端，端到端集成有效整合价值链上不同企业的资源，实现对仓储、包装、装卸搬运、流通加工、配送、快递等物流服务全过程的管理和控制，以价值链创造集成不同企业的信息流、物流和资金流，在为客户提供高价值、个性化服务的同时，重构产业链各环节的价值体系。端到端集成是包含纵向与横向集成的提升，能够实现跨部门、跨企业、跨系统的端到端信息实时传递与多元化协同，重点关注流程的整合。比如，物流订单的全程跟踪协同流程，用户、企业、第三方物流、售后服务等整个价值链上服务的端到端集成。如图 11.6 所示。

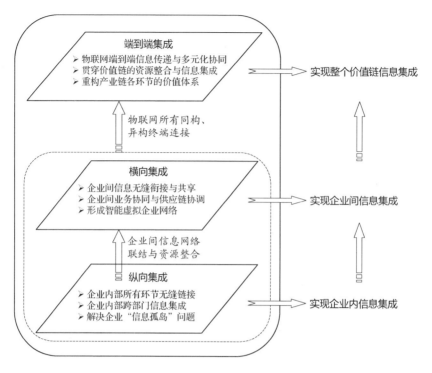

图 11.6　全方位集成

四是,大规模定制服务。大规模定制物流服务是指根据客户的不同物流需求进行市场细分,运用现代物流技术和信息技术以及先进的物流管理方法,通过物流功能的重新整合,实现以大规模物流的成本和效率为每个客户提供定制物流服务。

一方面,传统的大型物流企业能够充分利用规模经济效应,提高物流运作效率,降低物流成本,但其劣势在于单从企业内部角度考虑物流服务的提供,未能意识到或有意忽视客户需求的多样性和差异性,以及企业物流服务目标的多重性,不能满足客户的特定需求。另一方面,定制物流能够充分考虑客户需求的差异性,视每位客户为一个单独的细分市场,并设计专门的物流服务模式来满足客户的特定要求,但其劣势在于市场的细分和服务的定制使得企业物流方案的设计和实施任务庞大,面临有效管理和满足客户需求、维护客户关系等诸多问题,难以产生规模经济效应和降低物流总成本。

当前厂商和第三方物流企业不仅要满足客户不同的物流需求,而且面临降低物流总成本、提高物流和供应链效率的挑战。国家物流系统的构建能够从降低成本和追求服务两个方面综合考虑,提供一种有效地将规模经济效应运用到定制物流服务的新的物流模式,将大规模物流与定制物流集成,并在二者中寻求某种平衡,从而产生大规模定制物流。大规模定制物流以客户需求为导向,旨在充分识别客户的物流需求,并根据需求特征进行市场细分,寻求差异化的物流战略,从而通过对物流功能的重组和物流操作的重构,提供客户化定制物流服务,是一种需求拉动型物流服务模式。

国家物流系统以现代信息技术和物流技术为支持,在物流需求细分的基础上,设计满足客户群物流需求的服务水平,并进行物流服务能力的重构。以物流功能模块化、标准化为基础,将运输、仓储、包装、装卸搬运、配送、流通加工、信息处理等物流服务功能视作物流服务模块并进行标准化。通过自营或外购的方式,以每个组织的核心竞争力为依据确定自营功能模块,外购非核心能力的功能模块。在实现标准化的过程中,可以运用标杆法(Benchmarking),以该功能领域的领跑者或强劲竞争对手为标杆,实现物流设施设备、物流操作等的标准化。根据具体的客户需求进行物流功能模块的有机组合,以物流服务总效益最大化为目标,实现各功能模块的协调。如图 11.7 所示。

图 11.7　大规模定制服务

三、打造连接世界的全球物流体系

打造连接世界的全球物流体系,应牢牢把握全球化和国际格局变化的新特点,紧紧围绕着新时期中国的全球化战略和全球生产、流通、贸易需要,本着"利他共生,共创共享,互利共赢"原则,加强与各国战略对接,以"一带一路"建设为契机,逐步构建起一个"以中国为核心,连接世界各大洲,通达主要目标市场"的全球物流和供应链服务体系,提升"全球连接、全球服务、全球解决方案"的能力,支撑中国实现"全球买、全球卖、全球造、全球运、全球递"。

(一) 战略目标

建立起中国连接周边国家和地区、涵盖"一带一路"沿线国家以及主要国家目标市场的物流服务网络,形成高标准的全球物流服务能力,强有力地支撑中国的全球生产、全球流通和全球贸易。到 21 世纪中叶左右,中国成为全球连接能力和物流服务能力最强的国家,成为全球物流命运共同体建设与全球物流供应链安全的重要保障力量。

(二) 战略任务

中国连接世界的全球物流体系由"四梁""八柱"构成。"四梁",即全球物流信息系统、全球物流标准体系、全球物流政策体系和全球物流运营体系;"八柱",即中国的国际铁路运输网络、国际公路运输网络、国际航空货运网络、国际海运网络、国际管道网络、国际邮政和快递网络、国际仓储网络及国际配送网络。如图 11.8 所示。

1. 构建国际铁路货运网络

以中国大陆为起点,东北方向联通俄罗斯、蒙古国、日本、韩国,西北方向

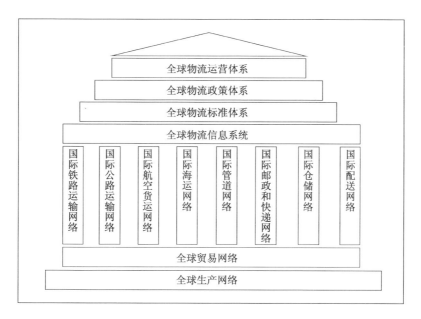

11.8　中国的全球物流体系架构图

联通欧洲、中西亚、非洲,西南方向联通中南半岛、印度、巴基斯坦。加强与太平洋、大西洋、印度洋主要国家的国际铁路运输合作。打通中国陆路商贸通道、能源通道、交流通道,推动中国铁路技术标准、技术装备、工程建设、运营管理及相关产业走向世界,构建起布局合理、标准适用、安全高效的国际铁路货运网络。

2. 完善国际海运网络

完善中国的海运航线与全球港口布局,增强中国与贸易伙伴国(地区)之间的海运能力,推进中国与各国海运基础设施的互联互通。提高中国与发达经济体之间的海运航线密度,加强中国与亚、非、拉等新兴经济体之间的海运班轮航线,开拓北极、南极海域航线。加强全球港口码头资源整合,完善中国海外港口码头布局。完善国内沿海煤炭、石油、矿石、粮食、集装箱等主要货类海运系统。积极参与国际海运基础设施投资、建设和运营,扩大国际海运合作网络。加强中国的国际航运中心建设。推动海运开放发展,积极参与全球海运治理,加强国际海运通道安全保障能力。

3. 完善国际公路货运网络

完善中国与周边国家的公路通道体系，积极参与亚洲公路运输系统和全球公路运输系统建设。提高中国与"一带一路"沿线国家和地区重要公路网的联通性，形成"一带一路"国际公路运输通道。广泛参与境外公路基础设施设计、咨询、建设和运营等"全链条"环节。

4. 完善国际航空货运网络

加快完善国际航空运输网络，扩大航空运输网络辐射范围。推动中国与周边国家航空货运一体化。提高中国与发达经济体之间的航空线路密度，增加中国与亚、非、拉等新兴经济体之间的国际航空线路。增强中国的国际航空货运枢纽机场功能，实现国际航空货运跨洲多枢纽网络运作。加强境外航空货运机场和航空物流中心战略布点，支持国内企业收购或参与管理境外机场。支持航空货运、航空物流、航空快递企业深化与国际专业服务机构合作，拓展国际航空货运服务市场。

5. 完善国际管道网络

在促进国内管网互联互通基础上，进一步加强中国与主要油气供应国、途经国、中转国、消费国的国际管道连接。重点推进中国与中亚、中东、俄罗斯、东南亚、南亚、西亚、东北亚的国际油气管道的互联互通，推动构建"泛亚油气管输体系"。完善中国的海上油气进口通道建设。推动中国与周边国家共同能源市场、油气交易与定价中心建设。完善国际油气储备库的建设。着力将中国打造成为亚洲油气管网重心和贸易中心。

6. 构建全球快递、仓储、配送网络

加快国际快递网络布局，加密中国与国际重要城市的快递网络，开辟中国与世界多数国家的快递专线。鼓励快递企业通过设立分支机构、合资合作、委托代理等方式，拓展国际服务网络。支持建设一批国际快件转运中心，完善国际邮件处理中心布局。部署海外仓储网络体系和配送网络体系。

7. 构建国际多式联运系统和综合物流枢纽

提高货物运输集装箱化率。广泛开展国际铁海联运、铁公联运、铁空联运、公水联运、江海联运。着力构建设施高效衔接、枢纽快速转运、信息互联共享、装备标准专业、服务一体对接的国际多式联运组织体系。完善多式联运经营人管理制度，建立涵盖运输、包装、中转、装卸、信息等环节的多式联运全程服务标准。支持基于标准化运载单元的多式联运专用站场设施建设和快速转运设施设备的技术改造，提高标准化、专业化水平。建设集报关报检、国际运输、多式联运、仓储加工、信息处理、跨境电商等功能于一身、具有跨区域集聚辐射作用的国际综合物流枢纽。

8. 构建全球物流运营和供应链服务体系

依托中国的全球物流能力，推动国际运输、物流企业与货主企业、生产企业、流通企业、贸易企业、金融企业、互联网企业以及其他相关企业加强合作，通过现代信息技术、数字技术、智能技术，加强信息对接、协同发展、共享商业机会，形成全球供应链服务的能力，构建共享共赢的全球物流与供应链生态体系。

9. 构建全球物流信息综合服务平台

加快提升中国物流企业信息化、数字化水平，按照"统一标准，对等开放，互联互通，共享服务"的理念，构建全球物流信息综合服务平台，收集处理国内外各物流活动主体、各环节及物流资源的信息，为物流企业提供国际物流运行的实时在线信息，优化国际物流资源配置和运行控制。

第 12 章
推动供应链金融高质量发展①

　　金融是国民经济的血脉,是国家核心竞争力的重要组成部分。建设强大的供应链,需要商流、物流、资金流、信息流一体化运作,推进供应链现代化。供应链金融作为一种有效服务供应链上中下游企业的金融创新模式,其高质量发展对于构建强大、安全、有韧性的供应链体系有着重要作用。

一、发展供应链金融的重要意义

　　供应链金融是促进金融与实体经济深度融合的重要工具。供应链金融本质是金融机构与供应链企业进行合作以实现共同价值创造的金融资源配置方式。供应链金融依托供应链管理,以降低供应链成本、提高供应链效率、实现价值创造为目标,促进实体经济与金融的良性互动发展。在现代经济体系中,供应链金融不仅是连接金融行业与实体经济的桥梁,更是推动金融创新的重要方向。通过金融机构与企业的深度合作,供应链金融为双方创造了新的增长点,形成了新的竞争优势。这种合作模式通过提高资金流动效率、降低风险,促进企业在全球化竞争中获得优势地位。通过供应链金融,金融机构能够与各类企业,尤其是中小微企业形成深度合作关系,提供更具针对

---

　　① 本部分与李苍舒共同完成。

性、个性化的金融服务。

供应链金融为实体经济提供了重要的融资支持和风险管理工具。依托供应链中核心企业和物流企业的资信能力,供应链金融有效缓解了金融机构与中小微企业之间的信息不对称问题。中小微企业往往因抵押品和担保资源的匮乏而面临融资难题,供应链金融通过这种创新的金融机制,打破了传统融资方式的限制。金融机构可以通过与核心企业合作,降低风险,同时为中小微企业提供更多的融资选择和灵活的金融服务,从而促进中小微企业的发展,提升其市场竞争力。这一机制不仅优化了资金的配置效率,也推动了金融更加精准地服务实体经济,特别是支持了中小微企业的可持续发展。

供应链金融通过针对供应链的特定环节或整个链条提供定制化、多元化的金融服务,旨在提高资金使用效率并为各方创造更大的价值。与传统融资方式不同,供应链金融不仅为单个企业提供资金支持,还通过全链条的金融服务帮助优化供应链整体的资金流动。企业能够更高效地使用闲置资金,提升整体运营效率。同时,供应链金融能够通过风险分担机制,将单个企业面临的不可控风险转变为供应链整体的可控风险。这一转变增强了供应链对外部市场波动的适应性和抗风险能力。具体而言,供应链金融依托核心企业的信用担保、应收账款质押等方式,为供应链中的其他企业提供资金支持,这种全链条的金融服务不仅优化了供应链各环节的资金配置,还通过金融创新提升了整个供应链的透明度和风险管理能力。最终实现资金流动的高效化、风险的可控化,并为企业创造了新的增长机会,推动了供应链的健康稳定发展。

二、供应链金融发展状况

作为全球供应链形态最为丰富、规模位居前列、空间辐射范围广的国家,中国供应链金融市场前景广阔。受益于应收账款、物流量、融资租赁市场以及大量中小微企业融资需求的发展,供应链金融近些年经历了显著的增长与变革。金融机构在细分产业、细分领域开展了供应链金融服务,各种供应链金融产品和服务不断涌现。不少公司纷纷转型为供应链金融，从小贷、典当行、担保公司升级到融资租赁、金融租赁和商业保理。供应链金融服务方式由单一行业、单一企业、单一模式向跨地域、跨行业、跨平台、跨资金来源的生态圈模式转变。

移动互联网、物联网、大数据、云计算、区块链、人工智能技术的发展，为供应链金融模式创新提供了新的机遇。供应链金融传统场景下的"信息孤岛"问题，正因数智技术与供应链的深度融合而得到逐步解决。例如，区块链不可篡改、链上数据可溯源的特性，适合用于多方参与的供应链金融业务场景。区块链技术与供应链金融的耦合，将成为突破供应链金融传统场景下融资瓶颈的重要解决方案之一。通过灵活运用各类数字化工具和技术，金融机构可以有效整合行业内外数据、政务、监管等部门多维数据信息，有效捕捉、整合"商流、信息流、物流、资金流"数据。将供应链上的经营行为、"流"数据转化为"可评价的信用""可流通的资产"，实现系统自动评级、准入、放款，为中小微企业提供方便快捷的低成本融资服务，打造可持续发展的供应链金融场景和生态。

政府出台了一系列支持供应链金融发展的政策措施，例如，人民银行等多部门共同发布了《关于规范发展供应链金融支持供应链产业链稳定循环和优化升级的意见》，明确供应链金融应坚持提高供应链产业链运行效率，降低企业成本，服务于供应链产业链完整稳定，支持产业链优化升级和国家战略布局等。

同时要看到，供应链金融在中国仍处于发展的初级阶段，存在以下一些突出问题。

供应链整体面临金融资源支持不足的问题，导致"融资难、融资贵"的困局，尤其是供应链内部金融资源分配存在较大差异，制约了企业的资金流动和供应链的稳定运行。大型核心企业通常凭借较强的信用能力和市场地位较容易获得金融支持，而处于供应链上下游的中小微企业由于缺乏足够的抵押品和信用背书，融资渠道受限，融资成本较高，导致供应链内部金融资源配置不均衡。此外，传统金融模式未能充分发挥资源优化配置的作用，金融机构在授信评估时仍主要依赖企业的资产状况和历史信用记录，而忽略了供应链整体的信用结构和交易数据。这种局限性导致部分有良好市场前景但资产轻、信用记录不足的中小微企业难以获得资金支持,进一步加剧了供应链的资金断裂风险。

供应链金融运行不畅,供应链上中下游企业缺乏高效协同,导致资金、信息、物流流转效率低下,供应链整体运作成本上升。金融机构在对接供应链需求时,难以精准匹配资金供需,供应链与金融体系未能形成良性循环,制约了供应链金融的整体效能。目前,供应链金融缺乏统一、科学的评估标准,企业信用、交易数据、供应链稳定性等关键指标难以量化,导致金融机构在风险评估和授信过程中存在较大的不确定性。此外,供应链内部尚未形成清晰的目标共识和稳定的利益共享机制,上中下游企业之间的协作模式较为松散,难以实现长期共赢。从资本结构来看,产业资本、科技资本、金融资本目标分散,各自独立运作,未能形成协同发展模式。产业端追求规模和市场占有率,科技端关注创新突破,金融端则强调风险控制和收益回报,三者缺乏有效联动,导致产业、科技、金融割裂,呈现出"三张皮"现象,甚至出现资本错配、资源浪费的异化趋势,进一步加剧了供应链金融的运行困境。

供应链金融数据体系尚未完全贯通,供应链各环节的信息流转仍存在断点,影响了金融机构对企业的精准评估与授信决策。当前,供应链上下游企业之间的数据壁垒明显,核心企业、供应商、物流企业、金融机构等主体各自掌握不同维度的数据,但由于缺乏标准化的数据接口和共享机制,这些数据难以形成有效协同,导致信息不透明,增加了金融机构的信用审核成本和风险判断难度。数据整合不足使得供应链金融缺乏全流程的追踪能力,企业交易记录、物流信息、库存情况、应收账款等关键数据难以动态关联,影响资金流的精准匹配和供应链金融产品的创新。特别是中小微企业,由于无法提供完整的数据链条,其真实经营情况难以量化,导致融资可得性受限。此外,目前供应链金融尚未建立覆盖整个业务流程的数据仓库,企业间、行业间的数据标准不统一,主体之间缺乏数字化协同,供应链整体的智能化管理能力不足。这种信息割裂的状态不仅降低了资金运作效率,也制约了供应链金融的稳定性和可持续发展。

跨国企业在采购与供应链资金交易过程中面临较大的支付安全与合规

性挑战。由于全球贸易资金流动依赖特定国际支付体系,金融交易的稳定性
受到地缘政治、政策变动以及金融制裁等因素的影响,企业在跨境资金结算
中存在一定的不确定性和风险。目前,中国多数金融机构和实体企业的国际
业务主要依托美元支付体系,但在复杂的国际形势下,跨境支付的安全性和
可持续性面临不小的压力。国际结算受全球金融监管政策影响较大,部分企
业在国际支付中可能面临交易限制、汇兑风险上升、支付通道受阻等问题,影
响跨境资金的流转效率。此外,跨境资金交易涉及多国监管体系,合规要求
日益严格。不同国家和地区在反洗钱、跨境资本流动监测、数据安全等方面
的政策差异,使企业在跨境支付时面临额外的合规成本和法律风险。这种
不确定性不仅影响企业的资金周转效率,也对全球供应链的稳定性带来潜
在挑战。

三、推动供应链金融高质量发展的思路

　　供应链强国建设将对金融发展提出更高要求,需着力解决金融服务实体
经济不足的痛点、难点、堵点与断点,要牢牢把握供应链发展趋势和新一轮科
技革命的战略机遇,系统应对全球供应链变局,创新供应链金融模式,构建金
融与实体经济共利机制,促进金融与供应链深度融合,形成供应链与金融良
性互动格局。

　　坚持金融服务实体经济、服务现代化强国建设的战略定位,对供应链金
融发展作出全面、系统的战略部署。围绕贯通供应链全过程、推进供应链现
代化,畅链、强链、补链、延链、建链等战略性要求,创新性设计供应链金融产
品与服务,提升金融对供应链体系的整体匹配性、环节针对性、主体精准性,
将合适资金在合适时间以合适方式配置到合适地点的合适用户,实现资金配
置效率最大化、价值创造最大化和风险最小化。

　　充分发挥供应链金融全面发现价值、共同创造价值、全方位提升价值的
作用,促进金融与供应链体系形成多方位、多层次、多渠道、多业态的匹配关
系。根据供应链类型的多样性、丰富性、差异性、动态性等特点,提供多元化、

差异化、精细化、前瞻性的金融产品与服务。推动直接融资和间接融资工具均衡发展,推动风险管理工具的多元化和差异化发展。深化金融改革,创造有利的发展环境,降低融资成本,提高融资效率,为供应链现代化提供稳定的长期资金来源。

推动供应链金融线上化。在线供应链金融依托数字技术和信息化手段,实现金融服务与供应链管理的深度融合,提高资金配置效率,降低交易成本。通过线上平台,金融机构可以更加精准地获取供应链各环节的交易数据,提升风险评估能力,为企业提供更加便捷、高效的融资支持。在线供应链金融涵盖在线融资、在线支付、电子商务交易、智能物流管理等环节,通过数据驱动的方式优化供应链金融服务。借助区块链、人工智能、大数据分析等技术,供应链金融平台能够构建透明、高效的信用体系,降低因信息不对称导致的融资难问题,提高中小微企业的融资可得性。同时,智能风控体系的应用,使金融机构能够动态监测企业经营状况,提升供应链金融的安全性与稳定性。推动供应链金融线上化,需要各参与主体加强数字化基础设施建设,促进产业、金融、科技的深度融合。通过构建线上供应链金融生态,实现资源整合,优化物流链、资金链和信息链,提高供应链整体运营效率,推动供应链金融向更加精准化和高效化方向发展。

推动供应链金融智慧化。传统供应链金融模式依赖人工审核和线下风控,金融机构在评估企业信用、管理风险时面临较高的成本和效率瓶颈。随着产业链日益复杂、市场环境变化加速,传统模式难以满足供应链企业,尤其是中小微企业的多样化融资需求。智慧供应链金融依托大数据、人工智能、区块链等新兴技术,构建更加智能、高效的金融服务体系,提升供应链金融的精准度和可扩展性。智慧供应链金融通过智能风控系统、数据驱动信用评价体系以及自动化交易平台,实现供应链企业的全流程数字化管理。基于供应链网络实时监测企业交易数据、现金流动、库存管理等关键信息,金融机构能够精准评估企业经营状况,提高信贷审批效率,降低信用风险。同时,智能合同、智能支付等技术的应用,使交易透明化、资产数字化,增强供应链金融服务的安全性与可追溯性。推动供应链金融智慧化,需要加强产业数字化转型,打破数据壁垒,促进供应链上各主体的信息互联互通。通过构建智慧供应链金融生态体系,实现融资模式的精准匹配。

推动供应链金融生态化。供应链金融的发展不再局限于单一的企业或金融机构,而是向跨行业、跨区域的协同体系演进。传统供应链金融模式以核心企业为中心,难以覆盖整个产业链,导致供应链上下游企业,尤其是中小微企业,难以获得稳定、高效的金融支持。生态化供应链金融强调多主体协同,构建开放、共享的产业金融生态,提升供应链整体竞争力和抗风险能力。生态化供应链金融通过深化金融机构、核心企业、科技公司、物流平台等多方合作,构建涵盖信用管理、融资支持、支付结算、风险控制等多层次服务体系。依托产业互联网、区块链、人工智能等技术,推动供应链金融数据共享,打破"信息孤岛",实现信用穿透,增强供应链整体透明度和稳定性。同时,通过供应链协同平台,使中小微企业能够更便捷地接入金融服务体系,享受与核心企业同等的融资支持,降低融资成本,提高资金利用效率。推动供应链金融生态化,需要加快构建产业金融协同平台,完善信用评价机制,促进供应链各主体间的信息互通与资源共享。通过构建开放共赢的供应链金融生态系统,进一步推动供应链金融向智能化、精细化、可持续化方向发展,为实体经济提供更加稳健、高效的金融支持。

推动供应链金融国际化。随着全球经济一体化的深入发展,供应链金融正从国内体系向跨境协同演进,以适应国际贸易和跨国产业链的需求。传统供应链金融模式主要依赖本国金融体系,而在国际市场上,由于不同国家的金融监管体系、信用评估标准及支付结算方式存在差异,跨境供应链金融发展仍面临诸多挑战。推动供应链金融国际化,有助于提升企业在全球市场的竞争力,优化全球供应链配置,促进国际产业链的稳定与畅通。供应链金融国际化需要加强跨境金融合作,推动金融机构与国际贸易、物流、科技平台的深度融合。依托"一带一路"倡议,加强与沿线国家和地区的金融互联互通,构建多层次跨境融资体系,完善信用数据共享机制,提高国际供应链金融服务的便利性和安全性。同时,通过区块链、数字人民币、智能合约等新技术,提升跨境支付和结算效率,降低汇率波动、贸易合规性等风险,促进国际供应链的高效协同。推动供应链金融国际化,需要构建全球供应链金融生态体系,建立多边合作机制,促进政策协调与规则对接。通过深化国际金融合作,打破跨境融资壁垒,提升供应链金融服务的全球覆盖能力,助力中国企业更好融入全球价值链体系,推动国际贸易和投资的高质量发展。

构建具有主导权的供应链金融交易网络。随着数字经济的快速发展,数字货币和金融科技创新正成为供应链金融领域的重要驱动力。传统的供应链金融交易依赖于银行支付体系,而数字货币的应用能够提升支付结算的效率与安全性,减少交易成本,优化跨境支付流程。通过推动自主研发的数字货币,结合区块链等先进技术,能够建立一个更加安全、透明且高效的供应链金融交易网络。专注于数字货币与金融科技创新,需要加快数字货币的研发与推广,鼓励企业和社会公众广泛采用电子支付工具,推动支付环节的数字化转型。区块链技术作为支撑数字货币的基础,可以有效解决传统支付系统中的安全隐患与信息不对称问题,确保交易数据的真实性和透明度。此外,基于区块链技术的数字货币体系能够为供应链金融交易提供更强的防伪、防篡改功能,增强金融服务的安全性与可靠性。同时,要扩大人民币的国际应用场景,推动人民币在全球供应链金融中的使用,提升中国在国际金融市场中的话语权。通过不断创新金融科技和数字货币应用,加快供应链金融交易网络的建设,进一步推动全球供应链体系的优化与发展。

注重供应链金融风险管控。随着供应链金融的不断发展,风险管理已成为保障其长期稳定运行的关键因素。供应链金融涉及的环节多样且复杂,包括融资、支付、物流、信息流等多个层面,各环节的不确定性和潜在风险可能导致金融服务的断链或失衡。因此,加强对供应链各环节的监控,及时识别和评估潜在风险,实施有效的防范措施,已成为推动供应链金融健康发展的重要任务。在风险管控方面,金融机构需通过技术手段,如大数据分析、人工智能风控模型等,实时监控供应链各环节的运作情况,及时捕捉市场波动、交易违约、信用风险等关键指标。通过对供应链全过程的数字化管理,可以提高风险识别的准确性,并通过风险分散机制,降低单一环节风险对整个供应链的冲击。同时,加强企业信用评估体系建设,确保信息流的透明性,减少信息不对称,进一步强化供应链金融体系的稳定性。此外,处理好实体经济与虚拟经济的关系同样重要。实体经济是供应链金融的基础,而虚拟经济,尤其是金融衍生品、数字资产等则提供了新的融资渠道和风险管理工具。如何平衡这两者的关系，避免虚拟经济的过度扩张引发的系统性风险，需要金融监管部门和市场主体的共同努力，在强化风险管控的基础上，推动供应链金融的高质量发展。

第 13 章
推动数智化供应链发展①

　　数智化供应链在数字化供应链的基础上，通过广泛应用大数据分析、人工智能、物联网、机器人等前沿技术，实现供应链的智能感知、实时响应、动态优化和自主决策。与传统数字化供应链相比，数智化供应链实现了数据的端到端贯通与全流程智能化升级，为企业提供更加精准、高效、弹性的供应链解决方案。这使企业能够在复杂多变的市场环境中快速适应需求变化，优化资源配置，推动供应链绿色化、低碳化转型，促进经济高质量发展与环境高水平保护协同发展，实现人与自然和谐共生。在全球不确定性加剧的外部环境下，数智化供应链更是成为保障国家经济安全、支撑产业链供应链稳定、促进高质量发展的战略利器。这对加快建设现代化经济体系、实现经济社会的高质量发展具有重大而深远的意义。

一、数智化供应链建设取得一定进展

　　近些年，中国相关行业供应链通过人工智能、大数据、云计算、物联网等关键技术的集成创新应用，加速供应链数字化、网络化、智能化进程。根据中国信息通信研究院发布的数据显示，2022 年中国人工智能核心产业规模达

---

　　① 本部分与王超共同完成。

5 080 亿元，同比增长 18%；初步统计，2023 年规模达到 5 784 亿元，增速达 13.9%。在供应链领域，AI 技术主要应用于需求预测、生产计划优化、库存管理等环节，提升决策的精准性和自动化水平。在大数据方面，中国拥有海量的消费者和企业数据资源。根据赛迪顾问数据，2022 年，中国工业大数据规模达到约 346.1 亿元，同比上升约 34.2%。在供应链场景中，企业利用大数据技术优化供应商管理、风险评估、物流路径规划等，显著提高了供应链的敏捷性和韧性。云计算为供应链提供了灵活可扩展的 IT 基础设施。根据中国信息通信研究院数据，2023 年市场规模达到 6 192 亿元，同比增长 36%，其中具有行业、区域影响力的工业互联网平台超 150 家，工业 APP 数量超过 28 万个，重点工业互联网平台连接工业设备超过 7 900 万台（套），服务工业企业超过 160 万家。供应链上下游企业借助云平台实现了数据共享和业务协同，打通了"信息孤岛"。制造业、零售业、物流业作为数智化供应链应用的重点领域，涌现出一批典型企业和创新案例，行业龙头企业通过打造行业级平台，研发前沿算法模型，驱动产业链上下游企业数智化转型，重塑传统供应链运作模式。

国家政策对数智化供应链发展的引导支持作用明显，中央和地方政府密集出台政策，从顶层设计、专项规划、财税支持、法规标准等方面为数智化供应链发展营造了良好的政策环境。中央政府高度重视新兴技术在供应链创新中的应用，出台了一系列支持性政策。2021 年，中央网络安全和信息化委员会印发《"十四五"国家信息化规划》，明确提出打造大数据支撑、网络化共享、智能化协作的智慧供应链体系。2021 年，工业和信息化部等八部门联合印发的《"十四五"智能制造发展规划》将打造智慧供应链作为重点任务之一。2022 年，商务部发布的《"十四五"电子商务发展规划》，提出到 2025 年基本建成供需适配、内外联通、安全高效、智慧绿色的现代物流体系。2023 年，《工业和信息化部等八部门关于加快传统制造业转型升级的指导意见》，鼓励龙头企业共享解决方案和工具包，带动产业链上下游整体推进数字化转型，加强供应链数字化管理和产业链资源共享。2024 年，商务部印发《数字商务三年行动计划（2024—2026 年）》，提出"数商兴产"行动，建强数字化产业链供应链。在数据要素方面，工业和信息化部发布的《"十四五"大数据产业发展规划》明确提出加强数据要素市场建设，建立健全数据产权交易体系。《中共中

央 国务院关于构建数据基础制度更好发挥数据要素作用的意见》则从顶层制度设计层面，提出加快构建数字规则体系，为数据高效流动和应用创新扫清障碍。在政策利好的推动下，中国数智化供应链发展迎来新的机遇期。一方面，政府专项资金支持、税收优惠等惠企政策，为企业数字化转型提供了资金保障；另一方面，数据共享、跨区域协同等方面的制度创新，为打造高效协同的产业生态奠定了基础。

二、数智供应链发展面临不少挑战

技术挑战方面，中国企业在推进数智化供应链建设过程中面临着数据整合和技术迭代速度等问题。数智化供应链需要打通采购、生产、物流、销售等各个环节的数据，形成端到端的数据流，但不同系统之间数据格式不一、质量参差不齐，"数据孤岛"问题突出。田纳西大学哈斯拉姆商学院进行的一项调查显示，在 500 多名受访的业务经理和高管中，将近 85% 的人表示，他们公司并不善于捕捉、处理和集成来自多个数据源的数据流。技术更新迭代也是一大挑战。以物流环节的自动化立体仓库为例，由于技术发展日新月异，企业对相关设备的投资回报期从之前 5—8 年大幅缩短到 3—5 年。企业如何在技术路线选择、系统架构设计上把握平衡点，既能满足智能化需求又能控制投资风险，是一个值得深思的问题。

管理挑战主要体现在跨部门协调、人才缺乏、创新文化培育等方面。供应链管理涉及采购、生产、销售、物流等部门，打通各环节、实现数据共享和业务协同本就是一个复杂的系统工程。IBM《构建可持续发展的、拥有弹性恢复能力的智能供应链》指出，60% 负责企业数据的业务主管认为"数据孤岛"构成最大的障碍。在数字化时代，实现各环节数据的互联互通、消除部门间的"信息孤岛"更是难上加难。特别是一些业务流程长、部门墙高筑的大型企业，推行数智化供应链往往需要重构组织架构，调整既有的利益格局，冲击部门本位主义，这对企业的变革领导力提出了极高要求。人才瓶颈也日益凸显。根据《中国企业供应链人才白皮书（2021 年）》显示，中国供应链人才缺口达 500 万人以上。中国高校虽已开设供应链管理专业，但课程设置偏重传统运作层面，对数字化、智能化等新兴技术的融合较少；而计算机等相关专业虽有大数据、人工智能等前沿技术的学习，但缺乏供应链业务场景理解。高校培养与企业需求错位矛盾突出。《2022 中国民营企业数字化转型调研报告》指出，近七成民营企业数字化人才占比在 5% 以下，民营制造业数智人才存在严重的缺口。此外，创新文化缺失也是掣肘数智化供应链发展的重要因素。调研显示，不少企业对数智化创新还持观望态度，习惯于亦步亦趋，创新意识淡薄。即便企业领导层有决心推进变革，一线员工"不愿变、不敢变"的路径依赖思维也难以撼动。创新文化的缺位，使得员工创新热情不高，数智化项目往往大多流于形式。

市场与政策方面，监管不足、国际竞合、市场接受度等也给数智供应链发展带来挑战。一方面，数智化供应链应用过程中产生的海量数据可能涉及商业机密、个人隐私等敏感信息，但目前中国在数据确权、交易、安全等方面的法律法规还不完善，数据要素市场规则有待进一步明晰；企业对供应链数据的采集、传输、存储、使用还缺乏规范指引和行为约束，数据安全隐患不容忽视。另一方面，随着全球供应链格局深度调整演变，供应链数字化、智能化能力已成为国际产业竞争的制高点。欧盟理事会与欧洲议会发布了《网络弹性法案》，提出利用数字化技术提高供应链透明度。美国早在 2012 年就签发了《全球供应链安全国家战略》，把"全球供应链"列为"安全国家战略"，并在近些年加紧在供应链数字化领域布局，对中国形成新的竞争压力。同时，中国不少企业，尤其是广大中小微企业，对数智供应链的认知还比较模糊，投资意愿不高。iResearch《中国制造业数字化转型研究报告》显示，对于中国的传统制造企业，在庞杂生产参与要素（设备、原材料、人员等）中梳理并明确自身需求难、定位清楚自己的数字化水平难，而且转型具有金额高、周期长的特点，供需双方之间就需求变、急求成、急见效等问题会存在诸多拉锯，顺利推进难。

三、推动数智化供应链发展的思路

中国要从构建新发展格局的战略高度，加快数智化供应链创新发展，加强供应链韧性建设,提升风险防控和快速响应能力,增强发展的主动权和国际竞争力,为实现高质量发展提供有力支撑。

统筹谋划和推进数智供应链发展。加强顶层设计,制定国家战略规划和政策体系,健全协同机制,强化安全保障,拓展全球合作,为数智化供应链纵深发展提供制度性动力和保障。要立足产业基础,强化创新驱动,聚焦重点领域、关键环节,打造一批数智化供应链标杆应用,系统集成新技术、新模式、新业态,充分释放数据要素价值,以点带面,示范引领,加快形成系统集成优势和规模效应,力争到 2035 年基本建成韧性强、创新力强、全球竞争力强的现代供应链体系。要坚持开放合作,深度融入全球产业体系,积极参与全球供应链治理和规则制定,持续提升国际影响力、话语权和竞争力。以数智之力培育发展新质生产力,重塑全球产业竞争新优势,为加快建设制造强国、质量强国、网络强国、数字中国提供有力支撑。以供应链大国迈向供应链强国,助力中国经济发展由大到强迈进,在全面建设社会主义现代化国家新征程中不断开创发展新局面。

短期行动计划应聚焦重点领域,开展试点示范。聚焦重点行业和区域,分步推进数智供应链试点示范。一是选择汽车、电子、快消品等产业链较完整、数字化基础较好的领域,开展数智供应链应用试点,重点在需求预测、生产计划、库存管理等环节取得突破,总结可复制推广的实施路径和最佳实践。二是发挥长三角、珠三角等制造业发达地区的引领作用,鼓励当地龙头企业联合上下游、产学研各方,打造一批有影响力的数智供应链创新应用标杆。比如在江苏省,可围绕电子信息产业,探索供应链数字化协同和敏捷制造新模式;在广东省,可依托汽车产业链,打造基于工业互联网的数智供应链管理平台。三是加快构建数智供应链标准规范和监管政策框架,制定供应链数字化转型指南和评估工具,建立健全网络安全、数据流通、个人隐私等领域的法律法规,为后续推广应用奠定基础。

中期战略目标是加速供应链数智化转型,实现规模化应用。一是在前期试点基础上,加大技术创新和产业化力度,重点突破自主可控的工业软件、数字孪生等核心技术,促进人工智能、区块链、5G 等新兴技术与供应链场景深度融合,研发一批易部署、易操作的数智供应链解决方案。二是遴选一批基础条件好、带动作用强的城市和园区，打造数智供应链先行区，完善新型基础设施建设，探索企业数智化转型的新模式、新业态。比如支持中心城市建设数智供应链创新中心，打造供应链创新策源地；在国家级经开区、高新区规划建设一批数智供应链示范园，引领区域产业转型升级。三是实施国家数智供应链创新工程，制定产业数字化转型路线图，聚焦重点行业，分领域、分环节系统推进数智化改造，力争用3—5年时间，在重点行业和区域全面实现传统供应链向数智供应链的升级换代。

长期发展愿景是建成全球领先的现代供应链体系。一是进一步完善供应链数字化基础设施，建成"高速泛在、天地一体、云网融合、智能敏捷、绿色低碳、安全可控"新型数字基础设施，为数智供应链发展插上腾飞的翅膀。二是打造数字驱动、网络协同、弹性安全的现代供应链体系，基本实现供应链的可视可控、随需而动、持续优化。力争到2035年，形成5—10个全球领先的数智供应链平台，供应链整体效率和供应链管理水平进入世界前列。三是加快建设全球供应链枢纽，利用数智供应链优势深度融入全球产业体系，积极参与全球供应链治理规则和标准制定，不断提升在全球供应链中的影响力和话语权。四是培育一批具有全球影响力的供应链领军企业，鼓励企业加快全球资源整合，提升全球供应链掌控能力，塑造具有国际竞争力的供应链品牌，引领带动全球供应链体系变革，为建设现代化经济体系、构建新发展格局提供有力支撑。

需要注重区域协调发展，发挥各地比较优势。东部沿海地区要发挥数字经济发达、产业链供应链较完整的优势，在供应链数字化转型方面先行先试，探索形成可复制可推广的发展模式。重点在智能制造、智慧物流等领域加大创新力度，打造一批国内领先、国际一流的数智化供应链标杆园区和领军企业，引领全国数智供应链发展。中西部和东北地区要立足资源禀赋，找准自身定位，借力东部地区技术、人才等创新资源，加快数字基础设施建设，推动制造业数字化、网络化、智能化改造，着力补齐供应链短板，实现供应链降本增效。要聚焦农产品加工、能源化工、装备制造等优势特色产业，加快构建区域特色鲜明、竞争力强的现代产业体系。积极承接东部沿海地区数智供应链延伸和转移，重点在农产品供应链、能源供应链等领域大胆创新突破，打造特色鲜明的区域数智供应链集聚区,成为带动区域经济高质量发展的新引擎。

四、发展数智供应链的重点任务

加强数智技术赋能,推进供应链各环节的智能化、网络化、协同化。必须坚持自主创新,加大核心技术攻关力度。一是聚焦供应链场景,加强人工智能、大数据、区块链、5G、数字孪生等关键技术研发,突破一批基础算法和工业级应用,重点攻克智能预测、智能调度、智能运维等核心技术瓶颈;鼓励龙头企业、科研院所、高校围绕数智供应链前沿方向开展协同攻关,加快关键技术产业化应用。同时,要立足供应链安全风险防控需求,利用区块链、物联网等新兴技术,加强供应链全链条风险监测预警,提高供应链透明度和可追溯性。二是推进供应链创新要素的开放共享,建设行业协同创新平台,鼓励企业间技术互鉴与融合,加强跨行业、跨领域技术集成应用。比如推动供应链领域工业互联网平台建设,打通设计、采购、生产、销售、服务等全流程数据链条;建设供应链创新知识库,推动创新资源共享;引导不同行业数智供应链协同创新中心建设,强化资源整合和优势互补。

制定专项支持政策和法律法规是推进数智供应链创新发展的重要保障。一方面,建议尽快制定国家层面的数智化供应链发展规划和扶持政策,明确发展目标、重点任务和实施路径。统筹利用现有政策资源,在关键核心技术攻关、标准规范制定、试点示范推广等方面给予重点支持。在数智供应链服务、工业 APP 等新业态培育方面加大财税扶持力度,引导社会资本加大投入。另一方面,在现有《数据安全法》《个人信息保护法》框架下,加快制定数智供应链领域的数据确权、交易、安全等配套政策,进一步明确数据采集、共享、使用等环节的权责边界,加强数据全生命周期管理,为供应链数据高效流通和应用创新营造良好的法治环境。同时,建议制定供应链安全、韧性提升相关政策,引导企业加强供应链风险管理,提高快速反应和灵活调整能力。

培养数智化供应链发展所需人才。一要完善复合型人才培养体系,鼓励高校、职业院校设立数智供应链相关专业、课程、实验室，加强学科交叉融合，注重产教深度结合，建设一批校企联合人才培养基地，促进人才培养与产业需求精准对接。二要加大高端人才引进力度，依托国家重点人才计划，完善高层次人才认定、评价和激励机制，多渠道柔性引进和集聚海内外数智供应链领军人才和创新团队。三要打通人才发展通道，建立健全适合数智化人才特点的职级评定、薪酬激励、培训晋升等机制，为各类人才成长创造良好环境。四要加强基础教育，普及数字化、智能化基本知识，提高全社会数智化认知和应用水平，为数智供应链纵深发展奠定坚实基础。同时，要加强供应链风险管理、应急处置等领域的人才培养，提升企业风险防控和快速响应能力。

积极融入全球供应链体系。一要借鉴发达国家数智化供应链发展的先进理念和经验，学习德国"工业 4.0"、美国"再工业化"等国家战略，主动对标国际一流企业最佳实践，实现换道超车、弯道取直。二要深度参与全球产业链重构，依托中国超大规模市场优势，积极参与全球供应链格局重塑，引导跨国公司关键岗位、核心业务、研发中心向中国转移。同时加强与跨国公司、国际组织的务实合作，在供应链数字化标准、规则、体系方面发出中国声音、提出中国方案，争取在数智供应链领域掌握更多话语权。三要支持有实力的企业加快全球布局，统筹利用自贸区、自由港等开放平台，为企业"走出去"创造有利条件。引导企业创新合作模式，通过海外投资、并购、合资等方式，提升海外供应链数字化管理能力，打造面向全球的数智供应链管控体系，更好参与国际产能合作和市场竞争。要高度关注全球供应链安全风险，加强供应链全球协同，提高风险防控和快速应对能力。聚焦"一带一路"等重点区域，加强供应链互联互通，对"一带一路"等重点区域，可制定专项激励政策，鼓励企业加大投入，带动当地数智化供应链产业培育和人才发展。

第 14 章
推动绿色供应链发展^①

在全球经济格局深度重构、气候变化持续加剧、资源约束日益紧迫的背景下,绿色供应链已然成为重塑全球产业链和价值链的关键驱动力。对于中国而言,推进绿色供应链建设不仅是实现高质量发展和生态文明建设的内在要求,更是积极参与全球经济治理、全面提升国际竞争力的战略选择。

绿色供应链是一种将环境因素深度融入供应链全过程的系统性管理模式与资源配置方式。它涵盖了从原材料采购、产品设计、生产制造到物流配送、使用及回收处理的全生命周期。然而,绿色供应链的内涵远不止于此。它本质上是一种新的商业范式,旨在根本性重构产业生态,全方位推动技术创新,深层次引领消费变革,最终实现经济效益与生态效益的动态平衡与协同共进。

在中国,推进绿色供应链建设面临着独特而复杂的机遇与挑战。一方面,作为全球最大的制造业国家和碳排放国,中国在绿色转型方面具有巨大的市场潜力和国际影响力;另一方面,中国产业结构复杂、区域发展不平衡、环境治理任务艰巨,绿色供应链的推进面临着诸多制约因素。

当前,全球绿色供应链发展正在经历前所未有的深刻变革。以区块链、人工智能为代表的数字技术的广泛应用正在全面重塑供应链的运作模式,为供应链的透明度和可追溯性带来了革命性突破。同时,全球气候治理进程的

加速推进，特别是"碳中和"目标的提出，正在重塑全球产业格局和贸易规则。在此背景下，中国绿色供应链建设既面临着前所未有的挑战，也蕴含着难得的发展机遇。

本章旨在从国家战略高度，系统分析中国绿色供应链发展的现状、挑战与机遇，探讨推进绿色供应链建设的战略路径。笔者将重点关注如何将绿色供应链建设与国家重大战略相结合，如何通过制度创新和政策协同推动绿色供应链的全面发展，以及如何在全球绿色供应链体系中占据有利地位。通过这些分析，笔者期望为中国在新发展阶段推进绿色供应链建设，实现经济高质量发展和生态文明建设提供富有前瞻性的战略思考。

一、绿色供应链具有重大战略价值

绿色供应链的战略价值远超过传统的环境保护和企业社会责任范畴，它正在成为重塑全球产业格局、推动国家经济转型和提升企业核心竞争力的关键引擎。在当前全球经济深度调整、气候变化不断加剧、资源约束日益紧迫的背景下，绿色供应链的战略价值主要体现在以下几个方面。

（一）国家战略层面：绿色供应链是实现高质量发展的战略支点

首先，绿色供应链是中国实现"双碳"目标的重要抓手和关键路径。据埃森哲估算，供应链相关活动约占全球碳排放的60%。通过系统性推行绿色供应链管理，可以从源头上显著降低能源消耗和碳排放，为实现"碳达峰、碳中和"目标作出实质性和持续性贡献。

其次，绿色供应链是提升中国产业国际竞争力的关键战略工具。随着全球气候治理进程持续加速，以欧盟碳边境调节机制（CBAM）为代表的绿色贸易壁垒正在加速形成。积极推行绿色供应链管理，可以帮助中国企业有效应对并提前布局这些新的国际贸易规则，巩固并提升全球市场份额。例如，通过建立精准的产品全生命周期碳足迹追踪系统,中国企业可以更加主动地满足国际市场对产品环境信息披露的日益严格的要求。

最后,绿色供应链是推动产业结构优化升级的重要抓手。通过全方位的绿色供应链管理,可以加速淘汰落后产能,促进新兴绿色产业发展,推动传统产业转型升级。例如,在新能源汽车产业中,通过构建从原材料到回收利用的全链条绿色供应体系,不仅可以提升产品竞争力,还能培育新的经济增长点。

(二) 产业发展层面:绿色供应链是重构全球价值链的战略支撑

绿色供应链正在重塑全球产业分工格局。随着环境成本的内部化,全球价值链正在发生结构性变革。那些能够有效管控环境风险、提供创新性绿色解决方案的企业和国家,将在新一轮全球产业分工中占据战略制高点。

对中国而言,推进绿色供应链建设是提升在全球价值链中地位的关键途径。通过打造绿色供应链,中国企业可以从单纯的制造环节向研发、设计、品牌、服务等高附加值环节延伸,实现产业链跨越式升级。例如,在纺织服装行业,一些领先企业通过构建覆盖从有机棉种植到服装回收的全生命周期绿色供应体系,不仅显著提升了产品附加值,还大幅增强了对全球价值链的掌控力。

(三) 企业竞争力层面:绿色供应链是塑造未来核心竞争力的关键要素

绿色供应链管理正在成为企业核心竞争力的重要组成部分。它不仅能带来直接的经济效益,如降低资源消耗、提高运营效率,还能为企业带来长期和持续的战略优势。

首先,绿色供应链管理可以帮助企业有效识别和主动管控环境风险。随着环境法规日趋严格,环境风险已成为影响企业持续经营的关键因素。通过全面的绿色供应链管理，企业可以更加精准地识别和管控上下游环节的环境风险，增强抗风险能力。

其次，绿色供应链是企业技术创新的重要催化剂。为了满足绿色供应链的不断升级要求，企业需要持续开发新的绿色技术和解决方案，这反过来又会推动企业整体创新能力的提升。例如，在电子行业，为了满足产品回收和再利用的严格要求，一些领先企业开发了模块化设计技术，不仅提高了产品的可回收性，还增强了产品的可升级性，延长了产品生命周期。

最后，绿色供应链管理有助于企业塑造可持续发展的品牌形象。随着消费者环保意识的提升，绿色产品和服务正成为市场的主流选择。通过构建绿色供应链，企业可以更好地满足消费者的绿色需求，提升品牌价值和市场竞争力。

二、国外绿色供应链发展经验值得重视

国际绿色供应链实践已进入相对成熟的阶段，其发展经验对中国具有重要的借鉴意义。通过深入分析国外先进经验，我们可以更好地把握绿色供应链发展的关键要素和未来趋势。以下几个方面的经验尤其值得关注。

（一）政策法规体系的系统构建

欧美等发达国家和地区通过构建完善的政策法规体系，为绿色供应链发展提供了强有力的制度保障。例如，欧盟出台了《报废汽车指令》（ELV）、《电子电气设备中限制使用某些有害物质指令》（RoHS）、《化学品注册、评估、许可和限制法规》（REACH）等，形成了覆盖产品全生命周期的绿色供应链管理框架。这些政策、法规不仅规范了企业行为，还推动了供应链的绿色转型。

值得注意的是，这些国家和地区的政策制定过程普遍采取了渐进式、协商式的方法。例如，RoHS指令在正式实施前经历了长达4年的过渡期，其间通过广泛征询业界意见，多次修订完善，最终形成了切实可行的政策方案。

这种做法既保证了政策的科学性和可操作性,又给予了企业充分的准备时间,值得中国在推进绿色供应链相关政策制定时借鉴。

(二) 行业标准的国际化推进

国际领先企业和行业组织通过制定和推广绿色供应链标准,推动了全球范围内的绿色实践。例如,电子行业公民联盟(EICC)制定的《电子行业行为准则》,已成为全球电子行业供应链管理的重要参考标准。该准则不仅涵盖了环境保护要求,还包括劳工权益、职业健康安全等社会责任方面的内容,体现了绿色供应链的综合性和系统性。

另一个典型案例是全球报告倡议组织(GRI)制定的可持续发展报告标准。这一标准为企业提供了全面的 ESG 信息披露框架,推动了供应链透明度的提升。GRI 成立于 1997 年,由美国的非政府组织"对环境负责的经济体联盟"和联合国环境规划署共同发起,总部设在荷兰阿姆斯特丹。GRI 发布了第一代《可持续发展报告指南》,目前已经发展为全球广泛应用的《GRI 标准》。截至 2022 年,全球 68% 的 N100 公司和 78% 的 G250 公司采用了 GRI 标准。这些国际化标准不仅促进了企业间的对标学习,还为投资者和消费者提供了评估企业可持续发展表现的重要依据。

(三) 数字技术的深度应用

数字技术的应用是国外绿色供应链发展的一大亮点。领先企业通过大数据、物联网、区块链等技术,实现了供应链的可视化、智能化和透明化管理。例如,沃尔玛通过其区块链食品安全溯源系统,将产品从农场到餐桌的追溯时间从 7 天缩短到 2.2 秒,大幅提升了食品安全管理效率。

IBM 的 Sterling 供应链套件是另一个典型案例。该套件利用人工智能和区块链技术,构建了一个端到端的供应链管理平台。通过实时数据分析和预测,该平台可以优化库存管理,减少浪费,提高资源利用效率,从而实现供应链的绿色化和智能化。通过 IBM Sterling 供应链套件,企业能够提高供应的透明度和响应能力，确保产品的可追溯性和供应链各方的数据共享，最终实现更高效和可持续的供应链管理。

（四）跨界合作模式的创新

国外绿色供应链实践中，跨界合作和开放创新的模式尤为突出。例如，"可持续服装联盟"（SAC）汇集了服装、鞋类和纺织品行业的1 000多个组织，共同推动行业的可持续发展。该联盟开发的Higg指数已成为评估服装产品环境影响的重要工具，推动了整个行业的绿色转型。

另一个值得关注的案例是"Ellen MacArthur基金会"发起的循环经济100（CE100）网络。该网络汇集了来自不同行业的领先企业、创新者、地区和政府，共同探索和推进循环经济模式。通过这种跨界合作，参与者能够分享最佳实践，共同解决复杂的系统性挑战，加速绿色供应链的创新和发展。

（五）消费者教育与参与

发达国家在推动绿色消费方面的经验同样值得借鉴。例如，瑞典通过长期的环境教育，培养了公众强烈的环保意识。自20世纪60年代以来，瑞典的学校实施了环境教育，强调科学知识和多元化教育，使学生了解环境保护的重要性并在日常生活中采取环保行动。此外，瑞典政府推出了"环保产品认证标签"系统，帮助消费者识别和选择环保产品。这种做法不仅提高了消费者的环保意识，还形成了对绿色产品的市场需求，从而推动了企业绿色供应链的发展。这些措施表明，政府和教育机构在培养公众环保意识和推动绿色消费方面的协同作用是至关重要的，通过不断的教育和政策支持，瑞典成功地将环保理念融入到社会的各个层面，成为全球在可持续发展领域的典范。

总的来说，国外绿色供应链发展经验表明，成功的绿色供应链建设需要政府、企业、行业组织、消费者等多方主体的协同努力。它不仅是一个技术和管理的问题，更是一个系统性的社会变革过程。中国在借鉴国际经验时，应充分考虑国情，探索具有中国特色的绿色供应链发展道路。特别是要注意处理好政府引导与市场驱动的关系,平衡短期成本与长期收益,协调国内需求与国际标准,以推动中国绿色供应链建设迈向更高水平。

三、绿色供应链发展成效与挑战

近年来,中国绿色供应链建设取得了显著进展,在政策体系构建、技术创新、产业实践等方面均有突破性发展。尽管如此,与发达国家相比,中国的绿色供应链发展仍存在一定差距。

(一) 中国绿色供应链发展的主要成效

1. 政策体系逐步完善,顶层设计日益清晰

政府高度重视绿色供应链建设,通过一系列政策措施推动其发展。这些政策不仅为绿色供应链提供了制度保障,更体现了中国推进绿色发展的决心和系统性思维。2021 年,《国务院关于加快建立健全绿色低碳循环发展经济体系的指导意见》将绿色供应链上升为国家战略层面,标志着中国绿色供应链发展进入新阶段。2022 年国务院办公厅印发的《"十四五"现代物流发展规划》进一步细化了绿色物流发展路径,强调了数字化、智能化在推动绿色物流中的作用。

2023 年,工业和信息化部推出的"企业绿码"制度是一项创新性举措。该制度通过量化评价和动态管理,不仅为企业绿色发展提供了清晰指引,也为政府实施精准扶持和监管提供了依据。这种做法体现了中国在绿色治理方面的制度创新。

2024 年 2 月工业和信息化部等七部门发布的《关于加快推动制造业绿色化发展的指导意见》,则进一步明确了绿色供应链在制造业转型中的关键作用。该意见不仅关注传统制造业的绿色升级,还特别强调了新兴产业如新能源汽车、数据中心等领域的绿色发展,体现了前瞻性和战略性。

2. 新能源装备推广取得突破性进展

在"双碳"目标驱动下，中国新能源装备，尤其是新能源物流车辆的推广应用取得了显著成效。2023 年新能源物流车累计销量达 27.71 万辆，同比增长 10.41%，这一数据不仅反映了市场对绿色物流解决方案的强烈需求，也体现了中国在电动车技术和产业化方面的领先优势。

值得注意的是，新能源装备的应用已从道路运输扩展到港口、内河航运等领域。例如，天津港已实现全流程零碳排放，成为全球首个"零碳码头"。这些实践不仅降低了物流领域的碳排放，还推动了相关技术的创新和产业链的完善。

3. 多式联运优化取得实质性进展

通过实施多式联运示范工程、推进"公转铁""公转水"等措施，中国成功优化了货物运输结构。根据交通运输部等四部门联合印发的《推进铁水联运高质量发展行动方案（2023—2025 年）》，到 2025 年，全国主要港口集装箱铁水联运量预计达到 1 400 万标箱，年均增长率超过 15%。此外，在京津冀及周边地区、长三角地区、粤港澳大湾区等重点区域，大宗货物绿色运输比例目标设定为 80%。这一高标准不仅反映了中国在区域协同发展方面的系统思考，也体现了绿色发展在国家战略中的核心地位。

4. 城市绿色货运配送体系初步形成

截至 2023 年底，中国已有 77 个城市被纳入绿色货运配送示范工程。这一工程不仅在解决城市配送"最后一公里"难题方面取得进展，更是推动了城市治理模式的创新。示范城市通过优化路权政策、推广新能源车辆、发展智能配送等措施，正在构建"集约、高效、绿色、智能"的城市货运配送体系。例如，深圳市通过建设"共享型智慧物流港"，实现了货运车辆的集中管理和高效配送，有效缓解了城市交通压力，同时降低了物流成本和环境影响。

5. 快递包装绿色化取得突破

在快递包装绿色化方面，中国通过系统性举措取得了显著成效。国家邮政局"9571"工程的实施不仅推动了包装材料的减量化和可循环使用,还促进了整个行业的绿色转型。特别值得一提的是,中国在可降解材料研发和应用方面取得了突破性进展。例如,中国邮政在全国范围内推广应用生物基可降解包装材料。这些材料不仅在性能上保持优越,而且在特定自然条件下,可在 180 天内完全降解。这一技术的推广不仅解决了快递包装的环境问题,还推动了相关材料科技的创新。

近年来,中国邮政在多个地区推行了一系列创新性的绿色包装举措。以湖南省郴州市为例,在 264 个网点和 8 个揽投部全面配置环保包装箱和环保胶带,同时设置 76 处绿色循环回收装置,有效引导用户践行环保理念。这些环保材料不仅满足降解性能要求,还符合国家对重金属和特定物质的严格管控标准,大幅降低了环境影响。此外,中国邮政还推广应用了创新设计的半叠盖式和全叠盖式免胶带纸箱,通过巧妙的结构优化,实现了零塑料、零胶带的包装目标,显著提升了包装的重复使用率和用户体验。

6. 企业绿色供应链管理实践深化

近年来,越来越多的企业意识到绿色供应链管理对可持续发展的重要性,并积极采取措施优化其供应链流程。企业通过应用大数据、物联网和区块链等新兴技术,提高了物流作业的效率和透明度,减少了资源浪费和环境影响。

此外,ESG(环境、社会及公司治理)披露制度逐渐成为企业自我约束和社会责任的标杆。据统计,2023 年,有近 1 800 家 A 股上市公司单独发布了 ESG 相关报告,披露率超过 35%。其中,3 161 家公司披露了减少碳排放的措施及效果,占全部上市公司的 60%以上。这些数据不仅反映了中国企业对可持续发展的重视,也为推动整个产业链的绿色转型奠定了基础。

(二) 中国绿色供应链发展面临不少挑战

尽管中国绿色供应链发展取得了显著成效,但在推进过程中仍面临诸多挑战。这些挑战不仅反映了中国绿色供应链发展的现状,也揭示了未来发展的关键突破点。

1. 绿色发展的外部性内化机制不足

绿色供应链的社会效益与企业经济效益之间存在显著的时间和利益错配，这是制约绿色供应链发展的根本性挑战。企业在短期内难以将绿色发展的社会收益内部化，导致绿色投资动力不足。特别是对于中小微企业而言，前期高昂的绿色技术投入与短期经济效益之间的矛盾更为突出。缺乏有效的激励机制和补偿措施，使得企业难以平衡环境责任与经济利益，制约了绿色供应链的全面推广。

2. 政策执行与市场需求脱节

虽然国家出台了一系列支持绿色供应链发展的政策，但政策的落地执行与市场实际需求之间仍存在明显差距。这种脱节主要体现在政策制定过程中对企业实际需求考虑不足，以及配套措施的不完善。例如，新能源物流车推广过程中面临的充电基础设施不足、城市配送路权限制等问题，制约了政策的实施效果。政策的顶层设计与基层执行之间的脱节，导致一些政策难以发挥预期效果，甚至引发新的问题。

3. 绿色技术创新与产业化存在断层

中国在一些绿色技术领域已经取得了重要突破，但从实验室到市场的转化过程中仍面临诸多挑战。这一问题在绿色包装材料、清洁能源技术等领域尤为突出。高昂的产业化成本和缺乏规模效应是制约这些新技术广泛应用的主要因素。缺乏有效的产学研合作机制和风险投资支持，使得许多优秀的绿色技术创新难以实现商业化，阻碍了绿色供应链的技术进步。

4. 跨部门、跨区域协调机制不健全

绿色供应链的系统性和复杂性决定了其发展需要多部门、多地区的协同推进。然而，当前中国在这方面的协调机制仍不完善，导致政策执行效率低下，甚至出现政策冲突。多式联运发展中面临的标准不统一、信息共享困难等问题就是典型表现。部门利益和地方保护主义的存在，阻碍了绿色供应链

的整体规划和系统推进,影响了政策的连贯性和有效性。

5. 绿色供应链人才匮乏

绿色供应链管理是一个跨学科、跨领域的新兴领域,对人才的综合素质要求较高。然而,当前中国在这方面的人才培养体系尚不完善,专业人才严重短缺。特别是在绿色技术应用、碳排放管理、绿色金融等新兴领域,高端人才的缺口更为明显。高校的相关课程设置滞后,企业的人才培养机制不健全,导致绿色供应链人才供给与市场需求之间存在显著差距。

6. 绿色供应链标准体系不健全

尽管中国在绿色供应链标准制定方面已经取得了一定进展,但与国际先进水平相比,仍存在标准体系不完善、标准之间协调性不足等问题。例如,在产品碳足迹核算方面,中国目前尚未建立统一的标准和方法,这不仅影响了国内绿色供应链的发展,也制约了中国企业参与全球绿色供应链的能力。标准的不统一和不完善,增加了企业的合规成本,也影响了绿色供应链实践的有效性和可比性。

7. 中小微企业绿色转型动力不足

相比大型企业,中小微企业在绿色供应链建设方面面临更大挑战。资金、技术、人才等方面的限制,使得许多中小微企业难以主动开展绿色转型。大多数中小微企业对绿色供应链的认识仍停留在被动应对环保要求的层面,缺乏从战略高度推进绿色转型的意识和能力。缺乏针对中小微企业的专项支持政策和服务体系,使得这些企业在绿色供应链建设中处于弱势地位,影响了整个供应链的绿色化进程。

四、把握绿色供应链发展趋势

展望未来,中国绿色供应链发展将呈现出新的趋势。这些趋势不仅反映了技术进步和市场需求的变化，更体现了中国经济发展模式的深刻转变。准确把握这些趋势，对于制定绿色供应链发展战略、抢占未来竞争制高点具有重要意义。

（一）向生态系统化演进

绿色供应链将向更加完整的生态系统演进，形成互联互通的绿色供应链网络。这种演进不仅体现在范围的扩大，更重要的是内涵的深化和功能的完善。未来，我们将看到不同行业间的资源循环利用更加紧密，形成产业共生局面。绿色供应链将突破地理界限，形成区域性甚至全国性的协同网络，优化资源配置，提高整体效率。同时，绿色供应链的范畴将从生产制造向研发设计、售后服务等全价值链环节延伸，实现全生命周期的绿色管理。预计到2030年，中国将形成若干个高度集成的跨行业、跨区域绿色供应链生态圈，成为推动经济高质量发展的新引擎。

（二）加速数字化转型智能化升级

数字技术将成为推动绿色供应链发展的关键驱动力。随着5G、大数据、人工智能、区块链等新一代信息技术的广泛应用，绿色供应链将加速向智能化、数字化方向发展。通过物联网和区块链技术，供应链全过程的实时监控和追溯将成为可能，大幅提高透明度和可控性。利用大数据和AI技术，需求预测、库存优化、路径规划等关键环节将实现智能化，显著提高资源利用效率。借助数字孪生技术，企业可以构建高度精确的供应链碳排放数字模型，实现碳排放的实时监测、精准核算和动态管理。人工智能技术的深度应用将使绿色发展要求无缝嵌入供应链各个决策环节，实现经济效益与环境效益的智能协同和动态平衡。

（三）融入全球绿色供应链体系

随着中国参与全球经济治理的深度和广度不断提升，中国企业将更多地参与全球绿色供应链合作,并在其中发挥越来越重要的作用。中国将更多参与国际绿色标准的制定,提升话语权。预计到 2030 年,中国将成为全球绿色供应链标准的主要制定者之一,在国际绿色治理体系中占据重要地位。中国在新能源、节能环保等领域的先进技术将更多地应用于全球供应链。中国在共享经济、循环经济等方面的创新实践将为全球绿色供应链发展提供新思路。同时,中国企业将在全球供应链中承担更多环境和社会责任,推动全球可持续发展。

(四) 市场驱动力增强

随着公众环保意识的提升和收入水平的提高,绿色产品和服务的市场需求将持续增长。这种市场驱动力将推动更多企业加快绿色转型步伐,形成良性循环。绿色消费将成为新的消费趋势,推动企业加快产品和服务的绿色化进程。绿色投资将成为资本市场的重要趋势,推动更多资金流向绿色产业。绿色供应链管理能力将成为企业核心竞争力的关键指标,直接影响企业的市场地位和长期发展潜力。预计到 2030 年,绿色产品和服务将成为市场的重要驱动力量,重塑产业格局和消费模式。

(五) 政策支持力度持续加大

随着"双碳"目标的深入推进,预计未来政府将出台更多支持绿色供应链发展的政策措施。这些政策可能包括财税激励、金融支持、法规约束和政府采购等方面。通过税收优惠、补贴等方式,降低企业绿色转型成本。发展绿色金融,为绿色供应链项目提供低成本资金支持。通过立法等方式,将绿色供应链要求纳入强制性标准,构建全方位的绿色供应链法律法规体系。利用绿色采购政策,发挥政府在推动绿色供应链发展中的引导和示范作用,带动整个市场朝着绿色化方向转型。

未来 5 到 10 年是中国绿色供应链发展的关键战略机遇期。在政府引导、企业主导、市场驱动的多方协同下,绿色供应链建设有望在"十五五"期间实现质的飞跃,成为引领经济高质量发展的重要支撑,为实现"碳达峰、碳中和"目标作出决定性贡献。准确把握这些发展趋势,将有助于中国在全球绿色经济转型大潮中占据战略制高点,推动经济发展模式的根本性变革。

五、走中国特色的绿色供应链发展之路

推动绿色供应链的建设是一项复杂的系统工程,需要政府、行业、企业和消费者多方协同。在中国式现代化进程中,中国有望探索出一条具有中国特色的绿色供应链发展道路,为全球可持续发展贡献中国智慧和中国方案。

(一)将绿色供应链建设纳入国家战略体系

绿色供应链建设应上升为国家战略。有关部门抓紧研究制定《中国绿色供应链发展战略纲要》,从国家战略层面明确发展目标、重点任务和保障措施。同时,构建完整的绿色供应链政策法规体系,明晰各部门职责,强化政策执行力度。这一体系应包括设立绿色技术应用专项基金,对采用绿色技术和设备的企业给予财税支持;建立绿色供应链评估体系,对表现优秀的企业给予政策倾斜;加快建立统一的绿色标准体系,为企业和消费者提供行为指南;加大对环境违法行为的处罚力度,提高违法成本。形成全方位、多层次、系统化的绿色供应链发展支持体系,为绿色供应链的长期可持续发展提供制度保障。

(二)实施重点行业绿色供应链示范工程

重点行业的绿色供应链示范工程对于推动全面绿色转型具有关键作用。能源密集型行业如制造业、煤炭、化工和石油等,应率先实施绿色供应链管理。建议在"十五五"期间,选取5—10个重点行业开展绿色供应链示范工程,总结经验后逐步推广。与此同时,与民生密切相关的农业、医药和零售业,其绿色供应链建设应注重全程可视化和可追溯性。利用区块链等新技术,构建产品全生命周期追溯系统,提高消费者对绿色产品的信任度和认可度。此外,快速发展的电商行业是推动绿色供应链的重要切入点。应制定电商行业绿色供应链标准,推动包装材料减量化、可循环使用,优化配送路线,减少碳排放。同时,鼓励电商平台开发绿色产品专区,引导消费者选择环保产品。这不仅能提升产品质量和服务体验,还能增强中国电商行业的国际竞争力和可持续发展能力。

(三) 构建以龙头企业为核心的绿色供应链生态系统

绿色供应链建设需要上下游企业的紧密协作。具有实力和影响力的龙头企业应发挥引领作用,带动产业链上下游共同构建绿色供应链生态系统。龙头企业可以牵头成立绿色供应链联盟,联合上下游企业、科研机构和行业协会,共同推进绿色技术研发、标准制定和实践推广。同时,建立绿色供应商评估和激励机制,推动整个供应链的绿色化进程。对企业而言,绿色供应链既是一种倒逼机制,也是未来发展的必然趋势。不同类型的企业应根据自身特点,找准发展短板,结合行业趋势,制定切实可行的绿色转型计划,分阶段实现绿色供应链的建设目标。通过这种方式,形成以点带面、全面推进的绿色供应链发展格局。

(四) 发挥行业协会的桥梁纽带作用

行业协会在推动绿色供应链建设中扮演着不可或缺的角色。它们可以通过深入分析行业特点,制定行业绿色供应链标准;组织专题培训、经验交流等,提高行业内企业对绿色供应链的认识;为企业提供实施绿色供应链的具体建议和指导;促进行业内企业的合作,共同推进绿色供应链的建设。建议成立国家级绿色供应链协会或联盟,参与协调行业绿色供应链建设。同时,鼓励行业协会或联盟建立绿色供应链评价体系和认证制度,为企业提供专业指导和服务。这种自下而上的行业自律与自上而下的政府引导相结合的方式,能够更好地推动绿色供应链的全面发展。

(五) 培育绿色消费文化,创造市场需求

消费者是绿色供应链的终端推动力。应通过多种渠道普及绿色消费知识,培养消费者的绿色消费习惯。可以设立"绿色消费月",开展全国性的绿色消费宣传活动;在学校教育中加入绿色消费课程,培养青少年的环保意识;鼓励媒体加大对绿色产品和企业的报道力度,树立绿色消费典范。同时,建立绿色产品认证体系,帮助消费者识别真正的绿色产品。此外,可以探索建立绿色消费积分系统,对选择绿色产品的消费者给予奖励,形成正向激励机制。这不仅能创造绿色产品的市场需求,也能从根本上推动绿色供应链的发展。通过消费者教育和市场引导,形成全社会共同参与绿色发展的良好氛围。

(六) 推动绿色供应链国际合作

中国应积极参与国际绿色供应链标准的制定,推动中国标准与国际标准的接轨。同时,鼓励中国企业在"一带一路"建设中践行绿色供应链理念,输出中国的绿色技术和管理经验,助力沿线国家和地区实现绿色发展。积极参与全球气候治理,在国际舞台上贡献中国方案。通过双边和多边合作,推动建立全球绿色供应链联盟,共同应对全球环境挑战。这不仅有助于提升中国在全球绿色经济中的话语权和影响力,也为解决全球环境问题贡献中国智慧。

总之,走中国特色的绿色供应链发展之路,需要政府、企业、行业协会、消费者等多方主体的协同努力。通过顶层设计与基层创新相结合、政府引导与市场驱动相结合、国内发展与国际合作相结合,中国有望在绿色供应链建设中走出一条独具特色的发展道路。这不仅将为中国的可持续发展注入新动能,也将为全球绿色经济转型提供中国方案和中国智慧,彰显大国责任与担当。

第 15 章
保障绿色能源供应链安全与韧性[①]

　　全球气候治理进入关键窗口期,能源结构深度转型已成为各国推进可持续发展的战略共识。随着新能源技术快速发展和应用规模持续扩大,绿色能源供应链的系统性风险日益凸显。一方面,关键矿产资源的地缘政治属性加剧,全球供应链面临重构;另一方面,国际贸易保护主义抬头,碳足迹计算标准等新型壁垒不断涌现。这些挑战不仅影响供应链的稳定运行,更考验着国家能源安全保障能力。基于此,本研究从供应链韧性视角切入,系统分析中国绿色能源供应链的脆弱性特征,探索构建安全可靠的战略支撑体系,以期为推进能源低碳转型提供理论指导和政策参考。

一、绿色能源供应链的理论框架与系统特征

　　绿色能源供应链是能源系统转型的核心载体,其本质是一个以可再生能源和清洁能源为主导,覆盖全生命周期的现代能源供应体系。从系统工程角度看,这一供应链呈现出明显的"横向产业链—纵向价值链"的双维度特征(见图 15.1)。

　　在横向维度,产业链涵盖设备制造、工程建设和运营服务三大支撑体系。

---

① 本部分与王超共同完成。

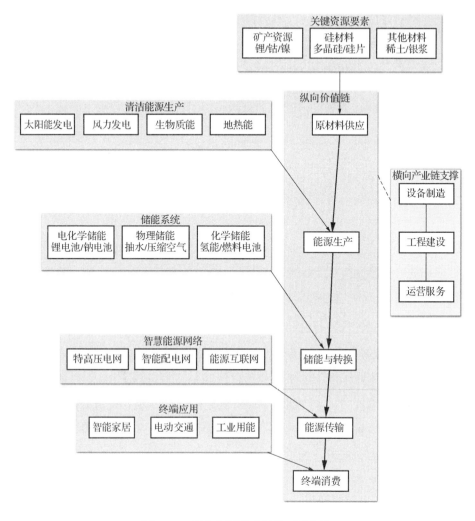

图 15.1　绿色能源供应链的系统架构

设备制造体系主要包括发电装备、储能设施、输配电设备等核心硬件；工程建设体系负责项目规划、施工建设和系统集成；运营服务体系则提供全周期的智能化运维支持。这三大支撑体系通过协同配合，确保了供应链的完整性和可靠性。

在纵向维度，价值链由五个核心环节构成：原材料供应环节主导产业基础，涉及高纯多晶硅、稀土金属、锂钴镍等战略性资源。能源生产环节实现能量转换，通过风能、太阳能等多能互补提升系统稳定性。储能转换环节解决间歇性问题,集成电化学储能、物理储能和化学储能等多元技术路线。能源传输环节保障供需平衡,依托智能电网和特高压技术实现大规模输送。终端应用环节体现价值实现,融合智能家居、电动交通和分布式能源等新型消费模式。这些环节相互衔接、紧密联系,共同构成了完整的价值创造体系。

值得注意的是,绿色能源供应链的系统性特征主要体现在三个方面:首先,各环节之间存在显著的技术关联性,如发电与储能的协同配置直接影响系统可靠性;其次,价值创造过程具有明显的累积效应,上游技术创新能够带动全链条升级;最后,系统运行效率高度依赖数字技术赋能,智能化水平决定了供应链的整体竞争力。这些特征共同构成了绿色能源供应链的基本理论框架。

二、绿色能源供应链的发展态势与结构性变革

中国绿色能源供应链正经历前所未有的深刻变革。装机规模方面,截至 2024 年年底,非化石能源发电装机容量达到 19.5 亿千瓦,占总装机比重首次突破 58%,新能源装机规模 14.5 亿千瓦,实现对火电装机规模的历史性超越。其中,并网风电装机容量达到 5.2 亿千瓦,涵盖陆上风电 4.8 亿千瓦和海上风电 4 127 万千瓦,体现出多元化的技术路线;并网太阳能发电装机容量达到 8.9 亿千瓦,同比增长 45.2%,显示出光伏产业的强劲发展势头。预计到 2025 年,风电和光伏装机规模将分别扩大至 6.4 亿千瓦和 11 亿千瓦,推动煤电装机占比降至三分之一以下,标志着能源结构转型进入加速期。

在产业创新能力方面,中国绿色能源技术实现多点突破。世界知识产权组织数据显示,截至 2022 年 8 月,中国储能技术相关专利申请突破 15 万项,构建起较为完整的技术创新体系。其中,锂离子电池(4.92 万项)、燃料电池(3.82 万项)和氢能技术(2.67 万项)专利占比达 75%,反映出储能领域的技术创新重点。值得注意的是,全球产业链正在发生深刻重构:一方面,光伏组

件、风电设备等劳动密集型制造环节加速向东南亚转移；另一方面，锂矿、钴矿等原材料开发布局延伸至非洲和南美地区。面对这一趋势，中国企业正通过数字化转型重塑竞争优势，借助大数据、人工智能等技术提升供应链韧性，构建新型产业生态体系。

政策支持体系不断完善，2024 年发布的《节能降碳行动方案》确立了到 2025 年非化石能源消费占比达到 20% 的发展目标。配套措施形成多层次推进格局：在能源生产端，加快建设以沙漠、戈壁、荒漠为重点的大型风光基地，有序开发海上风电资源；在电网建设方面，推进特高压输电通道建设，提升跨区域资源配置能力；在储能领域，明确到 2025 年年底抽水蓄能和新型储能装机分别达到 6 200 万千瓦和 4 000 万千瓦的具体目标，为新能源消纳提供有力支撑。同时，中国积极推进国际合作，与欧盟建立气候与环境高层对话机制，开展清洁能源领域务实合作。典型案例包括中国国家能源集团与法国电力集团合作的江苏东台 500 MW 海上风电项目，以及中德能效合作框架下的示范项目，这些实践为构建全球绿色能源治理体系积累了宝贵经验。

三、绿色能源供应链的系统性风险与挑战

当前，中国绿色能源供应链面临着资源依赖、技术瓶颈、贸易壁垒和气候冲击等多维度风险叠加，呈现出典型的系统性脆弱特征。

战略资源高度依赖，上游供应链面临地缘政治风险。2023 年中国锂精矿进口依赖度达到 85%，主要来源于澳大利亚和巴西；钴矿进口 99.5% 集中于刚果(金)，呈现出显著的资源来源集中性特征。虽然在全球锂、钴加工产能布局中占据 78% 和 65% 的份额，但上游资源控制力不足，预计 2025 年锂资源自给率仅为 21.2%。这种"深加工强、资源控制弱"的结构性失衡，导致供应链对外部冲击极为敏感。值得注意的是，碳酸锂价格从 2022 年 5 月的 58 万元/吨高点跌至 2024 年初的 10 万元/吨左右，如此剧烈的价格波动进一步加剧了供应链的不稳定性。

　　核心技术积累不足,关键环节存在卡点制约。中国光伏产业在全球供应链中占据主导地位,多晶硅、硅片、电池和组件产量分别占全球 76%、96%、83% 和 76%,动力电池产量占全球 60% 的份额。然而,在氢能领域,质子交换膜(PEM)国产化率仅 21%,国外企业占据 79% 的市场份额;在智能电网领域,虽然柔性直流输电核心器件 IGBT 的国产化率已提升至 30%—35%,2022 年市场规模达到 23.8 亿元,但在 1 700 V 以上中高压领域,海外厂商仍具有明显优势。专利数据显示,中国储能技术专利虽达 15 万项,但在燃料电池等前沿领域与国际领先水平仍存在差距。这种技术短板严重制约产业链的自主可控能力。

　　贸易壁垒日趋复杂,国际市场准入压力加大。欧盟通过碳足迹标准设置绿色准入门槛,法国要求 100 kWp 以上光伏项目的碳足迹控制在 250—400 kg-eq CO_2/kWc 之间,而中国组件制造商的碳足迹普遍高出 50% 左右。美国《通胀削减法案》提供 3 690 亿美元支持本土制造,并对东南亚国家启动调查以防范关税规避。印度则采取 40% 的光伏组件进口关税、PLI 激励计划以及强制 BIS 认证等多重保护措施,导致中国对印度光伏出口显著下降。这种复合型贸易壁垒正在重塑全球供应链格局。

　　资源配置区域失衡,循环体系建设滞后。2022 年中国锂矿储量结构发生显著变化,盐湖卤水型占比降至 38.24%,硬岩型升至 61.76%,形成"北少南多"的新格局。矿产资源禀赋参差不齐,青海盐湖区域镁锂比偏高,西藏盐湖虽锂矿品位较高但开发条件受限。资源回收体系发展滞后,2023 年二次锂回收约 4.3 万吨,仅占矿山产量 14%,预计 2025 年回收量提升至 7.5 万吨,约占需求量的 7%,但标准化、规模化程度仍然不足。

　　气候变化加剧冲击,供应链韧性面临考验。2022 年四川极端干旱导致水电短缺,直接造成碳酸锂减产 1 120 吨、氢氧化锂减产 1 690 吨、三元材料减产 500 吨、磷酸铁锂减产 5 200 吨,显著影响锂电供应链稳定性。海上风电等可再生能源设施同样面临台风、强对流等极端天气威胁,加之设备维护难度大、周期长,一旦发生故障极易引发连锁反应。这种自然灾害与技术风险的交织,正在考验绿色能源供应链的整体韧性。

四、提升绿色能源供应链安全与韧性的策略

基于供应链韧性理论和系统脆弱性分析的研究框架,结合国际能源署
(IEA)最新政策实践,本研究提出构建"三大支撑、两大保障"的战略体系,以
系统提升中国绿色能源供应链的安全性与韧性。

(一) 三大支撑体系构建

1. 资源保障支撑

实施全球资源战略布局,以"绿色丝绸之路"为依托,重点深化与南美锂
三角、非洲钴矿带、中亚能源走廊等资源富集区域的战略合作,建立多层次
的国际资源合作网络;建设境外资源开发基地,推进锂、钴、镍等战略性矿产
的境外开发。完善资源储备体系,建立以企业为主体、政府调控、市场运
作的储备机制,在西部、华北、华东等重点区域布局建设资源储备基地,形
成分级分类的储备网络。发展规模化资源循环体系,制定资源回收利用
标准,构建废旧电池、光伏组件等再生资源回收网络,扶持循环经济示范
园区建设。

2. 技术创新支撑

明确技术突破路线,重点突破高效光伏电池、新型储能材料、氢能制储
运、智能电网控制等关键技术,制定分阶段技术发展路线图。建立产学研协
同创新机制,组建产业技术创新联盟,搭建协同创新平台,设立重大科技专
项,集中攻关核心技术。完善知识产权保护体系,加强专利布局和保护,建立
技术标准和知识产权协同推进机制,支持企业开展海外专利布局,提升国际
竞争力。

3. 产业升级支撑

推进供应链本地化,培育本土核心供应商,打造"研发 + 制造 + 服务"的完整产业生态,建设产业集群。实施全球化战略,支持龙头企业建设海外生产基地,开拓国际市场,提升价值链地位。建立风险防范机制,构建覆盖原材料、生产、储运等环节的预警系统,完善应急响应机制。

(二)两大保障体系建设

1. 制度保障体系

完善政策支持机制,创新财税政策,建立碳定价、绿色信贷、绿色债券等多元金融支持工具。推进市场化改革,深化电力市场改革,建立绿色能源交易机制。加强法规标准建设,完善能源管理法规,建立统一的碳足迹核算、产品认证等标准体系。

2. 设施保障体系

构建新型电力系统,以新能源为主体,推进智能电网和微电网建设,优化电网结构。推进数字化转型,建设能源互联网平台,发展智慧能源管理系统,实现设施智能化运维。完善储能配套设施,布局大规模储能设施,建设分布式储能网络,提升系统调节能力。

(三)协同推进机制

建立健全协同推进机制,成立跨部门协调机构,统筹各项政策措施;建立动态评估与调整机制,保障战略实施成效;加强国际合作机制建设,推动全球绿色能源治理体系构建。这样通过建立系统完备的协同推进机制,确保各项策略有效落地,全面提升绿色能源供应链的安全性与韧性。

基于供应链韧性理论和系统脆弱性分析框架,本研究深入剖析了中国绿色能源供应链面临的战略性挑战：上游关键矿产资源高度依赖、核心技术创新能力不足、国际贸易壁垒日趋严格等。针对这些系统性风险，研究提出构建"三大支撑、两大保障"的战略体系：通过完善资源保障机制、突破关键技术瓶颈、推进产业链升级三大支撑，配套制度创新与基础设施两大保障，全面提升绿色能源供应链的安全性与韧性。随着战略体系的深入实施，中国绿色能源供应链将从全球产业链的"参与者"逐步迈向"引领者"，为国家能源安全和经济高质量发展提供坚实支撑。这不仅有助于如期实现"双碳"目标，更将为构建全球绿色能源治理体系贡献中国智慧。

第 16 章
打造世界一流供应链链主企业[①]

在全球各国经济紧密互联的时代,供应链的重要性早已突破了传统意义上的企业内部管理价值,逐渐演变为影响产业竞争力、国家经济安全乃至全球经济秩序的关键因素。新冠疫情、地缘政治变局与技术革命等交织叠加,世界主要经济体更加关注供应链的韧性、灵活性与安全性。对于中国而言,新时代新征程,在多领域培育并打造一批具有全球竞争力的供应链链主企业,是实现经济高质量发展的重要课题。

一、全球供应链新格局与新趋势

全球供应链正经历深刻的重构与演变。在这一进程中,多重因素共同塑造了当下和未来的供应链新形态。

第一,后疫情时代引发全球供应链重构。新冠疫情暴发后,全球供应链短期内出现明显的断裂与紊乱,一些国家由此开始反思全球化及对某一国经济的高度依赖,"逆全球化"或"近岸外包"趋势在局部范围内有所抬头。但从更长远的视角看,全球化的总体趋势并未根本逆转,国际分工和产业协作仍在不断拓展,只是分工形式与空间结构将发生变化。在此背景下,供应链的

---

① 本部分与王超共同完成。

多元化、弹性化和本地化配置被愈发重视，供应链链主企业因能够更好地把握资源整合与风险对冲的主动权，从而承担核心统筹角色。

第二，地缘政治与经济格局的演变对供应链影响深远。地缘政治冲突、贸易保护主义以及区域经济一体化进程的加速，使全球供应链在地区分布和布局方式上呈现出区域化与多极化的特征。"一带一路"倡议、RCEP等区域合作机制，既为中国企业进行全球资源配置提供了新的契机，也对跨国运营与风险控制提出了更高的要求。面对日益复杂的外部环境，链主企业亟须具备更强的全球资源配置能力和跨区域协调能力，从而在不同政策与市场环境下保持稳健发展。

第三，数字化与智能化浪潮为供应链带来新机遇。云计算、大数据、物联网、人工智能、区块链等新技术的蓬勃发展，为供应链的可视化、自动化和智能化提供了前所未有的可能。数字化转型不仅能有效提升运营效率和降低成本，也能帮助企业精准预测需求、科学分配产能、灵活调度物流并有效管控风险。拥有前沿数字化平台和技术的企业，更容易整合供应链各节点的信息流与价值链，进而形成紧密的生态合作模式，为实现持续创新，保持竞争优势奠定基础。

第四，可持续发展与绿色供应链的兴起成为新的发展方向。全球环保意识的增强和各国碳中和目标的推行，使绿色供应链建设成为必然选择。欧洲、北美以及亚洲国家都在不断加强环境法规和碳排放交易机制建设，跨国公司也将环境因素纳入供应商考核范畴。对于中国的供应链链主企业而言，需要统筹考虑原材料采购的可追溯性、生产的能耗与排放、物流的碳足迹以及产品全生命周期的环保影响，并在绿色化进程中不断提升社会责任与市场影响力。

二、供应链链主企业的现状与挑战

供应链链主企业通常在某一条或多条供应链中掌握核心资源、关键技术或市场渠道，对上下游各参与方具有显著的整合与协同影响力。这类企业不仅在自身业务领域拥有卓越的经营能力,还能够有效整合上下游资源,推动供应链各环节协同发展,实现价值创造与价值提升。随着国际竞争加剧、区域经济合作不断加深,供应链链主企业在推动产业升级、确保供应链安全和引领技术变革等方面的作用愈发突出。打造世界一流的供应链链主企业,将对中国在全球产业分工体系中的地位和长期经济繁荣发挥重要的作用。

在政策环境不断优化、产业规模持续扩大以及技术创新逐渐积累的背景下,中国打造供应链链主企业已取得了显著进步。同时,面对国际竞争与产业转型的双重压力,也存在不可忽视的挑战与瓶颈。

中国政府近年来高度重视供应链发展,从顶层设计、政策引导等多方面为链主企业助力,"十四五"规划更是明确了供应链安全之于现代化建设的重要性。在高端装备、信息网络、新能源汽车、生物医药等战略性新兴产业领域,一批成长迅速、具备链主潜质的企业开始崭露头角。例如,在电商平台领域,头部企业通过自建物流体系、发展供应链金融业务、利用云计算和大数据构建了集商流、物流与信息流于一身的生态圈;在通信设备领域,一些企业在全球主要市场设立研发与供应网络,并深度参与国际标准制定;在汽车产业,部分主机厂与零部件供应商积极推进智能化、电动化和数字化转型,逐渐形成了辐射上下游的整合能力。

然而,相较于世界领先的链主企业,中国企业仍存在技术与管理上的短板。核心技术自主创新能力相对薄弱,部分关键材料与高端制造设备依赖进口,导致供应链安全性与韧性不足。此外,跨区域与跨部门的协同能力有待提升,一些企业仍面临"信息孤岛"与管理流程冗长等问题。国际竞争力与品牌影响力方面也需要进一步强化,尤其是在应对跨文化管理、知识产权保护和贸易壁垒等方面,很多企业经验尚浅。对于绿色供应链、供应链金融等新兴领域,相关的行业标准和可追溯体系尚在探索,数字化转型的进程也不平衡,中小微企业的数字化能力普遍薄弱,难以有效融入大企业的协同网络。这些因素在一定程度上制约了中国链主企业持续向世界领先水平迈进。

三、打造世界一流供应链链主企业的关键要素

打造世界一流供应链链主企业,需在企业的战略、组织、生态合作、技术创新、风险管控、人才培养以及可持续发展等方面系统提升,进而形成系统化的竞争优势。

战略规划方面,需要兼具全球化与本土化的双重视角。在全球层面统筹研发、生产、销售与服务网络的布局,增强供应链的抗风险与价值创造能力;在本土层面,则要充分考虑当地政策、法律与文化的要求,确保企业的全球战略得到有效落地执行。与此同时,组织架构与协同机制必须与战略目标相匹配,设立专门的供应链管理职能部门或委员会,打通跨部门、跨区域的信息沟通渠道,提升供应链整合效率。

伙伴关系方面,链主企业需要以平台化思维,与供应链上下游企业、物流服务商、金融机构、技术提供商形成紧密互联的生态圈。链主企业通过平台化运营模式,促进信息流动与规模协同,显著降低经营成本并提高整体价值创造能力。数字化转型与技术创新则是这一平台化思维的强力支撑。利用物联网、大数据、人工智能、区块链等技术构建全流程的可视化与自动化管理体系,能够对需求预测、产能配置、物流调度、金融结算等核心环节进行精准管控,显著提升供应链的灵活性与效率。

风险管理与合规运营方面,面对外部地缘政治及国际贸易形势的复杂化,链主企业必须在核心零部件多元化供应、合规制度建设、核心技术国产化替代以及地理集中度控制等方面形成稳健的防御能力,并积极参与国际标准与行业标准的制定,提升全球话语权。人才培养与企业文化建设同样不可或缺。供应链链主企业亟须培养具备国际视野、跨文化沟通能力与数字化思维的复合型人才,通过完善激励机制与营造创新氛围,为企业的长期发展蓄力。

此外,可持续发展与社会责任是世界一流链主企业的题中应有之义。随着全球环境保护和碳中和共识的逐渐形成,企业需加强绿色供应链建设,将可追溯、节能减排、低碳物流、循环经济等理念深度融入生产运营体系,以

更包容的心态参与社区发展和公益事业,不断提升企业的全球影响力与社会声誉。

四、实施路径与推进策略

可通过分阶段路径与多元化策略,为打造世界一流供应链链主企业提供系统性支撑。短期,做好供应链顶层设计,加强数字化基础设施建设,完善供应商与物流合作伙伴的管理体系。中期,聚焦关键技术领域的攻关,通过并购、合资或国际合作的方式掌握核心技术资源与全球化运营渠道,建立覆盖更广的风险管控体系。长期目标在于持续优化全球产业链布局,深度参与乃至主导国际标准的制定,确保在国际供应链竞争中拥有更强话语权。

应从政策激励与产业协同两个方面加大支持力度。首先,通过完善法律法规与标准体系,为供应链金融、数字化贸易、绿色供应链等新兴模式提供明晰的监管框架和合规指引。其次,通过政策引导、税收优惠和融资便利等方式鼓励技术创新与产业升级。最后,行业联盟和公共平台的建设也不可或缺。政府应支持供应链相关行业协会与龙头企业共建技术研发平台、数据共享平台以及风险评估与监测平台,避免重复投入与资源浪费。

在运用平台化思维构建数字生态过程中,供应链金融、产业互联网和数据共享需重点突破。供应链金融能有效缓解中小微企业的融资压力,促进上下游的协同发展。产业互联网则聚合了多方资源与数据,为市场预测、生产调度与价值共创提供更灵活的机制与渠道。通过对供应链节点的关键数据进行实时采集和深度分析,链主企业能够更加精准地把握市场趋势并制定相应策略。

在国际合作与跨文化管理方面,跨国并购或战略合作成为核心技术升级与市场扩张的重要途径。企业应在资金、管理、文化等多维度做好并购前与并购后的整合规划,充分考虑当地劳动、环境、知识产权等法律法规要求,并兼顾人才本地化与文化融合。唯有将全球化与本土化有机结合,才能在多变的国际环境中行稳致远,逐步构建遍布全球的供应链布局。

在绩效考核与持续改进的环节，需借鉴供应链运营参考模型（SCOR）、平衡计分卡（BSC）等常用管理工具，从成本、效率、质量、服务、创新与可持续性多个维度进行系统化评估。同时，建立以数据驱动为核心的审核、评估与改进机制，确保供应链建设不断得到迭代升级。

此外，需要加强政府、行业、企业等多方面的支撑保障。

政府层面，完善政策体系与优化营商环境并重。政府需要在未来战略规划中将供应链链主企业的培育作为重要内容，为企业在资金支持、人才引进、国际合作等方面提供便利。深化"放管服"改革，降低企业跨地区和跨境经营的制度成本，夯实5G、物联网与工业互联网等数字基础设施，为供应链的数字化和智能化发展打下坚实基石。链主企业通过产学研协同创新平台，加速核心技术及前沿技术的共同研发与产业化应用。

行业与社会层面，需要充分发挥行业协会、产业联盟和公益组织的作用。行业协会可在技术、数据、资源共享等方面促成更大范围的合作生态，积极参与国际标准的制定。知识产权的保护与创新激励机制亟待完善，进一步巩固中国企业在全球供应链中的竞争优势。企业、政府、行业与社会组织应在绿色供应链建设中形成良好互动。建立碳减排目标与评估制度，引导更多市场主体积极参与绿色供应链生态的构建，实现社会效益与经济效益的统一。

企业层面，强化技术创新、强化市场运营机制以及增强国际竞争力是三大核心抓手。企业必须在关键零部件和核心算法领域加大研发投入，打造坚实的专利与技术壁垒，逐步摆脱对外部供应链节点的高度依赖。市场化运营机制需要更加灵活高效，以应对国际竞争带来的多变环境。打造全球化品牌更是必经之路，需要通过品牌战略、文化输出与海外投资，不断提升国际市场认知度与消费者认可度。

总之，打造世界一流供应链链主企业，能够让中国在全球产业分工体系中赢得更大话语权与竞争优势，显著提升经济安全性与抗风险能力，推动经济转型升级与高质量发展。

中国在制造规模、基础设施与产业配套方面具有突出优势，内需市场潜力巨大。但中国仍需补足技术创新、管理精细化、国际化运营以及品牌文化等多方面短板。这样通过持续创新与模式变革，攻克关键技术与核心瓶颈，才能在未来 5 至 10 年内孕育出更多在全球具有深远影响力的链主企业。

打造世界一流的供应链链主企业是一项宏大的系统工程,需要在宏观与微观两个层面协同并进。政府应通过完善法律法规、优化营商环境、出台有针对性的扶持政策,为企业在研发投入、人才培养与国际化进程中保驾护航;企业则需不断夯实内部管理基础,深化数字化与智能化转型,积极融入全球产业生态,提升供应链资源整合和风险管理能力。唯有汇聚各方之力,兼顾战略高度与务实落地,中国的供应链链主企业方能在国际竞争中实现超越,引领全球供应链迈向更加开放、包容、普惠、平衡、共赢的未来。

第 17 章
着力解决供应链关键技术问题

根深方能叶茂,强国必先强基。产业基础能力是强国建设不可或缺的重要组成部分,关乎产业安全、国家安全、竞争力和综合国力。中国是全球有影响力的产业大国,但还不是强国,重要的一个原因就是:核心零部件、先进基础工艺、关键基础材料、共性基础技术、基础软件、基础研究等产业基础能力存在突出短板。在全球基础研究、前沿科技、战略产业、综合国力竞争加剧的形势下,加快产业基础能力现代化步伐,着力解决关键技术"卡脖子"问题,是一项重大的战略抉择。

一、基础能力短板是强国建设的严重制约

中国是工业大国、农业大国、流通大国、交通大国、物流大国、科技大国、贸易大国。工业不仅规模大,而且门类齐全、体系完整,具有全球唯一性。在世界 500 种主要工业品中,220 种产品产量位居全球第一位。产业发展已经从过去的跟踪模仿、技术引进向吸收再创新转变,部分重点领域成为主要国家的竞争者、产业技术的引领者,少数行业进入世界前列。但要看到,在从大国向强国迈进过程中,发展不平衡不充分等结构性问题突显。主机、整机的快速发展并没有带动零部件、材料、工艺的同步发展,基础工业明显落后。例如:高铁装备是中国具有明显竞争优势的领域,但装备所需的轴承、制动装备及强度螺栓零部件/元器件却有 80% 以上需要进口;工程机械是中国具有国

际竞争优势的又一个领域,但大型工程机械所需要的 30 MPa 以上高压泵、阀、马达及控制系统发动机几乎全部进口;刀具是工作母机的牙齿,而目前中国一年进口刀具约为 200 亿元,超过国内市场的三分之一;大型装载机等工程机械进口核心基础零件占整机价值量的 50%—60%,利润的绝大部分也被外商所吞噬;核心基础零部件(元器件)的质量不高影响了主机质量,如国产涡喷、涡扇发动机主轴轴承寿命仅为国外先进水平的十分之一;国产通用机械零部件、液压、气动、密封件的寿命只有国外的三分之一到三分之二;军用飞机传动齿轮寿命 800 h,民用飞机传动齿轮寿命 600 h,仅为美国的 13% 和 6%。中国每年集成电路进口额占全国外贸进口的 10% 左右,基础软件 90% 以上依赖国外企业。

据中国工程院《工业强基战略研究报告》分析,中国关键基础材料、核心基础零部件(元器件)、先进基础工艺、产业技术基础等对外依存度仍在 50% 以上。《科技日报》曾整理出 35 项"卡脖子"技术,包括用于集成电路生产的光刻机、芯片,用于显示屏生产的真空蒸镀机和光刻胶,用于工业机器人的触觉传感器,用于大飞机生产的航空发动机、航空钢材、航空设计软件,用于新能源设备的燃料电池关键材料和锂电池隔膜,用于高精度机床的铣刀和高端轴承钢,用于高精度测量设备的扫描电镜、透射式电镜,以及操作系统、核心工业软件、医学影像设备等均高度依赖进口。

主机和成套设备、电子整机产品等陷入"空壳化"的困境,使产业的自主性和控制力较低,严重威胁着中国产业安全、经济安全和国防安全。产业基础能力薄弱的原因,是多方面造成的,但重要的一点原因是,国内许多行业在发展初期,为解决"有无"问题,对美、日、欧等世界先进国家和地区开展跟踪仿制研究,优先采用集成创新和引进模仿创新为主的技术路线,并形成了路径依赖。而在上游的关键零部件、关键材料等基础领域以引进为主,投入不够,对原始创新重视不够、支持不足,导致基础能力薄弱。

二、基础能力的国际竞争与发展呈现新特点

发达经济体认识到,基础能力是影响国家产业竞争力的关键,也是国家

间展开竞争的焦点，需作出重大战略部署，推动本国产业基础能力提升、保持领先或进行战略遏制。由于中国与美国、德国、日本等国家在产业分工的边界越来越模糊，与发达国家在高端产业方面的竞争力差距不断缩小，发达国家为垄断高科技的源头、封锁核心技术，增加了对中国在前沿技术、关键产品的封锁，越来越多的贸易摩擦将围绕着基础能力展开。例如，近年美国在发动贸易摩擦的同时，加大了对华科技企业的进出口限制，通过重新激活《瓦森纳协定》，扩大禁运的实体清单，以联合盟友遏制中国高技术企业对外拓展市场等方式，对中国科技领域进行打压。

除了竞争的加剧，产业基础能力发展也呈现一些新的特征。

一是新一轮科技革命加速基础能力迭代升级，创新的复杂度不断加大。创新载体开始由单一主体向跨领域多主体的创新网络转变，产学研协同的创新生态系统不断优化升级。产学研合作已经成为推动全球技术创新和产业发展的重要模式。美、德、日等制造强国通过产学研协同弥补技术创新与产业发展之间的断层，促进实验室技术向实际产品转移转化，促进由产业、学术、人才和国家实验室为主所构成的全面创新生态系统建设。

二是数据成为基础能力发展的新型基础要素。随着数字经济的全面展开，数字产业化与产业数字化进程提速。农业、工业、服务业等各个领域的创新需要互联网、物联网、大数据、新计算、人工智能、5G 等新技术赋能，新一代信息技术驱动产业生产效率提高、创新进程加快，创新体系向网络化、平台化、开放化方向发展。例如，美国通用电气创新模式已经转向全面的数据驱动模式，通用电气利用每天安装在飞机上的上万个传感器接收温度、应力等基础数据，在基础研究方面形成了大量原始数据，为自主创新奠定了良好基础。

三是"隐形冠军"企业成为基础能力的重要实施主体。德、美、日等制造强国拥有一大批"隐形冠军"企业。国际经验表明，掌握关键零部件（元器件）、关键基础材料和工业软件领域核心技术的"隐形冠军"企业是制造强国的真正幕后控制者。根据赫尔曼·西蒙所做的统计，符合标准的全球"隐形冠军"企业共 2 734 家，其中德国有 1 307 家，几乎占了一半；美国有 366 家，日本有 220 家；中国只有 68 家，远远少于德、美、日三国。从每百万居民的"隐形冠军"企业数量看,德国为 16,中国仅为 0.1,与德国的差距更大。这与中国是世界制造大国、全球第二大经济体的地位极不相称。

三、破解关键技术"卡脖子"问题

在现代化强国建设新征程中,解决关键技术"卡脖子"问题是个关乎全局的战略性课题。解决这个问题,需要做好战略谋划、统筹施策,厘清各类主体责任,形成各类主体发展的合力。

一是充分发挥政府的战略主导作用。解决关键技术"卡脖子"问题,是国家实现追赶跨越的重大战略性任务。非常之目标当需有非常之手段,需要政府力量与市场力量的有机结合,政府力量尤其不可或缺。中央政府要做好顶层设计,明确现代化强国建设中的产业、科技、创新等战略目标、方向与任务,如围绕重点基础产品、技术、工艺、材料、软件等,制定好相关的规划与政策,协调好区域间产业分工合作,引导、激发好不同市场主体的行为与活力。统筹协调关键技术研发、产品设计、专用材料开发、先进工艺开发应用、公共试验平台建设、批量生产、示范推广等领域的建设与发展。

二是充分发挥各类市场主体在协同创新中的作用。国内市场主体类型多样且丰富。企业、科研机构、高校、中介组织各有其定位与功能。不同规模不同类型的市场主体各有其特点。要根据不同市场主体的属性、功能与特点,界定好其在创新体系建设中的责任,形成创新协同效应。

发挥央企作为国家的战略科技力量,使其成为国家产业发展战略的使命重要担当者,高精尖技术的重要承载者,战略产业链供应链链主企业,关键技术原始创新和战略性新兴产业发展的攻坚者、补短板的兜底者。

发挥民营企业富有活力,对市场反应灵敏等优势,使其在"专精特新"方面有出色的表现。

发挥外资企业,在技术、管理、知识、信息、人才培养等方面的外溢效应。

发挥高等院校、科研院所在创新思想、基础理论、基础方法、基础研究等方面的基础性支撑作用。

发挥中介组织在沟通政府与企业、搭建交流平台、推动标准制定、行业自律等方面的重要作用。

建设体现国家意志、实现国家使命、代表国家水平的国家实验室。推动研究机构和商业机构对接，组建一批联合实验室，让基础研究更贴近市场，在牵引市场需求的同时，通过市场反向驱动基础研究。国家实验室侧重以政府推动模式集聚该领域资源加强基础研究。

三是充分发挥市场的牵引作用。中国不仅有超大规模市场，还拥有最丰富的细分市场。解决"卡脖子"问题要坚持市场牵引、应用导向。支持自主可控技术在重点行业的应用示范推广，加快形成行业应用评测标准。可先聚焦于相关领域重点突破，设定行业国产化目标，健全监测体系，提升国产化替代水平和应用规模。鼓励国内企业优先使用国产化软硬件系统，加大产业扶持力度。国家通过财政补贴、税收优惠等措施，进一步引导国内企业扩大国产自主产品、服务和应用场景的使用。

四是促进军民融合，以军带民，以民促军。加大"卡脖子"技术的军地、军民联合研究力度。加大军事领域高科技基础设施的建设力度，助力军事领域前沿科技研究；加速军事技术民用化、民用技术反哺军事，形成军民成果相互转换机制。加强军民融合技术通用标准体系建设，构建军民融合技术规范，牵引军民融合技术规范发展。

五是开放包容，促进国际互惠合作。积极开展与世界各国的合作，形成共同发展态势。积极参与全球治理，以构建人类命运共同体为导向，与各国加强交流协商，共塑一个开放包容、互惠共享、公平公正、安全可控、责任共担的国际环境，打造各方普遍接受、行之有效的科技全球治理规则，促进科技突破、产业发展、国际合作，让各国人民享受到科技进步带来的益处。

第 18 章
加快建设供应链数智基础设施

基础设施的代际变革深刻影响人类文明进程,以数字化、智能化为核心特征的新一轮科技革命与产业变革,在催生数字化智能化基础设施(以下简称:数智基础设施)的同时,也促进了传统基础设施数字化转型智能化升级,使基础设施在体系、结构、功能、效率、质量、安全及价值创造等方面发生革命性变化。面对需求、技术、竞争等多方位变革,加快推动数智基础设施发展,实现数智基础设施领先,是现代化强国建设的重要战略任务,是应率先重点突破的优先领域。

一、美、欧、日对数智基础设施作出战略部署

美、欧、日已对数智基础设施作出全面竞争性战略部署,不断升级战略版本,以期重塑科技竞争优势与国家综合实力。

(一)美国争夺全球数智基础设施战略主导权

2019 年以来,美国政府已先后制定了《保持美国在人工智能领域的领导地位》《人工智能倡议法案》《基础设施投资和就业法案》《国家人工智能研究资源(NAIRR)法案》《国家人工智能研发战略计划》等一系列政策、法案与计

划,累计计划投资超 2 万亿美元①,以加速数智基础设施建设,采用技术创新顶层驱动的"系统化工程"思维,构建战略→政策→立法→预算→责任部门→立项承接→创新联盟生态→产业孵化→应用推广的完整创新推进链条。

与此同时,美国改革政府机构,在众议院、国家安全委员会以及国务院分别成立科技战略竞争管理部门,在国际战略竞争中把技术政治化,联合盟友通过出口管制、执法调查、市场排除、护栏条款、制裁清单、投资审查等非常规手段构建小院高墙。在关键技术方面,构建对中国的非对称竞争优势,对中国技术进行孤立和封锁,采用军事、政治施压,竞逐非洲等,争夺对全球数智基础设施主导权。

(二)欧盟追求数智基础设施战略自主

2020 年以来,欧盟发布了系列战略文件与计划,《塑造欧洲数字未来》提出欧盟数字化变革的理念、战略和行动,希望建立以数字技术为动力的欧洲社会,使欧洲成为数字化转型的全球领导者,涵盖了从网络安全到关键基础设施、数字教育到技能、民主到媒体的所有内容。《欧洲数据战略》旨在通过充分利用数据驱动的创新来提升欧洲的竞争力和社会福利,将欧洲打造成全球最具吸引力、最安全和最具活力的数据经济体。《人工智能白皮书》《人工智能法》②,强调在更广泛的行业实践中发挥人工智能的作用。《2030 数字指南针:欧洲数字十年之路》提出到 2030 年在数字技能、数字基础设施、商业和公共服务四个领域的数智化目标:实现千兆宽带覆盖率 100%,5G 覆盖率100%,至少占世界芯片产值的 20% 以上,75% 以上的中小企业使用云计算、大数据和人工智能,打造 10 000 个边缘/云节点确保低时延数据访问无处不在,所有公共服务 100%联网③。"下一代欧盟"(Next Generation EU)复苏计

---

① 央视网. 欲砸超 2 万亿美元搞基建 钱没到位美国政府可能又要关门……[EB/OL]. (2021-3-31)[2021-4-1]. https://m. news. cctv. com/2021/04/01/ARTIUgUMTsseqpCucVWc9h7b210401. shtml。

② ITIF. Four AI Priorities for the EU's New Political Leaders[EB/OL]. (2024-07-25)[2024-07-25]. https://itif. org/publications/2024/07/25/four-ai-priorities-for-eus-new-political-leaders/.

③ 中国科学院科技战略咨询研究院. 欧盟发布《2030 数字指南针:欧洲数字十年之路》[EB/OL]. (2021-03-09)[2021-08-09]. https://www. casisd. cn/zkcg/ydkb/kjqykb/2021/202105/202108/t20210809_6155230. html。

划,成立 7 500 亿欧元复苏基金,其中 20% 用于支持数字化转型①,以支持计划顺利实施,强调在"战略自主"框架下全面加强数智主权建设,将数智化重点设定为数智基础设施建设,致力于以数智技术赋能个人和企业,保障数智生态系统和供应链的安全和韧性。

(三)日本积极推进基础设施数智化战略转型

2020 年以来,日本政府设立数字厅作为数字化转型的"司令塔",负责统筹规划、推进和评估数字化政策和项目,推出《日本高质量基础设施合作伙伴关系战略》,积极推进传统基础设施出口的"数字＋"转型、"智能＋"升级,推出《基础设施海外推进战略 2025(改订版)》,强调高质量基础设施要带有"服务化"和"商业化"等附加值,促进高质量基础设施海外出口,塑造和改善日本所需的国际战略环境。

概括看,美、欧、日战略主要采取四方面举措:一是,加强对科技研发的投入,采用技术创新顶层驱动的"系统化工程",形成数智基础设施全球领先的竞争力,推进关键数智技术的创新与突破;二是,对中国开展"非对称竞争",在科技领域实施"分岔"(Bifurcation)战略,即"选择性脱钩"遏制中国;三是,深化整合联盟伙伴关系,组建西方国家政治科技联盟,以推进关键与新兴技术的美国标准战略;四是,以军事、科技和政治联合施压为手段,竞逐中间地带国家,占领科技生态领土。

二、数智基础设施发展机遇与挑战

中国已成为基础设施大国,基础设施规模庞大、技术水平不断提升、综合效益不断显现,长期存在的供需矛盾得到缓解,许多领域瓶颈问题得到消除。

---

① 商务部. 对外投资合作国别(地区)指南欧盟(2023 年版)[DB/OL]. (2024-04-04)[2024-08-07]. https://www.mofcom.gov.cn/dl/gbdqzn/upload/oumeng.pdf。

在迈向现代化新征程中，中国数智基础设施发展既面临难得战略机遇，但同时也面临一些挑战。

（一）有利条件相当明显

中华人民共和国成立 70 多年以来，中国在交通运输、信息通信、能源、水利及城市服务等方面的基础设施建设保持快速增长，全国基础设施存量资产高达 150 万亿元①，成为全球有影响力的基础设施大国，基础设施质量和现代化水平不断提升，为推动经济社会发展提供了有力支撑。

一是，中国拥有存量巨大的基础设施规模。

中国已初步建成"十纵十横"的综合交通运输网络，"八纵八横"的高铁网和四通八达的高速公路网，高速铁路、高速公路里程位居世界第一。截至 2023 年底，中国铁路营业里程达 15.9 万公里，其中高速铁路 4.5 万公里；全国公路里程 543.68 万公里，其中高速公路 18.36 万公里；城市轨道交通超 1.01 万公里，定期航班通航机场 259 个，定期航班通航城市（或地区）255 个②。

中国是世界第一能源生产大国，截至 2023 年底，已建成全球规模最大的电力供应系统和清洁发电系统，全国电网 220 千伏及以上输电线路长度近 92 万千米③，全国全口径发电装机容量约 29.2 亿千瓦，水电、风电、光伏、生物质发电装机规模和在建核电规模稳居世界第一④，建成充电基础设施约 860 万台，高速公路沿线具备充电服务能力的服务区约 6 000 个⑤，建成加氢

---

① 中国证券报. 稳步扩大 REITs 试点范围 助力经济高质量发展[EB/OL]. (2024-3-3)[2024-3-4]. https://www.cs.com.cn/xwzx/hg/202403/t20240304_6392813.html.

② 交通运输部. 交通概况[DB/OL]. (2024-06-18)[2024-08-07]. https://www.mot.gov.cn/jiaotonggaikuang/201804/t20180404_3006639.html.

③ 中国电力网. 中国电力行业年度发展报告 2024[DB/OL]. (2024-07-10)[2024-07-12]. http://mm.chinapower.com.cn/zx/zxbg/20240711/253313.html.

④ 央视新闻. 全球 22 家智库单位成立能源转型智库合作网络[EB/OL]. (2023-9-28)[2024-08-07]. https://content-static.cctvnews.cctv.com/snow-book/index.html?item_id=2287779489096044838&toc_style_id=feeds_default&track_id=74B435D7-2438-432D-AA43-371C8813BBD5_717669041853&share_to=wechat.

⑤ 人民日报. 截至 2023 年底中国累计建成充电基础设施 859.6 万台[EB/OL]. (2024-3-18)[2024-08-07]. https://www.gov.cn/lianbo/bumen/202403/content_6939863.html.

站超过 416 座,加氢站数量位居世界第一①。

中国管网管道加速推进建设与更新,截至 2023 年年底,中国地下管网总长度超 349 万公里②,城市综合管廊长度超 7 588.10 公里③,供水管道长度超 110 万公里,排水管道长度超 90 万公里,供热管道近 50 万公里,天然气管道长近 100 万公里④,油气管网总里程超 18 万公里⑤。

二是,部分基础设施科技领域具备领先优势。

作为全球数智创新的重要一极,中国创新主体培育水平不断提升,创新要素集聚能力不断增强,部分数智技术达到世界先进水平,数智产业具有良好的发展基础。

截至 2023 年年底,中国 5G 网络规模、千兆光网用户规模、物联网终端规模已稳居世界第一,数据中心算力规模世界第二,智算占比超 23%,超算发展水平位于全球第一梯队。

三是,中国现代化进程对数智基础设施内生需求巨大。

中国拥有最为丰富的数智基础设施场景,城市供气、供水、排水、供热、燃气管道新建、改造与治理,重点区域生态保护和修复、城镇污水垃圾收集处理设施、重点流域水环境综合治理,铁路、公路、水运、机场、物流等交通重大基础设施改扩建,新能源绿色环保与灵活调节、电网智能改造等能源安全场景,加快数智赋能新质生产力,深化数智融合应用。

中国基础设施投资规模持续上升,基础设施数智化规模占比逐渐扩大。截至 2023 年年底,中国基础设施数智化规模占基础设施投资规模的 2% 以上,其中城市交通、轨道交通、公路交通与水环境占比超 50%;其他领域占

---

① 第一财经.中国加氢站建设不断加速,广东最多、山东、河北、江苏等地紧随其后[EB/OL].[2024-07-03]. https://m. yicai. com/news/102176996. html。

② 地下管网.2.2 万亿!【住建部】最新发布|地下管网总长度超 349 万公里[EB/OL].[2023-10-19]. https://mp. weixin. qq. com/s/jRRYAqFSddkTI9UxTAIsEw。

③ 中国地下空间网. 2023 中国城市地下空间发展蓝皮书[J/OL]. (2024-1-18)[2024-1-19]. http://www. csueus. com/News/ShowArticle. asp? ArticleID=380。

④ 中国给水排水.住建部:中国将每年改造 10 万公里以上地下管线![EB/OL]. (2024-2-19)[2024-2-19]. https://mp. weixin. qq. com/s/de4z_Jpn7dga_P1JWZFkGA。

⑤ 国家能源局. 油气管网将全面实现互联互通[EB/OL]. (2023-04-07)[2024-08-07]. https://www. nea. gov. cn/2023-04/07/c_1310709027. html。

约 45.55％①。面向万物互联的智能时代，需要强大规模的数智基础设施支撑，将传统的基础设施赋予数智化能力，以提高效率、可维护性、可持续性和用户体验，是城市、交通、能源、水利等多个领域数智基础设施应用的广泛需求。

中国具备完整的工业体系，截至 2023 年年底，制造业增加值占全球比重约 30％，连续 14 年位居全球首位②，工业互联网融入 49 个国民经济大类，涵盖所有 41 个工业大类③，工业互联网发展呈现出高度融合、智能化和生态化的特征，逐步从单点应用向全产业链深度融合转变，工业互联网在制造业、能源、交通、医疗等多个领域得到广泛应用。

（二）面临的一些挑战

一是，基础设施发展统筹不足。基础设施发展总体比较粗放，系统化不强，综合程度低，互联互通性差，各类基础设施之间尚未形成统一规划、分工衔接与功能互补的互动关系，结构不尽合理，重硬件，轻软件，空间布局不平衡明显。

二是，数智基础设施核心技术亟待提升。基础设施操作系统、PLC 核心控制系统、管线监测技术等严重依赖进口。2019 年，经工业和信息化部梳理发现，高端芯片、工业控制软件、核心元器件、基本算法等 300 多项关键技术受制于人④，数字技术的产业化应用、工程化推广、商业化运作缺乏成体系推进，对中国数字经济发展安全稳定性形成挑战。

---

① 智研咨询. 2024—2030 年中国基础设施数智化行业市场运营态势及发展前景研判报告［J/OL］. https://www.chyxx.com/research/1159119.html。

② 光明日报. 中国制造业增加值占全球比重约 30％，连续 14 年位居全球首位——制造业强起来步伐持续加快［EB/OL］. （2024-02-22）［2024-08-07］. https://www.gov.cn/yaowen/liebiao/202402/content_6933130.html。

③ 国务院新闻办网站. 国务院新闻办发布会介绍 2023 年工业和信息化发展情况［EB/OL］. （2024-01-19）［2024-01-19］. https://www.gov.cn/zhengce/202401/content_6927371.html。

④《国家治理》周刊. 推进数字经济新发展面临的主要问题及对策［J/OL］. （2021-05-27）. https://mp.weixin.qq.com/s/CJ3wN40vcwUmaftoB-qicA? poc_token＝HGIZs2ajLYG_iMX-fxIyB-3J1Rt4A37JoiflCZ8y。

　　三是,基础设施数智化还有很大发展空间。产业数实融合程度不平衡,根据《中国数字经济发展研究报告(2023 年)》,2022 年中国一二三产数字经济渗透率分别为 10.5%、4.0% 和 44.7%[1],数智化水平呈现一强两弱态势,融合程度与发达国家差距较大,《全球数字经济白皮书(2023 年)》显示全球一二三产数字经济渗透率最高分别超过 30%、40%、70%[2],即使中国数智化程度最高的三产的数字经济渗透率,也低于发达国家平均水平 7—8 个百分点。

三、着力推动数智基础设施跨越式发展

　　数智基础设施发展具有全局性、战略性、基础性、长远性、先导性、引领性、带动性等多重作用,是现代化强国建设的重要抓手。新时期要适应新形势新任务新要求,从现代化强国建设全局中谋划数智基础设施发展,着力构建"系统完备、结构合理、安全可靠、便捷高效、智能绿色、互联互通、普惠民生、国际竞争力强"的基础设施体系,统筹各领域基础设施数智化建设进程,通过数字化、智能化技术的广泛应用,持续优化基础设施布局、结构、功能和系统集成。

(一)制定数智基础设施中长期战略发展规划

　　从国家层面对数智基础设施的目标、定义、范围、地位、作用、价值、战略、规划、设计、投融资、建设、定价、运营、养护、风险、监管、法律、制度、政策、标准、评价、治理等做出系统性安排,明确发展的重点任务。数智基础设施是涉及跨层级、跨地域、跨系统、跨部门、跨业务的系统性建设工程,需要加强顶层设计,引导各级政府、各部门和社会力量的共同参与,构建数智基础设施的规

---

　　① 中国信通院. 中国数字经济发展研究报告(2023 年)[DB/OL]. (2023-04-27)[2024-03-26]. http://www.caict.ac.cn/kxyj/qwfb/bps/202304/P020240326636461423455.pdf。

　　② 中国信通院. 全球数字经济白皮书(2023 年)[DB/OL]. (2024-01-31)[2024-03-26]. http://www.caict.ac.cn/kxyj/qwfb/bps/202401/P020240326601000238100.pdf。

划、建设、管理、技术和应用等全价值链和全生命周期的可持续发展生态。

（二）全面完善数智基础设施体系

一是，建设以感力、算力、连接力、运力、存力、智力、绿电力等融合创新为典型特征的数智基础设施，打造集感知设施、算力设施、接入网络设施、互联网络设施、数据设施、智能设施、绿电设施等于一身的数智基础设施体系。构建多维泛在、开放互联的感知网络，推动通信网络从千兆向万兆升级，数据中心体系向通算、超算、智算的全国一体化算力网体系演进，支持开展"人工智能＋"行业赋能平台推进规模应用，有序推进城市、交通、能源、水利等基础设施数智化，加速传统产业数字化转型智能化升级，提升基础设施运营效能和协同服务水平。

二是，充分发挥 ICT 技术与人工智能技术融合优势，在产品组合一体化、行业需求场景化、配套服务产业化、商业创新模式化、数据资产价值化等方面培育新一代基础设施，增强基础设施互联互通、多功能集成、服务协同、市场统一、管理融合、治理多维等一体化能力。特别是市政、环境、安全、交通、水利等公共性基础设施，能源、物流等生产性基础设施以及医院、养老、教育等社会性基础设施，创新公共治理模式，形成精细治理能力，提升公共服务的供给数量和质量，促进公共服务均等化、公平化。

三是，重构基础设施价值体系，不断孕育新技术、新模式、新业态，优化设计新规则、新标准、新制度，重塑经济发展新赛道、新动能、新优势。不断开辟出数智化新空间，催生一批具有重大影响力的融合感知、AI 大模型等新兴产业和未来产业。

（三）分类施策，以大工程为牵引，重点区域、重点行业、重点场景率先突破

打造从智能感知、智能联结、智能底座、智能平台、智能大模型到行业场景应用的数智基础设施感知网络体系架构，加速基础设施集约化、一体化、数

智化、绿色化,产业链安全化、治理精细化、标准国际化,让基础设施在不确定的环境中更安全、更高效、更有韧性、更富绿色。

推进"全光万兆"城市一张网建设,构建万兆光网基础设施体系,城市视频网、物联感知网、工业互联网、车联网、城市算力网等一网承载,赋能融合促进千行百业发展,引领居民数智生活新体验。

构建全国一体化算力网体系,建设一批城市算力网,推进算力互联互通,实现通算、超算、智算等多元异构算力的一体化算力服务,推动数据、算力、算法等数据要素的跨境跨区域流通融合,激活数据要素价值、赋能数智经济高质量发展。

建设一批人工智能公共算力平台,完善数据资源体系,推动在科研、交通、能源等领域的行业共性数据资源库建设,推进数据互联互通,构建高质量的人工智能大模型训练数据集,建立国家级数据集和国家级数据训练基地。

(四) 以龙头企业为抓手,发挥"政产学研金服用"多主体协同机制

形成政府搭台、企业创新、社会投资、多方参与的数智基础设施发展格局,以龙头企业为抓手,以培育产业发展生态为重要任务,推进数智基础设施建设"1+1+1+N"工作机制。

建立系统化的数智基础设施体系,提高研发强度,加强关键技术的国产化替代。构建技术创新顶层驱动的"系统化工程"。推动技术理论创新和科技成果应用,推广适用技术,加大技术成果转化。

引导多元化投融资,鼓励政府整体财政筹划,引导规模性长期资金持续投入,更好发挥专项债撬动社会资金的作用,构建和完善基础设施配套政策机制。

(五) 以高水平对外开放深化数智基础设施国际合作

以最佳的营商环境,积极吸引国际上顶尖数智人才和先进企业来华投资

与发展，充分借助"一带一路"建设及各类对外合作平台，积极参与全球与区域数智基础设施治理，推动中国数智基础设施标准出海。与全球南方国家一道，积极探索适合各自国情的数智基础设施发展道路，分享中国创新实践与成功经验，共同推动中国与世界各国数智基础设施高质量发展与互联互通。欢迎一切帮助发展中国家建设基础设施、促进共同发展的倡议，同各国、各区域和全球性的发展倡议、规划对接，发挥各自优势，为促进各国互联互通及全球可持续发展作出积极贡献。

第 19 章
全面提升供应链质量水平

一、质量对建设供应链强国具有重大意义

质量是人类生产生活的重要保障,反映了产品与服务满足经济社会发展需要的程度,是国家综合实力和核心竞争力的集中体现。在全球格局调整进程中,质量发挥着关键作用。发达国家均将质量强国建设作为重大战略任务。

中国作为全球性大国,各次产业质量水平有了显著进步,但总体水平仍有待提升,大而不强、大而不优问题突出。随着全球竞争愈发激烈、新产业革命深入发展、消费需求升级和中国经济转向高质量发展阶段,高品质供给不足问题变得更加凸显。提高质量不仅有助于增强国际国内消费者的认同,扩大市场,也有助于激发新的消费需求,引领新产业发展。在迈向社会主义现代强国新征程中,让中国产品、中国服务成为卓越品质的代名词,是一项值得深入探究的重大课题。

二、全面认识质量问题及其制约因素

（一）思想观念局限，质量标准、监督监管体系不完善

思想观念方面，长期以来，人们对需要经过长期努力才能见效的质量重视不够。质量标准方面，许多行业标准水平低、适用性差；产品标准、检测方法跟不上新产品研发的速度；高新技术、高附加值产品的关键技术标准缺乏，难以满足质量品牌竞争发展的需要；相关公共服务能力不足且分布不均衡；对产品质量控制和技术评价能力重视不够，缺乏对企业质量提升的专业性支持。监督监管方面，质量监督监管体系不完善，机制不健全，监督监管的覆盖面和技术手段不强；企业在认证和检验检测环节找关系、托人脉的行为未能有效遏制，假冒伪劣产品得不到应有的严厉惩处；地方保护主义和部门保护主义，加剧了区域性、行业性质量安全风险，甚至出现了"管理套利"行为。特别是，质量有赖于健全有力的商标保护制度、严格的《产品质量法》、科学的产品安全评估制度和完备的产品召回法律等，而这方面的制度建设相对薄弱。

（二）统一开放、竞争有序的国内大市场尚未完全形成

一是市场主体的责任意识、契约精神、诚信精神缺失。因缺乏品牌和定价能力，企业往往通过节约原材料、劳动力来缩减开支，从而埋下事故隐患。

二是不公平竞争。地区分割、部门分割导致竞争不充分，为"优不胜，劣不汰"提供了土壤，甚至导致"劣币驱逐良币"效应的发生。

三是市场成熟度不高。市场对价格比较敏感，企业通过低质量、低价格行为能够获得可观的市场份额，而质量提升未必能带来效益，这反过来影响到企业质量改善和升级的意愿。

（三）基础能力、工艺、质量管理体系等有待提升

一是基础能力不足。关键基础材料、核心基础零部件、先进基础工艺和产业技术基础等一直以来都是产业发展的"瓶颈"。调查显示，50%的机械关键零部件依赖进口；重大设备生产的母机、高端医疗仪器、高级精密仪器以及核心元器件等主要依靠进口。造成这些问题的关键原因是质量不稳定，精度保持性和可靠性低。

二是企业质量体系管理不完善。不少企业对质量的重要性认识不够，致使质量管理流于形式，"说起来重要、做起来次要、忙起来不要"；重规模轻质量、重产品轻配件、重销售轻服务等比较突出。多数企业特别是中小微企业停留在"粗放式"质量管理阶段。

（四）浮躁之风盛行，工匠精神缺失

许多企业追求快收益、高利润，不想刻苦钻研"技术"，不认真研究"工艺"，不愿关注"决定成败的细节"。很多情况下，并不是"技术出了问题"，而是"态度有问题"。

三、运用系统思维，统筹推进质量提升

（一）加强以"重视品质、追求卓越"的工匠精神为核心的质量文化建设

推动全社会树立"质量就是生命，质量就是效益"的理念，倡导"重视品质、追求卓越"的工匠精神，并将其转化为从业人员甚至社会公众的行为准则。一是要引导从业人员树立生产高质量的产品与服务就是其"天职"的理

念,专注品质、一丝不苟、精益求精、注重细节。二是经常性地开展质量安全进社区、进校园、进乡村活动,不断提高全民质量意识,倡导优质安全消费理念,通过"用脚投票"让假冒伪劣产品退出市场。加大对生产假冒伪劣产品的企业或个人的负面曝光、依法治理的力度。三是充分利用各种媒体和宣传平台,广泛宣传质量文化,树立正面典型,形成政府重视质量、企业追求质量、社会崇尚质量、人人关心质量的氛围。

(二) 从国家战略高度推动质量强国建设

坚持"质量为先",将质量突破作为中国由大变强的关键予以重点推进,引导产业把转型升级的立足点真正转到提高质量和效益上来。深入推进质量强省、强市、强县活动。建立从国家到地方的各级质量奖励制度,对质量管理先进、成绩显著的企业、组织和个人给予表彰奖励。设立国家中小企业质量发展专项资金,支持中小企业产品研发、质量攻关和品牌建设。加大质量教育投入,加强质量研究机构和质量教育学科建设,形成分层级的质量人才培养格局。通过质量知识普及教育、职业教育和专业人才培养等措施,提升从业人员质量素养。鼓励有条件的高等学校设立质量管理相关专业,培养质量专业人才。重点加强对企业经营者的质量管理培训,加强对一线工人的工艺规程和操作技术培训,提高企业全员质量意识和质量技能。

(三) 更好地发挥政府在质量领域的监管作用

一是要牢固树立质量法治理念。尽快完善产品与服务安全、责任等方面的法律法规,坚持运用法律手段解决质量发展中的突出矛盾和问题。研究制定质量促进法。加强执法体系建设,对产品的生产和流通环节进行严格执法。运用法律手段解决质量法治中的突出矛盾和问题。加快健全地方政府和相关部门质量法治监督机制,落实分级属地执法责任,切实做到有权必有责、用权受监督、侵权须赔偿、违法要追究。

二是提升质量标准,完善标准、计量、认证认可、检验检测体系。加快制定和实施与国际先进水平接轨的质量、安全、卫生、环保及节能标准。建立一批发展急需的高准确度、高稳定性计量标准,提升国家质量计量、检测溯源能力。建立质量管理宏观监测体系和发布制度。加快检测评价体系建设。加强全生命周期质量检测的实验室建设,完善检验检测技术保障体系,建设一批高水平质量控制和技术评价实验室、质量监督检验中心,建立专业检测技术联盟。

三是完善政府质量监管体系,严格政府质量监管。建立健全地方政府负总责、监管部门各负其责、企业是第一责任人的质量监管责任体系。构建政府监管、市场调节、企业主体、行业自律、社会参与的质量管理格局。全面落实质量监管要求。建立健全缺陷产品召回制度。对不能满足准入条件、不能保证质量安全和整改后仍达不到要求的企业,依法强制其退出。加大对质量违法案件的曝光和对质量违法行为的刑事司法打击力度。建立健全质量安全有奖举报制度,保护举报人的合法权益。

(四) 加快形成统一开放、信息透明、竞争有序的市场体系

形成有利于质量发展的市场机制。深化垄断行业改革,打破地区封锁和部门分割,坚决防止不正当竞争。制定市场准入负面清单,全面清理和废止不利于全国统一市场建设的政策措施,形成公平竞争、信息透明、优胜劣汰的营商环境,形成社会资源和生产要素向优质产品、优秀品牌和优势企业集聚的机制。

加快构建全国统一的企业质量信用档案和产品质量信用记录平台。探索建立企业质量信用分类管理制度,将质量诚信建设与注册登记、行政许可、融资信贷等结合,针对不同的信用等级采取不同的监管措施。在企业注册登记、生产许可、强制性认证等工作中,将质量信用情况作为基本考核条件。完善进出口企业信用管理,构建规范化、制度化的信用管理机制。按照"守信便利、失信惩戒"原则,建立失信"黑名单"制度。

(五) 以基础能力建设为抓手突破重点产业质量瓶颈

加强基础研究、基础工艺、基础技术、基础软件、基础零部件、基础架构、

基础设施等基础能力建设。强化基础研究,着力解决影响基础零部件(元器件)产品性能和稳定性的关键及共性技术。推动实施重大质量改进和技术改造项目,培育形成以技术、标准、品牌、服务为核心的质量新优势。支持重点领域质量攻关。针对重点行业,组织攻克一批长期困扰产品质量提升的关键共性质量技术,加强可靠性设计、试验与验证技术开发应用,使重点实物产品性能稳定性、质量可靠性、环境适应性、使用寿命等指标达到国际同类产品先进水平。

（六）强化企业质量主体责任

加快建立和推行质量首负责任制、首席质量官、重大质量事故报告、缺陷产品召回等制度,全面落实产品生产、流通、销售等环节企业主体责任。建立生态环境损害责任终身追究制。严格实施企业岗位质量规范与质量考核制度,实行质量安全"一票否决"。企业要严格执行重大质量事故报告及应急处理制度,健全产品质量追溯体系,切实履行质量担保责任及缺陷产品召回等法定义务,依法承担质量损害赔偿责任。

推进企业健全质量管理体系,加强全面质量管理,严格按标准组织生产经营,严格质量控制、质量检验和计量检测。支持企业充分运用精益化、数字化、智能化技术提高质量在线监测、在线控制和产品全生命周期质量追溯能力。建立和有效利用产品质量数据库,实现科学、高效的管理。

（七）支持企业加强品牌体系建设

推动企业品牌管理体系建设。支持企业围绕研发创新、生产、流通、消费全过程,提升内在素质,夯实品牌发展基础。扶持一批品牌培育和运营专业服务机构,开展品牌管理咨询、市场推广等服务。

打造一批特色鲜明、竞争力强、市场信誉好的产业集群区域品牌。建设品牌文化,引导企业增强以质量和信誉为核心的品牌意识,提升品牌附加值和软实力。加速品牌价值评价国际化进程,充分发挥各类媒体作用,加大中国品牌宣传推广力度,树立中国品牌良好形象。

(八) 深化质量国际交流合作

鼓励企业积极参与主办、协办国际质量大会,交流质量管理和技术成果,开展务实合作。围绕国家重大产业、区域经济发展规划及检验检测技术、标准一致性,建立双边、多边质量合作磋商机制,参与质量相关国际和区域性标准、规则的制定,促进中国标准、计量、认证认可体系与国际接轨。积极应对国外技术性贸易措施,完善技术性贸易措施体系。鼓励企业、科研院所、大专院校、社会团体开展国际质量交流合作,引进国外先进质量管理方法、技术和人才。

第 20 章
加快推进应急供应链体系建设①

在百年未有之大变局加速演进、国际形势变乱交织的背景下,构建高效、可靠、有韧性的应急供应链体系,不仅已成为维护国家安全和发展的战略必需,更是提升国家综合实力、增强国际竞争力和塑造新发展格局的重要举措。

应急供应链,是指对应急需求能够第一时间作出响应的特定供应网络。应急供应链是国家安全体系的关键组成,在维护经济安全、社会稳定和应对重大突发事件中发挥着不可或缺的作用,既是保障国家战略安全的重要支撑,也是国家治理能力和治理体系现代化的重要体现。新冠疫情、地缘政治冲突和气候变化等因素对全球供应链造成巨大冲击,暴露出各国在应急物资储备和关键供应链安全等方面的诸多短板。中国在迈向现代化强国建设的新征程中,也面临不少风险与挑战,加快构建应急供应链体系,既是现实需求,也是长远战略考量。

一、应急供应链体系的建设目标与基本架构

应急供应链体系建设应深入落实总体国家安全观,统筹发展和安全。以推进中国式现代化为目标,以提升国家治理能力为核心,以科技创新为驱动,

---

① 本部分与王超共同完成。

构建起自主可控、安全高效、韧性强大的应急供应链体系。

就目标而言,可分为近期(2025 年)、中期(2030 年)和远期(2035 年)三个阶段目标。

近期目标(2025 年):与"十四五"规划期末相对应,完善应急供应链基础框架,优化顶层设计和基础制度建设,全面推进应急物资储备体系优化,显著提升关键领域应急生产保障能力,初步形成适应"全灾种、大应急"需求的应急供应链体系。

中期目标(2030 年):基本建成自主可控、安全高效的国家应急供应链体系,全面提升应急供应链的科技水平和创新能力,实现数字化转型,培育多个世界级应急产业基地,构建起完善的应急物流网络。

远期目标(2035 年):全面建成自主可控、安全高效、韧性强大的国家应急供应链体系,显著增强国家应对重大风险挑战的能力,有力支撑中国式现代化建设。

为实现上述目标,应急供应链体系的整体框架应包括五个核心体系:(1)确保关键战略物资储备与供应的战略物资保障体系;(2)保障关键物资快速生产与转产能力的应急生产体系;(3)实现应急物资高效调配与运输的应急物流体系;(4)提供全面数据支持与智能决策能力的信息支撑体系;(5)实现各部门、各地区有效协调与联动的协同指挥体系。

二、提升应急供应链核心能力

为构建高效、可靠、富有韧性的应急供应链体系,应提升六个方面的核心能力。

一是,提升战略物资储备能力。动态建设国家战略物资储备体系,建立科学完备的战略物资目录,涵盖粮食、能源、矿产、重要原材料、关键医疗物资等领域。优化全国性储备基地的空间分布,构建覆盖全国、布局合理的储备网络。创新储备方式,推行实物储备与产能储备相结合、政府储备与社会储备相结合的模式。

推行"动态储备"机制，建立根据风险评估及时调整储备品类、规模和布局的机制。利用大数据技术，建立智能化储备管理系统，实现储备物资的实时监测、动态调节和科学轮换。加强储备物资的质量管理，建立健全储备物资检验、养护、更新制度，确保储备物资始终处于可用状态。

二是，提升应急生产能力。培育一批具有强大研发能力和生产能力的应急产业基地，覆盖医疗卫生、食品、能源、矿产、制造等重点领域。建立健全重点行业应急转产机制，提高供应链的柔性和适应性。全面推广"柔性生产"模式，支持企业改造升级生产线，培训员工掌握多种生产技能，建立快速切换生产模式的管理机制。

加大对应急产业的科技创新支持力度，推动关键技术装备的自主可控，特别是在新材料、智能制造、生物医药等前沿领域。建立应急产业技术创新联盟，促进产学研深度融合。完善应急产品标准体系，加强质量监督，确保应急产品的可靠性和有效性。

三是，提升应急运输保障能力。打造全域覆盖、立体贯通的应急物流网络。在全国重点区域布局一批具有战略意义的应急物流枢纽，强化多式联运能力，实现公路、铁路、水运、航空等多种运输方式的无缝衔接。完善中央、省、市、县、乡五级物资储备布局，建立健全包括重要民生商品在内的应急物资储备目录清单，合理确定储备品类、规模和结构并动态调整。提升航空应急运输能力，建设专门的应急航空中心。发展智能化、自动化的应急物流技术，如无人机配送、自动化仓储、智能调度系统等。

完善应急物流的标准化体系，统一应急物资的包装、标识、运输等标准。建立应急物流资源共享平台，实现社会物流资源的快速配置。加强应急物流人才培养，建立专业化的应急物流队伍，提高应急物流的专业化水平和响应速度。

四是，提升应急管理的信息化水平和科学决策能力。打造应急供应链信息系统与指挥决策平台。构建覆盖全链条的应急供应链信息平台，实现从预警、决策到响应、恢复的全过程信息化管理。建立统一的应急供应链数据中心，整合各部门、各地区的相关数据。系统推进"智慧应急"建设，建立符合大数据发展规律的应急数据治理体系，完善监督管理、监测预警、指挥救援、灾情管理、统计分析、信息发布、灾后评估和社会动员等功能。运用大数据、人工智能、区块链等先进技术,提升风险预警和决策支持能力。

开发智能化的指挥调度系统,实现资源、需求、运力等信息的实时共享和精准匹配。建立虚拟仿真系统,为应急预案制定和演练提供支持。强化信息系统的安全保护,建立多重备份和容灾机制,确保在极端情况下信息系统的可靠运行。

五是,提升应急供应链网络的韧性和可持续发展能力。优化供应链网络结构,推动关键供应链多元化布局,避免过度依赖单一来源。加强供应链风险识别、评估和管理,建立供应链风险监测预警系统,定期开展脆弱性分析和压力测试。推动供应链的数智化转型,提高供应链的可视性和透明度。

发展绿色供应链,推广节能环保技术和设备,减少资源浪费,降低环境影响。加强应急供应链的国际合作,参与全球供应链治理,推动构建开放、包容、共享的应急供应链,增强抵御全球性风险的能力。建立供应链韧性评估指标体系,定期评估和提升供应链的抗风险能力。

六是,提升应急供应链科技创新能力。重点推进大数据、人工智能、区块链、5G 等新兴技术在应急供应链中的应用。建立全国统一的应急物资数据库,实现物资需求预测和精准调配。加强重大复合灾害事故动力学演化与防控、重大自然灾害及灾害链成因、预报预测与风险防控等基础理论研究,提升应急供应链的科技支撑能力。利用人工智能技术优化应急物流路径、提高仓储自动化水平。应用区块链技术提升应急物资溯源能力和供应链透明度。

重点发展应急物资新材料、智能机器人等前沿技术。制定详细的技术路线图,明确技术发展目标和重点突破方向,建立产学研用相结合的创新体系,推动科技成果快速转化和应用。加强知识产权保护,鼓励企业加大研发投入,培育一批具有国际竞争力的应急科技企业。

三、统筹推进应急供应链体系建设

完善应急供应链体系建设的领导与推进机制。建立国家层面应急供应链体系建设领导与协调机制。从战略层面推动应急供应链体系规划、实施、监测与评估，将规划任务落实情况作为对地方和有关部门工作督查考核评价的重要内容，确保各项目标如期实现。健全法律法规与政策体系，研究制定"国家应急供应链管理条例"，完善配套政策，建立应急物资科学储备制度等。建立多层次的人才培养体系和科技创新平台。建立专门的应急供应链金融体系，为应急物资生产、储备、运输等环节提供全方位的金融支持。

统筹区域与城乡应急供应链网络。应急供应链体系建设必须因地制宜，充分考虑各地区的地理特点、经济发展水平、资源禀赋和潜在风险等因素。京津冀、长三角、粤港澳大湾区等国家战略区域应建立统一的应急物资调配平台，实现资源共享、信息互通、协同联动。加强城乡应急供应链的衔接，建立覆盖城乡的统一应急物流配送网络，推动优质应急资源向农村延伸，缩小城乡应急保障能力差距。

深化应急供应链的国际合作，积极参与全球供应链治理。中国作为世界第二大经济体与产业大国，在全球应急供应链中扮演着"负责任大国"和"全球公共产品提供者"的角色。中国通过开展应急供应链外交，不仅能够增进国际友好关系，而且可以提升自身在全球应急管理中的话语权和影响力。应积极推动建立多层次、多领域的国际应急供应链合作机制。双边层面，与主要国家建立应急物资互助机制；区域多边层面，在"一带一路"框架下共建区域应急物流网络；全球层面，倡议建立全球应急物资协调机制、全球供应链合作与稳定机制等。

总之，应急供应链体系的建立健全，标志着中国应急管理能力迈上新台阶，为构建新发展格局提供重要保障。它不仅能够有效应对各类突发事件和重大风险挑战，还能推动相关产业升级，促进经济高质量发展。随着应急供应链体系的不断完善和发展，它必将成为支撑中国式现代化的重要力量，为实现中华民族伟大复兴提供有力保障。

第 21 章

保障海运供应链安全[①]

　　海运承担了中国约95%的对外贸易运输量,在国际国内物流供应链稳定畅通中发挥了重要作用,保障海运供应链安全对于高质量构建双循环新发展格局意义重大。从2023年底开始的红海危机对国际海运供应链带来严重影响,是新形势下中国海运供应链安全所面临一系列关键问题的典型代表,其产生的影响与启示值得进行深入剖析,本章建议从完善保障机制、确保战略物资运输安全、建设替代通道、优化船队结构、加强风险管控、构建数字化信息平台六个方面推进相关工作,进一步提升中国海运供应链韧性与安全水平。

一、红海航运危机影响与启示

(一)对中国海运供应链影响分析

　　一是中欧航线格局调整,运输成本大幅增加。红海作为通过苏伊士运河的必经之路,在全球海运航线中占有重要地位,据克拉克森统计,每年通过苏伊士河的货量约占全球海运贸易总量的10%。红海危机发生后,为避免武

---

　　① 本部分与周然、朱乐群、郑霖、杨子涵共同完成。

装冲突波及，航运公司将红海大部分航线停航或改为绕行好望角。这样一方面，运距大幅增加，人员成本、租船、租箱、燃油、保险等一系列费用会大幅增加，进而导致国内企业货运成本增加。另一方面，由于船舶在海上单程运输时间增加，大幅降低了集装箱船舶周转效率，降低了有效运力，进一步推动了运输成本增加。据克拉克森测算，中国对欧洲的航线将面临约29%的额外海运成本，每TEU增加运费约48美元。中国对外出口中，对欧洲的集运出口多数依赖红海海道，受影响也最为直接。而这些额外的费用最终都会转嫁给生产商和消费者。

二是中欧贸易供应链体系不确定性增强。绕行好望角是红海航线的主要替代方式，原有28天的中国至欧洲单程航线在绕行后或被拉长至36天，部分货物承运或受延误，其中，集装箱船和汽车运输船受冲击较为明显，2024年1月上旬较2023年12月上旬分别减少82%和46%。对于高度依赖红海航线进行物资运输的企业，交货时间的延长和不确定性可能增加供应链断裂风险，进一步影响生产计划，大大增强了中欧贸易供应链体系的不确定性。

（二）红海航运危机的启示

一是"黑天鹅"事件增多需要引起高度关注。"黑天鹅"事件指非常难以预测，且不寻常的事件，通常会引起市场连锁负面反应甚至颠覆。在国际形势愈加复杂多变的背景下，作为世界经济的动脉系统，海运领域的"黑天鹅"事件出现频率明显增加，包括但不限于地缘政治冲突、公共卫生危机、运河堵塞、船舶事故、港口爆炸等，对全球海运供应链造成了严重冲击。当今时代，国家或地区的突发事件很容易通过贸易、信息网络等途径迅速蔓延至全球各地，而海运作为全球最重要的贸易运输方式，占全球贸易运输量90%以上，"黑天鹅"事件对海运的影响越来越大，一旦发生，均可能造成海运物流大面积延误，并且很容易通过海运迅速波及全球，引发全球供应链中断、商品短缺、物价波动等一系列连锁反应，造成更大影响。

二是海运供应链安全关系国民经济平稳安全发展。随着全球经济一体化的深入和国际贸易的增长，海运供应链的作用日益凸显，对各国尤其是沿海国家的国民经济平稳安全发展具有举足轻重的作用。海运供应链涵盖了从原材料开采、加工制造、海上运输到港口装卸、仓储配送直至最终消费市场的全过程。尤其在关乎国家安全战略层面的石油、天然气以及粮食等国家重点战略资源运输上,海运供应链的安全与畅通直接关系到国家能源安全、粮食安全乃至民生和社会稳定大局。一旦海运供应链因自然灾害、政治冲突或其他不可预见的因素而出现中断或受阻,可能导致国家物资短缺、生产停顿等不良反应,严重影响国民经济各个领域的正常运行。因此,确保海运供应链安全是各国政府和企业必须面对的重大挑战。

三是欧美国家应对红海航运危机的举措值得反思。针对红海航运危机,以美国为首的美、英、加、法及荷兰、挪威、巴林等十国发动"繁荣卫士"护航行动,对胡塞武装控制多地实施打击,但并未取得实际效果,反而加剧了冲突外溢风险,美国借护航之名,行干涉中东事务之实。2023 年,在中国有力斡旋下,沙特和伊朗实现历史和解,"求和平,谋发展"的主旋律让饱经战火的中东地区看到曙光。因此,只有真正尊重各国的利益和关切,才能有效推动问题的解决;只有真正尊重和恪守国际法,加强多边合作,才能成为国际社会的建设性伙伴,虚假的"繁荣卫士"带不来红海的安全,只有真正的地区和平才能让红海航线畅通无阻。

二、海运供应链安全面临的新问题

(一) 国际海运供应链通道单一严重制约韧性提升

中国对外贸易运输量巨大,海洋运输对海上通道的依赖程度远高于其他国家,中国所有的远洋航线中,均无一例外地要穿越一些世界重要的海上通道,如通往中东、非洲和西欧的货物运输严重依赖马六甲海峡、霍尔木兹海峡、曼德海峡和苏伊士运河等通道;北上通往俄罗斯远东、韩国和日本西海岸货物运输严重依赖朝鲜海峡等。随着中国经济规模的不断扩大,能源资源产品的进口量持续上升,而区域结构却越来越集中于少数地区,海运通道较为单一,海上运输安全问题日益凸显。特别是印度洋航线上的马六甲海峡、霍尔木兹海峡、曼德海峡等是中国石油和天然气进口的重要海上战略通道,这些海上通道一旦受阻或遭到破坏,必然伤及中国经济命脉,甚至威胁社会稳定。

(二)传统安全威胁叠加地缘政治冲突对海运供应链稳定影响越来越大

随着全球化的不断深入,海运供应链已成为全球贸易的动脉,承载着世界各地区经济发展和物资交换的重要使命。然而,在百年未有之大变局下,国际环境复杂多变,各国新一轮的国家发展战略定位势必掀起一轮利益竞争以及更为激烈、突发的地缘冲突,甚至将进一步发展为一定范围内的军事冲突,毗邻重要海上通道的国家若爆发战争或内乱,势必殃及池鱼,从而导致海上运输航线改动,增加海上运输的不确定性,对全球海运供应链稳定构成前所未有的压力。如2022年初,受俄乌冲突影响,土耳其海峡被迫关闭,对全球油轮运输路线格局产生严重影响;近期巴以冲突导致红海海域货轮航行受阻,航运公司被迫改变航线,造成运输成本的上升与运输时间的延长,对全球供应链造成严重冲击。

(三)非传统安全威胁依然普遍且形式越发多样

海上非传统安全风险包括海盗、海上恐怖主义、海洋环境污染和自然灾害等,近年来一直对海运供应链安全产生普遍威胁,其中海盗袭击成为近几年来最为困扰海运安全的因素,从红海、波斯湾到东非、印度海域、孟加拉湾,再到东南亚海域的广大区域都是海盗活动区域,对海运供应链的重要通道产生威胁。此外,在海运行业向智能化、数字化转型的背景下,网络攻击成为影响海运供应链安全的新型威胁,可能导致船舶搁浅、业务停滞、数据泄露等问题,如马士基、中远海运、地中海航运、达飞集团均发生过网络攻击事件,造成网络通信中断、数据中心瘫痪、关闭全球海运集装箱预订系统等不同程度的影响。再有,以日本核污水排海为代表的海洋环境污染事件等安全威胁对海运供应链的影响同样需要引起重视。

(四) 供给侧核心能力面临新的挑战

一是需要增强船舶运力供给核心能力,当前中国船舶运力发展尚不能满足国际海运贸易的全部需求,缺乏具备一定国防属性、具备自主可控能力,能够应对复杂安全环境的保障船队关乎国家战略安全层面的石油、天然气以及粮食等国家重点战略资源运输能力自主可控。二是在海运行业向智能化、数字化转型的背景下,海运供应链安全保障需要一个融信息收集、数据分析、应急研判为一体的综合系统平台提供智慧支撑。此外,网络攻击成为影响海运供应链安全的新型威胁,可能导致船舶搁浅、业务停滞、数据泄露等问题,需要充分建设应对新型威胁的能力。

三、保障海运供应链安全的应对建议

(一) 完善安全保障合作机制,提供海运供应链安全组织保障

保障海运供应链安全需要各国深度合作,加快完善全球海运供应链安全保障合作机制,通过签署多边及双边合作协议,强化在特定区域如红海等关键航道的合作力度,如针对近期红海航运危机,与阿拉伯国家签署应对武装袭击船只的区域合作协定,建立跨域的海上安全联合防御机制。强化国家物流保通保畅工作机制,由交通运输部会同外交、商务等国家部委和大型企业建立常态化安全监测机制,及时识别评估全球海运供应链存在的风险并制定相应的预防与应对措施,在此基础上,牵头推动全球海运供应链安全国际合作,建立全球产业链供应链应急管理机制和信息共享机制,推动各国就安全

威胁下资源调配、信息通报、互助救援等达成共识，形成标准化的操作规程与协调机制，提升应对突发事件的响应速度与处理能力，积极推动全球海运供应链系统的稳定。

（二）优先确保战略物资运输安全，强化海运供应链安全核心保障

战略物资是一国发展的重要资源，关乎国计民生和国防事业。要完善战略物资运输安全的预警与应急管理，建立事前预防和事后应急机制，构建战略物资应急指挥组织与协调联动机制，形成全方位、多层次、宽领域的战略物资安全保障体系。要优先建设海外保障能力，完善大宗战略物资储备基地布局，建立专业化、规模化的战略物资运输力量，提升原油、LNG、粮食、重要矿产等战略物资自主运输的比例，以最短距离、最快时间提供海外战略物资运输应急支援。提高海军远洋投送能力，以太平洋、印度洋作为重点海域，建设远洋综合补给船舶、多功能大吨位舰艇，提升海军远程投送补给能力和远洋护航能力，保障突发情况下物资运输安全。

（三）强化替代通道建设，加强海运供应链安全路径保障

海洋中少数海上运输通道掌握着全球海上运输的命脉，这些狭窄通道的中断会对海运供应链安全产生极大威胁。如苏伊士运河一直是中国与欧洲地区海上贸易的重要咽喉。因此，在加强海运保障力量的同时，中国需进一步考虑替代通道、替代线路的研究。在陆上替代线路方面，加强中欧班列建设作为陆运替代通道，协调推动境外通道建设，稳步推进政策、规则、标准开放对接，充分发挥其在高价值、高技术货物和极端情况下的运输保障作用，持续优化运行管理模式，全面提升国际铁海联运、国际铁路联运等运输方式效率，加强中欧班列与西部陆海新通道的联动发展，进一步激发中欧班列在产业、投资、技术等方面的合作潜力。在海上替代通道方面，积极研究并开发新的海运航线，考虑北极航道作为亚欧海上通道的新选项，通过技术升级、加大

投资、创新运营管理模式等手段克服北极航道恶劣天气对海上运输的影响，发挥其在中欧航线返程空箱调运的优势，使之成为降低苏伊士运河对亚欧海上贸易掣肘的新方向。除此之外，要加快布局重要航线沿线战略支点，借鉴非洲吉布提港和希腊比雷埃弗斯港建设经验，在马六甲海峡、巴拿马运河、霍尔木兹海峡等重要海运油气进口通道建设战略支点，在特殊情况下为中国运力船舶提供紧急救援。

（四）优化海运船队规模结构，筑牢海运供应链安全运输保障

一方面要鼓励商业船队高质量发展。商业船队是指用于旅客、货物运输的各类船舶，是海上贸易日常中需求最多的一种船队。要打造开放、公平的竞争环境，鼓励中国海运企业"走出去"，加强与国际海运船队标准的衔接、制定技术进步政策、完善海运人才培养体系、激励企业创新海运服务等推动中国海运服务业国际化，使得航运企业掌握足够多自主可控的海上运输运力，从供给侧为海运供应链提供安全保障。另一方面要开展国防安全船队建设。在海运供应链安全受到威胁的情况下，建设专业化、现代化的国防安全船队有利于应对复杂多变的国际形势，保障中国海运安全。要推动船队规划和标准制定，对于船型、数量、建造企业、海员资质、信息安全等做出详细方案，增加船队建设资金以及经济补贴，包括船队运营、训练和执行任务增加的支出，兼顾航运企业经营效益与国家海上战略物资运输安全需求。

（五）加强全流程风险管控，夯实海运供应链安全韧性保障

提高海运供应链韧性水平是保障海运供应链安全、确保其面对自然灾害、政治动荡、市场波动等风险干扰时保持稳定的关键举措。要构建海运供应链全流程风险管控体系，对各类风险进行智能识别、精准评估、制定切实可行的风险预防、应对及恢复措施等，为海运供应链各环节的企业提供详尽实用的风险防控指南。开展海运供应链战略性韧性建设，与海运供应链上下游

企业、所在国家建立紧密的合作伙伴关系,通过资源共享、协同创新、互利共赢的合作模式,实现资源的优化配置和风险的共同分担,共同应对市场变化和风险挑战,形成海运供应链核心战略物资的合理库存与安全储备,确保在关键时刻有足够的缓冲资源来应对海运供应链中断等突发事件。

(六) 构建数字化信息平台,提升海运供应链安全智慧保障

推进海运供应链管理数智化,通过大数据、物联网、云计算、5G、区块链、人工智能等新型信息通信技术形成海外海运资源数据库,实时收集分析包括船舶位置、货物状态、气象信息、港口拥堵情况、航道航线状况等在内的全球海运数据,加快构建国内外国际海运物流信息互联互通平台,实现海运供应链数字化资源管理,提高海运供应链上下游信息对接效率,打破海运供应链"信息孤岛",提高海运供应链的全程可视性、可控性、可追溯性,使海运供应链上下游各方都能准确掌握当前情况、研判未来趋势,在发生风险时,能为各环节争取到更多应对时间,第一时间作出应急响应,更为高效地应对风险、减少损失。

加强防范网络攻击等新型安全威胁的能力建设,推动海外海运资源数据库与政府相关机构、行业管理部门、安全管理部门、物流运输企业共享,构建智能、集约、高效、安全的管理模式和内控制度,形成一体化的平台运营模式。这样既能满足大规模日常贸易活动的需求,也能快速响应和应对各类突发事件下的海外应急物流需求,为中国乃至全球的海运供应链安全发展提供强大助力。

体制与政策篇

　　研究制定"中国供应链中长期发展战略规划(2025—2035)"。发展战略规划总的目标是建成现代化供应链强国。具体目标包括:"链"目标:补链、固链、强链、延链、融链;"力"目标:提升产业竞争力、供应链竞争力、创新能力、可持续发展能力;"业"目标:产业质量效益提升,做大做强优势产业,推动传统产业升级,增强高新技术产业竞争力,培育发展战略性新兴产业,超前部署未来产业;"化"目标。制造业服务化、数字化、高端化、绿色化、国际化得以推进。

第 22 章
健全供应链风险管控机制^①

中国共产党二十届三中全会公报指出,"健全提升产业链供应链韧性和安全水平制度"。这是中国政府针对当前产业链供应链存在的"断点""堵点""关键核心技术掌控能力较弱""产业链上下游共生发展生态不完善"等突出问题,作出的重大战略部署。供应链的韧性和安全水平不仅对现代化产业体系建设有重要影响,更反映了一国经济抵抗风险能力的大小。面对新变局、新挑战,提升供应链安全水平,形成自主可控、稳定畅通、安全可靠的供应链,既是建设现代化产业体系和构建新发展格局的重要路径,也是增强产业国际竞争力、应对风险挑战和维护国家安全的必然要求。

一、美、欧、日高度重视供应链安全

美、欧、日等发达经济体将供应链竞争力视为国家安全和竞争力的重要组成部分,不断完善风险应对机制。

美国早在 2012 年就将供应链战略上升为国家战略,发布《全球供应链安全国家战略》,提出"促进商品高效与安全运输"和"培养有弹性的供应链"两大战略目标。通过制定完善的政策法规,美国政府加大对本土制造业的支持

---

① 本部分与刘伟华、王迪共同完成。

力度，积极推进鼓励企业回流，减少对国外供应链的依赖。2021年6月，美国白宫发布《建立弹性供应链 振兴美国制造业 促进基础广泛增长：第14017号行政命令下的百日审查》报告，根据总统拜登签署的《第14017号美国供应链行政令》要求，对半导体制造、先进封装、大容量电池、关键矿物和材料、药品及活性药物成分四种关键产品的供应链进行全面审查，分析各产品供应链的现状和潜在风险，就加强供应链弹性提出具体建议。2024年5月，由美国两党议员共同提出的法案《促进韧性供应链法案》在美国众议院获得"压倒性通过"。2024年6月，美国总统拜登签发行政命令，正式成立白宫供应链韧性委员会。拜登在发布成立"白宫供应链韧性委员会"的行政命令中解释，"要解决供应商过于集中在某个地理位置的问题"，实质上是要防范中国占据供应链的优势地位。此外，美国已建立较为完善的供应链安全法律制度，包括海关—商界反恐合作计划（C-TPAT）、舱单预申报规定（24小时规则）、集装箱安全倡议（CSI）、集装箱100%扫描规定、自由安全贸易协定（FAST）、《国防生产法》（DPA）等。

欧盟产业链供应链的战略重点是通过协同保障安全，制定统一政策框架，鼓励成员国加强在关键领域的投资和研发，提高区域内的产业协同效应，以应对外部挑战，以期重塑全球产业链供应链，继续将工业作为经济增长的加速器。具体举措包括加强共同市场建设、设立共同市场应急工具等。2024年，欧盟委员会发布《2024年单一市场和竞争力报告》，明确了欧盟巩固和提升全球竞争力的七项原则，包括"通过持续的公共投资确保关键领域竞争优势，借助联盟基金来维持公平竞争环境，加强单一市场的区域融合"等，表明欧盟通过促进成员国之间的协调合作共同构建安全稳定产业链供应链。

英国政府制定了全面、长期的产业供应链发展战略。2017年，英国发布《现代产业战略：构建适应未来的英国》白皮书，宏观布局英国脱欧的产业战略，提出"五大基础"和"四大挑战"，确保英国在全球供应链中的优势。此后陆续发布《制造业未来：英国面临的机遇与挑战》《加强英国制造业供应链政府和产业行动计划》《英国工业战略》等文件，积极推动制造业创新，提升制造业竞争力，同时通过融资、供应链协同等举措提升中小企业竞争力和本土企业竞争力。2023年，英国发起10亿英镑半导体支持计划，提升英国在芯片设计研发和化合物半导体方面的优势，防止供应链中断。2024年，为保障英国药品、矿产、半导体等关键商品供应,英国商业和贸易部发布《关键进口和供应链战略》,提出加强信息分享、加大前沿研究力度、成立关键进口委员会、吸引国际投资、扩大供应商范围和加强盟友合作等具体措施,全力打造更具韧性的产业链供应链。

德国产业链供应链安全的战略重点在于运用先进技术大力提升产业链供应链安全水平,通过实施"工业 4.0"战略,推动智能制造和供应链数字化,提高供应链的透明度和效率,基于"领先的供应商战略"和"领先的市场战略",形成以大型制造企业为龙头,中小企业相配套的产业生态,引领全球标准,增强产业链发展的稳定性。德国 2019 年发布的《国家工业战略 2030》中,钢铁、铜铝、化工、机械、汽车、光学、医疗器械、绿色科技、国防、航空航天和 3D 打印等十多个工业领域被列为德国的"关键工业部门",保持闭环的工业增值链,增强供应链抗风险能力。德国还积极推动供应链立法,2023 年 1 月 1 日起生效的《供应链尽职调查法》要求,公司持续性地分析并报告供应链中与人权和环境标准相关的合规情况。

日本产业链供应链安全的战略重点是实现供应链多元化,减少对单一市场的依赖,特别是在关键原材料和零部件方面。近年来,日本先后发布《日本振兴战略》《全面与进步跨太平洋伙伴关系协定》等政策,旨在积极利用全球资源促进国内供应链发展,发布《国家安全保障战略》,从产业链供应链风险管理角度进行宏观布局。新冠疫情暴发后,日本政府将供应链安全上升为经济安全保障的核心,推出"2 200 亿日元补贴日企转移供应链"等政策。2021年,日本推出"半导体数字产业战略",强化尖端半导体制造技术开发、完善国内半导体生产基地建设。2022 年 5 月,正式推出《经济安全保障推进法》,将维护供应链安全作为该法核心。2023 年 11 月,日本发布面向经济安全保障的"产业和技术强化行动方案",旨在应对全球政治安全形势日益复杂背景下的产业发展和技术进步风险,强化供应链韧性。

二、供应链安全面临诸多风险挑战

第一,供应链存在明显短板。中国拥有完整工业门类,制造业增加值连续 14 年居世界首位，但不可否认，从产业内部发展动能来看，中国部分产业存在低端锁定、创新能力不足、传统产业技术水平低、产品附加值不高等问题，企业利润空间受限，难以在激烈的市场竞争中占据优势。根据《2023 年全球创新指数》报告，中国在创新能力方面与发达国家存在较大差距。此外，国际市场的外部环境波动所带来的原材料价格大幅上涨、汇率不稳定等因素，同样增加了中国供应链安全运行压力。目前，中国在高端芯片、航空发动机、高精度数控机床等领域的对外依存度较高，部分核心技术仍被国外垄断，自给率相对较低，一旦供应链中断，将对相关产业产生严重影响。

第二，供应链风险的系统评估与预警机制尚未建立。外部风险和内生风险增多，必将对中国产业链供应链的安全稳定造成冲击，引发关键技术或零部件断供、断链等风险，但中国产业链供应链风险系统评估与预警机制尚未完全建立，难以有效防范关键环节风险。

第三，应对国外有针对性的供应链"脱钩断链"机制和立法保障不足。反对"脱钩断链"，摒弃"小圈子"和零和博弈，不仅是捍卫国家主权、安全、发展利益的正当之举，更是维护全球发展的题中应有之义。由于中国尚未构建系统的"脱钩断链"应对机制，在供应链立法方面尚属空白，导致提前应对安全风险的能力有限。

第四，供应链标准制定方面引领不足。尽管中国是全球供应链的重要参与者，近年来积极参与国际标准制定，但中国在国际标准制定中的影响力和话语权仍较为有限，由中国主导制定的国际标准占比仅为 2% 左右，亟须通过技术专利化、专利标准化、标准国际化的协同体系，推动"中国标准"向"国际标准"转变。除此之外，与发达国家相比，中国的创新技术在产业链供应链标准转化方面能力不足，围绕领先技术的"自主研发—标准转化"机制有待完善。

第五，供应链地区协同不足。中国供应链地区协同能力有待提升，区域间的政策差异大、基础设施联通性不强、信息共享不畅等因素导致地区间优势互补和产业协同效应未能充分发挥，部分地区存在地方保护主义，对外来投资和企业设置障碍，不利于形成开放、公平的地区间供应链合作环境，对供应链的安全稳定存在较大影响。此外，统一的区域性风险防控体系尚未建立，制约了供应链的全局风险应对能力。

三、系统构建供应链风险管控机制

中国作为全球性产业大国,拥有规模庞大、空间范围广泛的供应链网络。管控供应链风险,是一项复杂的系统工程,需要有系统思维、方法和措施,构建起系统风险管控机制,充分利用数智技术,实现精准风险识别、评估、研判与有效应对。

(一) 构建供应链安全评估机制

一是,构建供应链安全评估联席会议机制。国家需全面掌握跨国公司和本土企业在重要供应链各环节所占份额等信息,绘制重要产业链供应链图谱,列出供应链优势、短板、弱项及被"卡脖子"清单。国家相关主管部门,可会同来自产业经济、工程技术、应急管理等领域的行业代表、专家学者等力量,构建供应链安全风险评估联席会议机制,其功能是动态监测供应链潜在安全风险,根据供应链的依赖度、供给集中度、风险可控度等细分指标,划分风险优先级,特别是针对"卡脖子"领域的关键环节,建立系统完善的风险评估体系,及时发布全面系统的风险预警报告,提出供应链安全发展建议。

二是,构建供应链安全与韧性的动态审查机制。审查项目涵盖重要供应链的关键环节和重点企业,评估其在面临突发事件冲击时的应对和恢复能力。审查内容涵盖供应链多元化程度、关键原材料和零部件自给率、突发事件下的关键产业应对策略及其局限等。每年对重要供应链进行一次全面审查并发布审查报告。

三是,构建合理的供应链安全评估模型。基于相关数据,对供应链的结构、分布、依存度等进行详细的多维度综合分析。对于涉及国计民生的基础产业和关键产业,综合考虑产业布局、行业及区域差异,坚持"底线思维"和"领跑思维"相结合,对供应链抵御力和恢复力的潜在风险因素进行精准量化和全面评估,对关键节点与链路设立动态更新的安全预警目标,以更好适应市场和技术环境的不断演进。

（二）建立重点链供应链风险预警系统

对重点供应链的效率、成本、风险和可持续性进行量化评估，涵盖供应链响应时间、库存周转率、供应商多样性等关键绩效指标。构建重要资源和产品全球供应链风险预警系统，利用大数据分析和人工智能技术，实现关键节点风险精准识别，以及关键链路风险的动态跟踪和实时监测，及时发布预警信息，通过跨部门信息共享实现风险联防联控，使供应链风险最小化。

（三）构建防范"脱钩断链"的系统性工具箱

系统性工具箱包括多元采购策略、供应链备链计划、弹性生产计划、供应链金融解决方案。深入调研并有效对接企业在供应链中断时的切实"痛点"，发挥政策工具的差异性和互补性作用，帮助企业快速调整和重新配置资源，缓解"脱钩断链"期间的多重压力，保障生产和运营的连续性。鼓励"链主"引领合作，带动链条合作伙伴不断提高韧性。

（四）构建区域供应链安全体系

通过深化区域合作，推动区域间发挥各自比较优势，促进区域产业合理分工布局，打造高水平区域产业集群，提高区域供应链的整体竞争力和韧性能力。在特定区域，建立国家战略腹地和关键产业备份。加快完善国家储备体系。完善战略性矿产资源探产供储销统筹和衔接体系。

（五）健全供应链安全立法保障

推进供应链安全立法工作，明确供应链的法律地位、责任主体、监管机制和安全保障措施，形成供应链安全的国家标准和规范。可由全国人大牵头，会同国务院相关主管部门,加强供应链安全立法研究,用法律手段加快推进科技自立自强、供应链安全自主可控。

(六) 积极参与全球供应链治理

积极参与国际标准的制定与推广,促进中国供应链发展最佳实践在世界范围应用。积极开展供应链标准国际交流合作,大力推动供应链安全技术创新和应用,在全球供应链安全标准治理方面提高影响力、赢得话语权。充分发挥行业协会等中介组织的国际交流沟通与平台作用。支持优势企业围绕新技术、新模式、新业态积极参与国际供应链标准制定。

第 23 章
促进供应链强国建设的若干建议

面对现代供应链发展情况和国内外形势的变化,中国必须牢牢树立国家安全意识、危机意识、竞争意识,必须持续推动产业升级、提升产业质量水平与竞争力,构建起面向未来、更具韧性、更具竞争力、更具持续发展能力的现代化产业体系、供应链体系。

一、以现代化强国目标为引领,加强供应链顶层战略谋划

研究制定"中国供应链中长期发展战略规划(2025—2035)"。明确战略目标、发展思路、基本原则、重点任务、保障措施等,明确在现代化强国建设中供应链的定位、作用与地位,指导和协调各行各业、各地区、各企业及相关机构在供应链建设上的关系和发展方向,清晰中国与世界的关系,形成最大化的协同效应。

发展战略规划总的目标是建成现代化供应链强国。具体目标包括——"链"目标:补链、固链、强链、延链、融链;"力"目标:提升产业竞争力、供应链竞争力、创新能力、可持续发展能力;"业"目标:产业质量效益提升,做大做强优势产业,推动传统产业升级,增强高新技术产业竞争力,培育发展战略性新兴产业,超前部署未来产业;"化"目标:制造业服务化、数字化、高端化、绿色化、国际化得以推进。

发展战略规划重点任务着力解决存在的突出矛盾、把握未来全球供应链

竞争的焦点,可以从国际、国家、地区、产业、企业五个层面进行专项规划。国际层面,谋划好中国的全球产业布局与全球供应链体系构建、运行,包括全球投资与贸易网络、区域投资与贸易网络、重要国际物流通道安全、战略资源国际供应等;国家层面,谋划好国家对重点产业链、重点地区、重要战略通道等规划、布局,特别是重要基础设施、关键技术、原材料、中间部件的供应安全保障,供应链硬实力与软实力建设等;地区层面,谋划好城市群、都市圈、中心城市、枢纽城市、重点产业集聚区的产业、交通、物流等规划与布局,推动地区供应链与空间战略相耦合;产业层面,谋划好重点行业供应链建设,如战略性产业、高科技产业、支柱产业、优势产业、基础产业、特色产业等供应链安全保障;企业层面,谋划好核心企业、关键配套企业、中小企业各自定位与角色。五个层面是一体的,统一于国家供应链安全战略。

发展战略规划分阶段推进,近期可出台《中国供应链创新行动计划》,对需要优先突破和解决的供应链发展问题进行部署,同期发布国家供应链竞争力报告、全球供应链发展国别指数,出台《国家供应链安全指南》,从而对中国在全球供应链体系中的地位作出判断,明悉自身的优势与劣势。

供应链现代化是一项系统工程,涉及大量跨行业跨地区的协调活动,故需要构建推动供应链发展的政策体系。具体的政策体系将涉及财政、税收、金融、科技、创新、商务、交通、工信、标准、市场监管、知识产权、质量、品牌、产业组织、中小企业、区域、土地、贸易、国际合作、环境、人力资源、安全、体制机制改革等多个方面。

二、着力加强重点产业供应链安全体系建设

(一) 打造农业闭环生态链系统,技术赋能助力供应链结构性平衡

针对当前农产品供应链的安全风险,要通过打造农业闭环生态链系统方

式加以解决。即把农产品及其衍生品与互联网相结合，采用多项高新技术打造出农业闭环生态链系统，利用各方资源孵化出一个产、供、销、存一体化的平台，从而提升农业生产的现代化、规模化、科技化水平，保障农产品有效供给和质量安全。一是，在行业发展层面培育一批具有较强竞争力的农产品产业化运营主体，基于互联网等新技术建立完善适应农产品网络销售的供应链体系、运营服务体系和支撑保障体系，实现优质特色农产品产销顺畅衔接、优质优价，提升供给能力和供应效率。二是，在企业升级层面加快新技术与传统农业供应链的结合，以优惠政策、行业互助的形式促进智慧农业的健康发展。三是，在国际贸易层面，针对进口依赖度较高的蔬菜种子，加大对国内可替代进口蔬菜新品种选育的支持力度，加大对国内种子企业的扶持和培育力度，全面提升国内蔬菜品种和种业的竞争力。灵活调整农产品贸易政策，大豆、猪肉等重点农产品多渠道进口，在加强检验检疫的基础上放宽市场准入，适当降低进口关税，为更多海外农产品和畜产品提供市场机遇。

（二）加快创新与多业融合，构建制造业韧性供应链生态体系

推进制造业现代供应链体系建设，发挥中国制造业体系完备的优势，构建更具韧性的制造业供应链生态体系。一是，将供应链的"卡脖子"技术列入国家重点研发计划和国家科技重大专项，给予资金支持，促进关键技术供应链构建。围绕"卡脖子"技术产品开通专利、发明、标准的绿色通道，加快技术的突破与创新，尽快构建一批支撑产业发展的高水平知识产权体系，助推国内企业抢占国际竞争先机。二是，推进制造业与现代服务业融合发展。充分发挥优势企业在供应链中的主导作用，鼓励制造业龙头企业依托市场资源和技术、经济实力，整合中小制造企业和上下游制造企业，协同科研机构、信息金融服务商等单位构建现代供应链体系，以增强应对供应链风险能力。三是，以保障制造供应链安全为着力点，全面实施创新驱动战略，完善供应链应急机制，提升供应链协同能力，加强供应链协同合作、信息共享，举全国之力攻克关键核心技术，在确保技术安全的前提下，形成可感、可视、可控的供应

链风险应对机制。四是，推动新基建赋能制造业供应链体系建设，以新制造为核心，协同新服务、新消费打开广阔的市场空间，形成高速应变能力和大网络布局。在深挖国内市场需求的基础上，提升供应链风险自我化解能力。根据形势需要推动重要产品国产化替代。在京津冀、长三角、粤港澳大湾区等地区重点打造一批上中下游紧密协同、供应链集约高效、既水平分工又垂直整合的开放式战略新兴产业集群。

（三）增强全球矿产资源供应链主导力，实现全链条可防可控

推进重要能源、战略性矿产资源全球治理，维护全球能源资源市场稳定运行。一是，高度重视区域局部战争爆发的可能性，加快提前进行战略物资储备。积极与资源大国对接，参与国际资源的全球配置，增强国际资源的话语权和使用权，共建国际战略资源供应链。二是，积极搭建上游资源多主体多渠道供应、中间统一高效集输、下游销售市场充分竞争的国际战略资源市场体系，利用互联网等新兴技术实行全流程管理。三是，合理储备与布局战略性能源、矿产资源，提升应对全球矿业格局突变的能力，完善紧缺战略性矿产资源的储备；重组战略性矿产资源供应链，加快实施战略性矿产资源进口资源多元化战略。

（四）补齐国际航运供应链短板，搭建全球产业重构的基础设施

一是，重新审视国际航空货运与客运的关系，合理配置客、货运资源，在网络布局、机场规划等层面优先进行系统性方案整体设计。要从国家战略高度推进航空货运枢纽机场建设，探索国际物流与海内外产业联动发展的枢纽经济模式，打造国内国际双循环发展新格局的战略支点。通过完善国际供应链海外投资并购的金融工具，多主体协同解决货源不足和资金不足问题，推进国际航线网络和境外服务网络的投资布局。二是，整合打造国际航空货运

领军企业。围绕全球供应链服务体系构建要求，以骨干物流企业为核心，系统构建航空物流网络服务体系，整合国际航空货运上下游顶尖优质企业，充分发挥不同所有制的独特优势，多种模式组建若干家具有全球竞争力的国际航空物流企业。三是，打造国际航空货运公共服务平台。由政府主导建立协同运行机制和底层数据架构，以龙头物流企业为主体，吸引国际供应链上下游相关企业参与，打造国际航空货运公共服务的"底盘"。

（五）加速发展数字货币，构建具有主导权的供应链金融交易网络

一是，专注数字货币与金融科技创新发展，加快推行自主研发的数字货币，鼓励企业和社会公众使用电子支付工具。构建基于区块链系统的安全的数字货币体系。扩大人民币的国际应用场景，用最大限度的金融开放吸引外资，推动供应链金融网络健康发展。二是，加强与"一带一路"沿线国家和地区的金融和货币合作，形成人民币使用区。稳步推进人民币国际化，鼓励企业签约时使用跨境人民币计价结算。设立人民币支付基金，鼓励他国使用该基金从中国进口物资，让更多国家认识、接受人民币支付渠道。

三、推动全球供应链发展，积极参与全球供应链治理

履行全球化承诺，推动构建全球供应链命运共同体。以全球视野和战略思维，经略周边，布局全球。坚持实施更大范围、更宽领域、更深层次对外开放，依托国内大市场优势，促进国际合作，实现互利共赢。推动贸易和投资自由化便利化，推进贸易创新发展，推动共建"一带一路"高质量发展，积极参与全球经济治理体系改革。将中国产业深植于世界的资源、生产、研发、设计、创新、贸易、流通、金融、运输、物流、营销、信息和知识等体系，从世界汲取能量。加强国际合作交流，营造国际一流营商环境，以高度开放和对外连接的国内市场，集结全球资源和要素。构建多元化国际市场，稳定扩大传统市场，

积极开拓新兴市场,努力发展潜力市场。形成"中国与世界共同成长,中国与世界良好互动、中国发展更好惠及世界"的国内国际双循环相互促进的新发展格局。

推动建设基于多边自贸规则基础上的全球供应链治理机制。全球产业联系与供需网络是世界运行的脉络。全球供应链具有类型多、主体多、方式多、渠道多、影响因素多、空间范围广、国际化程度高、传导效应强等特点,这决定了保障全球供应链安全、稳定、高效是国际社会共同的责任。支持联合国在全球供应链治理方面发挥主导作用。以构建人类命运共同体为导向,中国与各国加强交流协商,共塑一个开放包容、互惠共享、公平公正、安全可控、责任共担的国际环境,打造各方普遍接受、行之有效的全球供应链治理规则,促进人流、商流、物流、资金流、信息流的互联互通、高效运行。

后　记

　　经历了 20 世纪的风云激荡，人类再次来到历史转折的重要关头。当前，世界百年未有之大变局加速演进，世界之变、时代之变、历史之变正以前所未有的方式展开。而供应链之变既是百年未有之变的重要内容，也是其集中体现。作为国家发展体系和综合实力的底层运行架构，供应链成了国家间合作与竞争新的重要场域，一国在全球供应链中所处的地位和作用，决定了其全球分工、全球影响力状况。可以说，大国兴衰重塑世界格局，全球供应链调整重构国际分工格局。

　　强国必先强链，强链支撑强国。建设供应链强国是以中国式现代化强国建设，推动中华民族伟大复兴的题中应有之义。没有强大的供应链，就没有强大的产品和服务，也就没有强大的企业和产业，更无法支撑强大的经济体系、市场和增长能力，会使国家在日趋激烈的全球竞争中缺少竞争力，缺乏话语权。

　　历经改革开放 40 多年的发展，中国已成为供应链大国，发展成效显著并持续变革。中国正在国内与全球构建规模宏大、涉及广泛的供应链网络和体系，使其既在塑造中国式现代化过程中发挥着至关重要的作用，也为重塑世界发展格局带来深远影响。

　　但是，也要直面中国还不是供应链强国的现实。这既体现为中国特色的供应链理论付之阙如，理论上尚未进行全面、深入的建构，顶层设计上尚未形成体系化的国家供应链发展战略，并据此进行系统、前瞻的部署，同时在实践上也体现为发展的粗放。

新时代新征程,迫切要求我们把握时代大势,找到破局之道,把握供应链的发展规律,统筹国际国内两个大局,兼顾发展与安全,增加中国供应链的主导力,提升中国在全球价值链中的地位,促进全球供应链安全、稳定、开放。

笔者对供应链发展进行了长期跟踪研究与思考,得出的一个结论是:供应链本质是一种关系,体现的是一种能力,反映的是一种资源配置方式,是一种价值创造方式。在即将进入"十五五"这一强国建设的关键时期,深感提升供应链战略水平、加快供应链强国建设以创造国家竞争新优势的必要性与紧迫性。为此,将近年来关于供应链发展战略的研究成果予以系统梳理出版,旨在探讨与回答什么是供应链、中国供应链发展状况与面临的形势、供应链强国建设的战略与重点任务、中国如何引领供应链发展理论与实践等重大主题,抛砖引玉,激发各界更多的交流和讨论。

笔者深切期待并坚信,未来中国不仅会成为全球最有影响力的供应链枢纽国家,也将成为供应链发展的理论高地,中国特色的供应链理论与实践必将为探索人类更加光明的未来,使全球供应链成为发展之链、团结之链、创新之链,必将为推动世界大同,提供强有力的指引和支撑。

2025 年 2 月于北京